DRUCKER

Management in turbulenter Zeit

DEM MANAGEMENT VON AUDI
IN TURBULENTER ZEIT:

»Um die Existenz und den Erfolg seines Unternehmens zu sichern, muß der Manager in turbulenter Zeit mit den neuartigen und unterschiedlichen Anforderungen bezüglich der Liquidität, der Produktivität und der Kosten der Zukunft beginnen.

Das gegenwärtige Unternehmen zu führen ist nicht die einzige, aber es ist die wichtigste Manageraufgabe.«

Claremont, Kalifornien
Dezember 1980

Peter F. Drucker

Die vor uns liegenden Aufgaben erfordern insbesondere von unseren Führungskräften zunehmende Offenheit und die Bereitschaft, neue Denkansätze zu finden und neue Lösungswege zu gehen. Hier werden wir alle noch mehr gefordert sein. Das vorhandene Know-how durch intensivere Formen der Zusammenarbeit zu nutzen sowie die Mitarbeiter für die gestellten Aufgabeninhalte zu gewinnen und ihre Leistungsbereitschaft zu fördern, erfordern eine personale Innovation, die den technischen Fortschritt begleiten muß.

Die Gedanken von Peter F. Drucker, dessen Werke Marksteine in der Entwicklung moderner professioneller Führungsmethodik sind, mögen Ihnen einige hilfreiche Anregungen geben.

Mit den besten Wünschen für das neue Jahr.

Ingolstadt/Neckarsulm, Dezember 1980

AUDI NSU AUTO UNION
Aktiengesellschaft

Für den Vorstand

PETER F. DRUCKER

Management in turbulenter Zeit

Econ Verlag
Düsseldorf · Wien

Titel der amerikanischen Originalausgabe:
Managing in Turbulent Times
Übersetzt von Gerti von Rabenau

1. Auflage 1980

Gesetzt aus der Times der Fa. Hell
Satz: Dörlemann-Satz, Lemförde
Papier: Papierfabrik Schleipen GmbH, Bad Dürkheim
Druck und Bindearbeiten: Ebner Ulm
Printed in Germany
ISBN 3 430 12215 5

INHALT

Kapitel 3

DIE GROSSE UMSCHICHTUNG – BEVÖLKERUNGSSTRUKTUR UND BEVÖLKERUNGSDYNAMIK

Kapitel 4

FÜHRUNGSAUFGABEN IN EINER UMWELT DER UNRUHE UND DES WANDELS

Schlußfolgerung:

EINFÜHRUNG

Als im vergangenen Juni in London auf einer Tagung britischer Manager die Frage gestellt wurde, ob denn »Manager heute eigentlich noch managen könnten«, schienen viele der Anwesenden dies eindeutig verneinen zu wollen. Doch ist diese Fragestellung an sich sinnlos, da einem Manager ja keine andere Wahl bleibt: Er muß wohl oder übel versuchen, wirksam zu managen, da genau dies seine Aufgabe ist, für die er bezahlt wird.

Es gibt zweifellos sehr viele – ja, zu viele – Dinge, die heute unseren Großorganisationen – sowohl in der Wirtschaft wie in den anderen Wirkungsbereichen – verboten sind oder zumindest erschwert werden. Dieses Buch beschäftigt sich aber vor allem mit den Handlungen, Strategien und Möglichkeiten, die einem Manager offenstehen und die er tun *kann*, tun *sollte* oder unbedingt tun *muß*.

Im Grunde müssen wir die Reihenfolge dieser drei Schwerpunkte umkehren: demnach kommt zuerst das »Muß«, dann das »Sollte« und zuletzt das »Könnte«. Denn die einzige Gewißheit, die wir bezüglich unserer Zukunft – um die es uns ja geht – besitzen, ist, daß die Manager turbulenten Zeiten entgegensehen. Demgemäß besteht ihre erste Aufgabe darin, die Überlebensfähigkeit der jeweiligen Organisation zu garantieren, indem sie für eine gesunde und dauerhafte Struktur sorgen, die vorübergehenden Rückschlägen standhält, plötzliche Veränderungen verkraftet und für die sich bietenden Gelegenheiten offenbleibt.

Wir beginnen zunächst mit den Grundproblemen des Managements – der Inflation und Liquidität, der Produktivitätssteigerung sowie den »Betriebserhaltungs«kosten, die (fälschlicherweise) als »Gewinne« bezeichnet werden.

Da wir damit zugleich unsere Zukunft managen, muß die Bewältigung dieser Grundprobleme mit einer Loslösung von der Vergangenheit sowie mit einer gezielten Wachstumspolitik und -strategie einhergehen. Dabei müssen wir lernen, gesundes und reales Wachstum zu erkennen und aus den verfügbaren Strategien die richtigen auszuwählen. Dies erfordert von uns die Fähigkeit, heute bereits die Managerleistungen in Bereichen zu beurteilen, die über die morgigen Leistungen eines Unternehmens entscheiden.

Dies scheint zwar alles völlig selbstverständlich zu sein, aber die Frage ist nur, wie viele Unternehmensleitungen diese so »offensichtlichen« Grundregeln berücksichtigen bzw. danach handeln.

Obwohl es sich bei »Turbulenzen« rein definitionsgemäß immer um unregelmäßige, nichtlineare und unvorhersehbare Störungen handelt, bleibt uns zumindest die Möglichkeit, deren Ursachen zu analysieren, zu antizipieren und zu bekämpfen. Das bedeutet, daß das Management in der Lage sein sollte, mit dem einzig und allein wichtigen neuartigen Tatbestand fertig zu werden, der den meisten gegenwärtigen Störungen zugrunde liegt: nämlich mit dem ungeheuren Wandel der Bevölkerungsstruktur und -entwicklung, der speziell in den westlichen Industrieländern und in Japan am ausgeprägtesten ist. Dieser Wandel, der derzeit bereits in der ganzen Welt die Prinzipien der wirtschaftlichen Integration umstrukturiert, wird vermutlich über kurz oder lang zu einer neuen »transnationalen Konföderation« führen, die auf dem Prinzip der Arbeitsteilung und der Marktkontrolle beruht und in vielen Bereichen an die Stelle der heutigen (auf der finanziellen Kontrolle basierenden) multinationalen Konzerne treten wird. Die Wandlung der Bevölkerungsstruktur und ihre Dynamik werden neue Absatzmärkte erschließen und die alten neu aufteilen. Sie werden auch das gesamte Arbeitsangebot dahingehend verändern, daß dieses nur aus verschiedenen Angebotsgruppen mit unterschiedlichen Erwartungen und Merkmalen besteht, und sie werden uns zur Aufgabe des Konzepts eines »obligatorischen Ruhestandsalters« zwingen. Last not least werden sie das Management mit der neuen Aufgabe – und zugleich Chance – der Bewältigung des Redundanzproblems bzw. der strukturellen Arbeitslosigkeit konfrontieren.

Zu guter Letzt zwingt noch eine Reihe neuer exogener Entwicklungen, neuer Gelegenheiten und neuer Gefahren die Verantwortlichen in Wirtschaft und Verwaltung zu gezielter Politik und planvollem Handeln: Dies sind zum Beispiel die anhaltende Integration der Weltwirtschaft, die zunehmende Zersplitterung der politischen Weltordnung oder die Entstehung einer »Mitarbeiter-Gesellschaft« in sämtlichen nichtkommunistischen Ländern und schließlich die grundlegend veränderte politische Situation und Entwicklung.

Irgendwann in den siebziger Jahren endete die bisher längste Periode anhaltenden wirtschaftlichen Wachstums in unserer Geschichte, und eine Phase der Turbulenz setzte ein.

Die fünfundzwanzig Jahre, die zwischen dem Marshallplan und der Mitte der siebziger Jahre liegen, waren durch ein bislang in der Welt einmalig schnelles und weitreichendes Wachstum gekennzeichnet, das zugleich äußerst gut vorhersehbar war. Trotz des extremen Wandels auf sozialem Gebiet war die ökonomische Entwicklung in den wichtigsten Ländern weitgehend durch die Zeit vor dem Zweiten Weltkrieg und größtenteils sogar vor der großen Depression vorgegeben. Selbst das gleichzeitige und sehr schnelle Wachstum einiger »zweitrangiger« Länder – wie beispielsweise Brasiliens, Mexikos und Südkoreas oder aber der nichtkommunistischen chinesischen Gebiete Hongkong, Taiwan und Singapur – vollzog sich im Rahmen der traditionellen und bekannten Prinzipien. Im Gegensatz dazu wird das Wachstum der kommenden Jahre – das gilt sogar für den Fall einer ernsten Depression – alles andere als »traditionell« sein.

Diese erwähnten fünfundzwanzig Jahre waren – trotz allen Geredes über den »schnellen technischen Wandel« – durch eine starke technologische Kontinuität geprägt. Denn die – zugegebenermaßen rapiden – technischen Veränderungen fanden meistens in Bereichen statt, die bereits vor dem Zweiten Weltkrieg dafür »prädestiniert« waren, oder aber sie beruhten auf Erfindungen und Innovationen, die bereits vor der Großen Depression und in vielen Fällen gar vor dem Ersten Weltkrieg gemacht wurden. Dies ist jetzt ein für allemal vorbei. Im Bereich der Technologie stehen wir am Anfang einer turbulenten Phase mit schnell aufeinanderfolgenden Innovationen und radikalen strukturellen Veränderungen.

Nach dem Zweiten Weltkrieg wurde überall auf Planung äußerst großer Wert gelegt. Allerdings verlangt die herkömmliche Form der Planung ein hohes Maß an Kontinuität. Sie setzt ja in der Regel bei den Tendenzen der Vergangenheit an und projiziert diese in die Zukunft; dabei kann sich zwar eine andere »Mischung« der einzelnen Elemente ergeben, aber die »Gestalt«, die Grundstruktur, bleibt erhalten. Auch damit ist es künftig vorbei. Denn die wahrscheinlichste Annahme, die in einer Zeit der Unruhe und Turbulenz überhaupt zutreffen kann, ist die des einzigartigen Ereignisses, das die Grundkonstellation verändert. Diese lassen sich eben nicht »planen«, sondern höchstens vorhersehen. Dazu bedarf es jedoch bestimmter zukunftsorientierter Strategien, die sowohl die Art als auch den Ort der größten Veränderungen antizipieren und es einem Unternehmen – oder einem Krankenhaus, einer Schule bzw. einer Universität – ermöglichen, die neuen Tatbestände zu ihrem Vorteil auszunutzen. Und genau hier setzt dieses Buch an, indem es Strategien behandelt, die es ermöglichen, aus schnellen Veränderungen Kapital zu schlagen und die eventuellen Gefahren dieser Veränderungen für die

Gesellschaft, die Wirtschaft und das Individuum in produktives und gewinnbringendes Handeln umzumünzen.

Natürlich birgt eine solche Zeit der Unruhe Gefahren in sich, deren größte zweifellos in der Versuchung liegt, die Wirklichkeit zu verleugnen. Die neuen Realitäten entsprechen weder den Vorstellungen der Linken und der Rechten noch dem, was »jeder weiß«. Und sie entsprechen schon gar nicht dem, was jeder – unabhängig von seiner politischen Auffassung – für die Realität hält bzw. wie sie seines Erachtens sein »sollte«. Der größte und gefährlichste Störfaktor resultiert heute aus der Tatsache, daß die Entscheidungsträger der Regierungen, Topmanagements oder Gewerkschaften Vorstellungen haben, die von der Realität abweichen.

Andererseits bieten turbulente Zeiten zugleich all denen ungeahnte Möglichkeiten, die die neuen Realitäten verstehen, akzeptieren und ausnutzen. Hier bietet sich die große Chance, Führungsqualitäten unter Beweis zu stellen. Deshalb weisen wir in diesem Buch immer wieder darauf hin, wie wichtig es für den Entscheidungsträger eines Unternehmens ist, sich der Realität zu stellen und der Versuchung des »Altbekannten« und der Gewißheiten von gestern zu widerstehen, die nur zu schnell zum Aberglauben von morgen werden.

Dieses Buch befaßt sich mit den neuen Realitäten und legt dabei allerdings den Schwerpunkt mehr auf das Handeln und die Entscheidungen und weniger auf das Verstehen und die Analyse. Es ist kein »philosophisches«, sondern vor allem ein praktisches Buch, das für alle gedacht ist, die im Management eines Unternehmens, einer öffentlichen Einrichtung sowie in Berufs- oder Wirtschaftsverbänden Entscheidungen treffen müssen. Es will nicht vermitteln, »wie« man das tut, sondern es versucht vielmehr allen Führungskräften zu sagen, »was« sie zu tun haben.

Peter F. Drucker

Claremont, Kalifornien
Neujahr 1980

KAPITEL 1

Die Grundprobleme des Managens

Anpassung an die Inflation

In turbulenter Zeit ist es vor allem wichtig, daß ein Unternehmen einerseits gegen mögliche Rückschläge gefeit und andererseits in der Lage ist, plötzlich auftauchende Chancen zu nutzen. Daher ist es erforderlich, daß die Grundprobleme möglichst gut erfaßt werden, um sie überhaupt bewältigen zu können.

In Zeiten dagegen, in denen alles wie in den fünfundzwanzig Jahren zwischen Marshallplan und OPEC-Kartell mehr oder weniger »am Schnürchen« läuft, neigt man dazu, Grundlagen für »gesichert« zu halten. Aber wenn man die Grundaufgaben nicht stetig und gewissenhaft betreut, kann man der ständigen Verschlechterung sicher sein. Als größte Gefahr, die heute Unternehmen und öffentlichen Anstalten droht, gelten keineswegs die feindselige Haltung der Öffentlichkeit gegenüber der Wirtschaft, die Umweltrestriktionen, überspannte Reglementierungen im Energiesektor, ja nicht einmal die Weltinflation, sondern vielmehr die unmerkliche Verschlechterung der Grundsituation. Denn nach einer langen Zeit relativer Ruhe besteht immer die Gefahr, daß gerade in den Bereichen, die als ganz selbstverständlich und als »reine Routine« gelten, unerwartete und versteckte schwache Punkte anfallen.

Die Grundaufgaben ändern sich nicht. Aber es ändern sich die internen und externen Bedingungen und damit die

Lösungsmöglichkeiten. Um die Existenz und den Erfolg seines Unternehmens zu sichern, muß der Manager daher in turbulenter Zeit mit den neuartigen und unterschiedlichen Anforderungen bezüglich der Liquidität, der Produktivität und der Kosten der Zukunft beginnen. Das gegenwärtige Unternehmen zu führen ist nicht die einzige, aber es ist die wichtigste Manageraufgabe.

Um überhaupt managen zu können, muß man zunächst die relevanten Fakten kennen – und genau dies ist bei den heutigen Führungskräften häufig nicht der Fall. Denn das, was sie für Fakten halten, sind oft nur Trugbilder und Halbwahrheiten, während die Wirklichkeit durch Inflation verschleiert, verzerrt und entstellt ist. Da diese Daten, die in dem generell üblichen Wertmaßstab des Geldes ausgedrückt werden, die hauptsächliche und sehr konkrete Entscheidungsgrundlage eines Managers darstellen, ist ihre inflationsbedingte Verfälschung natürlich gefährlich. Deswegen müssen zunächst die wichtigsten Daten eines Unternehmens – wie sein Umsatz, seine finanzielle Situation, seine Aktiva und Passiva sowie seine Erlöse – »deflationiert« werden.

In den westlichen Industrieländern und in Japan haben zahlreiche Firmen in den vergangenen zehn Jahren immer wieder »Rekordgewinne« verzeichnet, obwohl nur sehr wenige von ihnen – wenn überhaupt – tatsächliche Gewinne erzielt haben. Da die Inflation als systematische Zerstörung des Vermögens durch den Staat definiert werden kann, sind in Zeiten ständiger Preissteigerungen praktisch keine Gewinne möglich. Dies scheinen viele auch irgendwie gespürt zu haben, ohne es rational zu verstehen; denn die Ankündigung dieser »Rekordgewinne« stieß an der Börse und in der breiten Öffentlichkeit auf erhebliche Skepsis und Ablehnung. Entscheidend für uns ist jedoch, daß diese Illusion, Riesengewinne gemacht zu haben, zu falschen Maßnahmen, zu Fehlentscheidungen sowie zu falschen Unternehmensanalysen und damit eindeutig zum Mißmanagement führt.

Obwohl dies den meisten Führungskräften durchaus bekannt ist, haben bisher nur wenige von ihnen versucht, die inflationsbedingten Fehlinformationen entsprechend zu korrigieren. Dabei ist eine solche Korrektur relativ einfach und allgemein bekannt: Nur die Umsatzzahlen, die Preise, der Lagerbestand, die Forderungen, das Sachkapital und seine Abschreibungen sowie die Erlöse müssen an die Inflationsrate angepaßt werden. Dabei genügt es bereits, wenn nicht die exakten, sondern die Werte mit relativ hoher Wahrscheinlichkeit verwendet werden. Doch ohne eine derartige Korrektur wird selbst die fähigste Führungskraft den durch die Inflation verursachten Illusionen zum Opfer fallen. Selbst wenn er sich der Tatsache bewußt ist, daß die ihm vorliegenden Zahlen irreführend sind, wird er sich dennoch wider besseres Wissen an diesen orientieren und damit unverantwortliche und falsche Entscheidungen treffen.

Übrigens ist es eine gefährliche Selbsttäuschung, wenn man die »Erlöse«, die nur deshalb entstehen, weil das Unternehmen noch immer mit Geldern arbeitet, die aus einer Zeit niedrigerer Kapitalkosten herrühren – wie im Falle langfristiger Schuldverschreibungen, die in einer inflationslosen Zeit zu günstigen Zinssätzen ausgegeben wurden –, als echte »Gewinne« betrachtet. Früher oder später – meistens aber früher – muß das Geld ersetzt werden, und dann müssen die Erlöse ausreichen, um die Kapitalkosten zum Zeitpunkt der Refinanzierung zu decken. Die Anpassung an die Inflation muß hinsichtlich des Geldes, mit dem das Unternehmen arbeitet, genauso vor sich gehen wie bei jedem anderen Teil des Sachkapitals – und hier gilt die Regel, daß der Zinssatz für langfristige Gelder zumindest der Inflationsrate gleich sein muß.

Buchgewinne bei der Lagerhaltung sind nie echte Gewinne. Entweder die Inflation hält an, und die Lagerbestände müssen zu den morgigen höheren Preisen wieder aufgefüllt werden, oder aber die Inflation hört auf, und dann verwandelt sich der Buchgewinn sofort in einen Verlust. In beiden Fällen handelt es sich bei dem scheinbaren »Gewinn« eigentlich um eine Sicherheitsrücklage.

Ein Grund, warum Führungskräfte in den meisten Ländern und in der Mehrzahl der Unternehmen keine Inflationskorrektur vornehmen, ist sicherlich die Auffassung, daß Preissteigerungen nur ein »vorübergehendes Phänomen« sind. Allerdings kann man eine solche Vorstellung nach fünfzehn Jahren ununterbrochener Inflation sicher nicht als rational bezeichnen. Ein anderer Grund ist natürlich der, daß die meisten Regierungen – zu den wenigen Ausnahmen gehört zum Beispiel Brasilien – die Augen vor den wahren Konsequenzen der Inflation verschließen. Speziell im 20. Jahrhundert mit seinem System der progressiven Einkommensteuer sind sie die hauptsächlichen, wenn nicht gar die einzigen Nutznießer der Preissteigerungen, und daher haben sie keinerlei Interesse, die wahren Folgen sichtbar zu machen. In manchen Ländern, insbesondere den Vereinigten Staaten, hat das Steuersystem erheblich zur Selbsttäuschung der Manager beigetragen. Denn das US-System begünstigt beispielsweise Aktienbezugsrechte und Gewinnprämien, die sich nach den ausgewiesenen Gewinnen bemessen und verführt damit die Manager zur Angabe möglichst hoher – inflationierter – Erlöse. Allerdings haben sich auch in Ländern ohne derartige »Anreize« – wie zum Beispiel Japan – die Führungskräfte bisher allen Versuchen einer Deflationierung ihrer ausgewiesenen Gewinne standhaft widersetzt. Der Hauptgrund hierfür ist sicherlich Eitelkeit: Sie brüsten sich ganz einfach gern mit Rekordgewinnen – selbst wenn sie wissen, daß die Zahlen trügen und daß sie im Grunde unaufrichtig sind.

Ein Gegenargument – das insbesondere von Buchhaltern vorgebracht wird – lautet, daß die Zahlen deshalb nicht korrigiert werden sollten, weil es bislang noch keine gute Methode dafür gäbe. Dies ist gerade so, als ob Ärzte, die sich nicht über die richtige Behandlungsmethode eines schwerkranken

Patienten einigen können, diesen einfach für völlig gesund erklären und sein hohes Fieber als nicht existent abtun. Außerdem müssen wir uns vor Augen halten, daß die meisten der von den Buchhaltern auf Heller und Pfennig ausgewiesenen Zahlen bloß »höchstwahrscheinliche« Schätzungen sind, die – wie zum Beispiel der Bilanzwert des Sachkapitals – eine Fehlerquote von plus/minus zwanzig Prozent besitzen können.

Aus dem Gesagten geht eindeutig hervor, daß die Nichtanpassung der Betriebsdaten an die Inflation aus Bequemlichkeit verantwortungslos ist. Insofern muß ein Management, das mit den Problemen unserer heutigen Zeit des Umbruchs fertig werden will, genau damit anfangen – sonst täuscht es nicht nur andere, sondern letzten Endes auch sich selbst.

Die Erhaltung der Liquidität und der Finanzkraft

In den vergangenen Jahren konnte man immer wieder hören, daß die »Aktienkurse viel zu niedrig« seien und daß viele Unternehmen zu lächerlich niedrigen Preis-Gewinn-Verhältnissen und häufig sogar weit unter ihrem Buch- oder Liquidationswert verkauft würden. Diese Klagen sind jedoch im großen und ganzen völlig unbegründet. Häufig ist sogar das genaue Gegenteil der Fall: Angesichts der gegenwärtigen und zukünftigen Unsicherheit sind die Aktienkurse sogar überbewertet; denn würde man alle Betriebskonten gemäß der Inflationsrate korrigieren, dann würden sich viele Gewinne in Verluste verkehren. Was sich heute als niedriges Preis-Gewinn-Verhältnis darstellt, könnte sich dann als relativ hohes Verhältnis zwischen Erträgen zu konstanten Währungseinheiten und Aktienkursen erweisen. Bei einer Korrektur der Bilanzpositionen um die Inflationsrate würden ferner die Buchwerte vieler Gesellschaften und besonders die der Produktionsbetriebe deutlich niedriger ausfallen, und die Summe der

Aktiva würde möglicherweise sogar den Wert der Verbindlichkeiten unterschreiten.

Vor allem aber bewertet die Börse die Unternehmen immer mehr nach ihrer Liquidität und nicht nach ihren Gewinnen. Dementsprechend korrelieren die Notierungen an allen größeren Börsen – in New York und London, Zürich, Tokio und Frankfurt – erheblich besser mit dem Cash Flow und der Liquidität als mit den inflationär aufgeblähten Gewinnzahlen. Und die Börsen haben nur zu recht, da in unruhigen Zeiten die Liquidität wichtiger ist als der Erlös. So kann eine private oder öffentliche Organisation ohne weiteres längere Perioden niedriger Gewinne oder geringer Erträge überstehen, solange ihr Cash Flow und ihre Finanzkraft davon nicht berührt werden. Das gilt jedoch nicht umgekehrt. Die Liquidität ist selbst bei Inflation ein erheblich zuverlässigeres Maß als die Gewinne.

In turbulenter Zeit wird die Bilanz wichtiger als die Gewinn- und Verlustrechnung; das heißt, das Management muß weniger um hohe Gewinne als um finanzielle Stärke bemüht sein und auf jeden Fall das Mindestmaß an Liquidität kennen, das das Unternehmen zur Erhaltung seiner Existenz benötigt. Die entscheidende Frage lautet also: Wie hoch ist das Arbeitskapital, mit dem *unsere* Firma eine neunzig- oder hundertzwanzigtägige Krise überdauern kann? Nach diesem Zeitpunkt setzt dann zwar eine neue »Normalsituation« ein. Während der Krise muß allerdings die Gesellschaft in der Lage sein, sich ohne externe Hilfe über Wasser zu halten – oder aber sie riskiert einen Zusammenbruch. In unserer unruhigen Zeit kommt ein Unternehmen nicht umhin, sich darüber Gedanken zu machen, was es im Falle einer Krise, einer Kreditklemme oder einer plötzlichen Deflation tun könnte und würde. Daher muß sich die Unternehmensleitung mindestens ebenso um die Finanzkraft, Zahlungsfähigkeit und Liquidität kümmern wie um den Umsatz und die Marktstellung oder um die Innovation und die Gewinne. Liquidität ist zwar an sich kein Eigenziel, aber in unsicheren Zeiten wird sie zu einer Restriktion, die für das Überleben eines Betriebes entscheidend sein kann.

Produktivitätssteigerung als Führungsaufgabe

Der produktive Einsatz der Ressourcen gehört – ebenso wie das unternehmerische Denken und Handeln und die Verwaltung – zu den spezifischen Managementaufgaben. Die Geschichte des Managements mit seiner speziellen sozialen Funktion begann vor hundert Jahren mit der Entdeckung, daß sich die Produktivität der Ressourcen durch entsprechendes »Management« erhöhen läßt. Und diese Aufgabe fällt einzig und allein dem Manager zu – weder die Natur noch ökonomische Gesetze oder gar eine staatliche Gesetzgebung können sie bewältigen. Dabei ist es egal, ob es sich um die Produktivität von Ressourcen in einem Betrieb, Unternehmen oder Geschäft, einem Krankenhaus oder Büro bzw. einem Hafen oder Forschungslabor handelt – für den produktiven oder unproduktiven Einsatz ist immer der jeweilige Manager des betreffenden Bereichs verantwortlich.

Vor einem Jahrhundert hat Karl Marx im letzten und unvollendeten Band seines »Kapitals« seine überaus definitive Vorhersage des »unmittelbar bevorstehenden Untergangs« des sogenannten Kapitalismus (dieser Begriff wurde ja erst nach Marxens Tod geprägt) mit dem »unausweichlichen Gesetz der abnehmenden Kapitalproduktivität« begründet, wobei er genaugenommen nur das wiederholte, was alle Ökonomen des 19. Jahrhunderts vor ihm bereits als Axiom akzeptiert hatten. Wenn es tatsächlich ein solches Gesetz der abnehmenden Produktivität des Kapitals (oder irgendeines anderen Faktors) gäbe, dann wäre allerdings jedes – kapitalistische oder kommunistische – Wirtschaftssystem zum Untergang verdammt.

Jedoch brachte es eine der zahlreichen »Ironien des Schicksals« – die die Muse der Geschichte sehr zu lieben scheint – mit sich, daß eine stetige und gezielte Produktivitätssteigerung durch das Management just in dem Augenblick erfunden wurde, als Marx voller Zuversicht den »unausweichlichen Zusammenbruch« vorhersagte. Diese Entdeckung erklärt zugleich, warum sich keine der anderen »sicheren« Prognosen von Karl Marx, die er für »wissenschaftliche Wahrheiten« hielt – wie z. B. die Verarmung der Arbeiterklasse, die Konzentration des Vermögens bei immer weniger »Ausbeutern« oder aber die Polarisierung der Gesellschaft zwischen einer sehr kleinen und abnehmenden Gruppe von »Eigentümern« und einer großen und zunehmenden Masse von proletarischen »Lohnsklaven« –, in den entwickelten Ländern mit ihrem Stab erfahrener Manager bewahrheitet hat.

Den Wendepunkt bildete um 1875 Frederick Taylors Erkenntnis, daß sich die Arbeit sinnvoll einteilen und dadurch produktiver machen ließ. Dies war bislang nur durch härteres und längeres Arbeiten möglich gewesen. Taylor sah nun, daß sich auch durch »clevereres« Arbeiten mehr Output erzielen ließ und daß nicht etwa der Arbeiter für die Produktivität seiner Arbeit verantwortlich war, sondern der Manager. Taylor hat uns zwar keine Produktionstheorie hinterlassen, erkannte aber doch als erster, daß die Produktivität aus der Anwendung menschlichen Wissens – als spezifischem Faktor des Humankapitals – auf die menschliche Arbeit resultiert.

Wir wissen heute, daß Taylors Verbindung von Wissen und Arbeit – wobei es den Verhältnissen des 19. Jahrhunderts entsprechend nur um manuelle Arbeit ging – auch auf alle anderen Faktoren erweitert werden muß: auf das Kapital ebenso wie auf die Schlüsselrohstoffe, die Zeit und sogar auf das Wissen selbst.

Darüber hinaus ist uns klar, daß eine gültige Wirtschaftstheorie unbedingt auf der Produktivität als Quelle ökonomischer Werte basieren muß. Die Arbeitswerttheorie des 19. Jahrhunderts – die Marx unverändert von seinen Vorgängern bis hinab zu Ricardo und Adam Smith übernommen hatte – war schlichtweg falsch, so daß auch die Marxisten sie schließlich aufgaben. Aber auch der heroische Versuch, gänzlich ohne eine Werttheorie auszukommen – der vor hundert Jahren von der österreichischen Schule unternommen wurde und in der »wertfreien« ökonomischen Analyse der heutigen Keynesianer und Friedman-Anhänger kulminierte –, hat sich ebenfalls als unzureichend erwiesen. Heute steht fest, daß eine Wirtschaftstheorie ohne die Grundlage einer Werttheorie nicht möglich ist – und eine solche Theorie muß auf dem Postulat aufbauen, daß die Produktivität die Quelle aller ökonomischen Werte ist.

Wir wissen inzwischen ziemlich viel über Produktivitätssteigerung, so z. B., daß diese zum Teil auf Innovation – das heißt auf der Verlagerung von Ressourcen aus veralteten und schrumpfenden Einsatzbereichen in neue und produktivere Branchen – und zum Teil auf der ständigen Leistungssteigerung der Faktoren in den bestehenden Verwendungen beruht. Ferner, daß wir uns einerseits zwar mit der Produktivität jedes einzelnen Faktors eingehend befassen müssen, daß aber andererseits letztlich die *Gesamt*produktivität *aller* Ressourcen in einem bestimmten Unternehmen oder einer bestimmten ökonomischen Aktivität zählt.

Vor allem aber wissen wir, daß die Produktivitäten in der »Mikroökonomie«, das heißt in der Firma, im Betrieb, im Geschäft oder Büro, geschaffen und zerstört, verbessert oder verschlechtert werden können – und daß dafür das Management verantwortlich ist.

Ein Jahrhundert lang waren in allen Industrieländern mit Marktwirtschaft stetige Produktivitätszuwächse zu beobachten, die eindeutig durch eine gezielte und produktivitätsorientierte Verwendung der Ressourcen bedingt waren. Und dies gilt keineswegs nur für den Industriebereich. Selbst die Landwirtschaft, von der im 19. Jahrhundert jeder Ökonom (einschließlich Marx) »wußte«, daß bei ihr keinerlei Produktivitätssteigerungen möglich waren, hatte sogar die höchsten Zuwachsraten zu verzeichnen. Tatsächlich ist die Agrarwirtschaft zwischen dem 19. und 20. Jahrhundert durch nichts so stark verändert worden wie durch die explosionsartige Produktivitätsentwicklung auf den Bauernhöfen der industrialisierten Länder. Aber auch der Arzt ist heute um ein Vielfaches produktiver als um die Jahrhundertwende. Heute praktiziert er in einer großstädtischen Umgebung inmitten seiner dicht beieinander wohnenden Patienten, die dank der Existenz des Autos sogar ein krankes Kind sicher und bequem in seine Praxis bringen können. Demzufolge kann er, verglichen mit seinen Vorgängern vor achtzig Jahren, im Laufe eines Arbeitstages etwa zehnmal so viele Patienten behandeln. Auch in der Depositenbank beträgt die Produktivität einer Mark heute ohne technische Neuerungen, sondern nur aufgrund konsequenter Verbesserungen im Management, das Hundertfache einer Mark von damals, und eine heute gesparte Mark ermöglicht das Hundertfache an finanziellen Transaktionen.

Diese drastische Produktivitätszunahme hat zugleich unsere Auffassung von der Wirtschaft und von der Volkswirtschaftslehre ganz entscheidend verändert. Da Marx und alle Ökonomen des 19. Jahrhunderts vom »Gesetz der abnehmenden Erträge« ausgingen, konzentrierten sie sich zwangsläufig auf die Steigerung des Angebots und auf die Mikroökonomie. Am Ende des ersten Viertels dieses Jahrhunderts ließ die Produktivitätsentwicklung diese Sorge jedoch als überflüssig oder zumindest überholt erscheinen. Dementsprechend verlagerte sich das Interesse der Ökonomen auf die Nachfrage und damit auf die Makroökonomie. Keynes war sich sehr wohl der Tatsache bewußt, daß der Produktivitätsaspekt in seiner Theorie völlig fehlte. Wenn er darauf angesprochen wurde –

was zu Beginn seines Cambridge-Seminars häufig vorkam –, antwortete er meistens, daß die Unternehmer sich schon um die Produktivität kümmern würden, wenn man ihnen nur die richtige Makroökonomie, das heißt die richtige Nachfragepolitik böte.

Im Kontext der zwanziger Jahre, in denen Keynes seine Theorie entwickelte, war dies eine durchaus haltbare Position – heute trifft sie aber nicht mehr zu. Denn nach einem Jahrhundert ständiger Produktivitätszuwächse erleben wir seit zehn oder fünfzehn Jahren eine stagnierende oder sogar rückläufige Entwicklung. Dabei begann der Rückgang bereits in den sechziger Jahren, also lange vor dem OPEC-Kartell und sogar vor Beginn der stark beschleunigten Inflation, die im Grunde wiederum eine Konsequenz der nachlassenden Produktivitätsfortschritte war. Er setzte außerdem deutlich vor dem Zeitpunkt ein, an dem die Industrienationen die produktiven Sektoren ihrer Wirtschaft immer stärkeren Kontrollen und Reglementierungen zu unterwerfen begannen. Zweifellos hat sich dieses Übermaß an – umwelt-, sicherheits- oder beschäftigungspolitischen – Regelungen negativ auf die Produktivität ausgewirkt. Aber es ist dennoch bei weitem nicht der einzige und vielleicht noch nicht einmal der wichtigste Faktor.

Die Produktivität hat vor allem deswegen nachgelassen, weil sie vernachlässigt wurde. Denn Keynes war nicht der einzige, der meinte, sie würde sich mehr oder weniger von selbst regeln – auch die Manager haben diesen Standpunkt vertreten und ihrerseits keine Aktivitäten entwickelt.

Es gibt jedoch für eine Wirtschaft nichts Schlimmeres als eine sinkende Produktivität. Sie führt unweigerlich und zwangsläufig zum Abschwung. Sie schafft inflationären Druck und damit soziale Konflikte und gesellschaftliches Mißtrauen. Marx hatte nur zu recht mit seiner Annahme, daß kein System in der Lage wäre, eine Abnahme der Kapitalproduktivität – oder irgendeines anderen Faktors – zu verkraften bzw. zu überleben.

Der deutliche Produktivitätsrückgang ist keineswegs auf die nichtkommunistischen Länder beschränkt, sondern ist ganz im Gegenteil in der Sowjetunion und in den industrialisierten russischen Satelliten sogar noch erheblich ausgeprägter als im Westen oder in Japan. Das ist natürlich nur ein schwacher Trost. Daher ist die Umkehrung dieses Trends in unserer turbulenten Zeit die entscheidende Führungsaufgabe. Mit einer solchen Umkehrung würden die Manager einerseits ganz wesentlich zur Beruhigung der gegenwärtigen allgemeinen Turbulenzen beitragen und andererseits zugleich für die Lebensfähigkeit und Prosperität ihrer eigenen Organisationen sorgen.

In den meisten Institutionen läßt sich die Produktivität aller Ressourcen in der Regel ganz erheblich und relativ schnell steigern. Das alte Sprichwort, nach dem »jeder Mensch das schaffen kann, was ein anderer bereits vor ihm geschafft hat«, läßt sich auch auf die Wirtschaft übertragen. In jeder Industrie und in jedem Bereich menschlicher Aktivität gibt es immer Organisationen, die wesentlich produktiver arbeiten als der Durchschnitt. Die Führungsposition in der Wirtschaft jedes Landes, in jeder Branche und in jedem spezifischen Tätigkeitsbereich ist gewöhnlich von einer Institution besetzt, die mit großem Produktivitätsvorsprung arbeitet. Und im Wirtschaftsbereich heißt das in der Regel, daß das führende Unternehmen die zweifache Kapitalproduktivität des Durchschnitts aufweist. Marx hatte durchaus recht: Kapital steht an erster Stelle, denn Kapital ist die Zukunft.

Ein gutes Beispiel hierfür ist die amerikanische General Electric Company, deren Vormachtstellung gegenüber ihrem nächsten Konkurrenten, Westinghouse, nicht so sehr auf ihren technologischen Errungenschaften, sondern in erster Linie auf ihrer hohen Kapitalproduktivität beruht. So holt die General Electric Company aus einem Dollar Kapital immerhin das Doppelte an Arbeit heraus wie Westinghouse. Eine ganz ähnliche Position besitzt Siemens auf dem europäischen

Elektromarkt. Und in Großbritannien verwandelte Sir Arnold Weinstock die ausgesprochen kranke – und nahezu bankrotte – englische General Electric Company innerhalb von zehn oder fünfzehn Jahren durch die Verdoppelung der Kapitalproduktivität in einen Marktführer – und dies ohne jede Form von »Ausbeutung der Arbeit«. Aufgrund der hohen Produktivität kann Weinstock nämlich seine Beschäftigten erheblich besser bezahlen. Ein weiteres Beispiel in England ist die Warenhauskette Marks and Spencer, deren Überlegenheit darauf beruht, daß sie fast den doppelten Umsatz aus einer Einheit Regalraum oder aus einem Quadratmeter Stellfläche herausholt als alle anderen britischen oder europäischen Einzelhändler. Und dies beruht keinesfalls auf einem »Geheimnis«, sondern einzig und allein auf intensiver und harter Arbeit mit dem Ziel einer möglichst produktiven Verwendung aller Ressourcen.

Genau diese Verpflichtung wird man in Zukunft von allen Managern erwarten – in der Wirtschaft ebenso wie im öffentlichen Dienst. Denn in allen Institutionen wird für sie die Erfüllung zweier Ziele absolut vorrangig: einerseits die Verdoppelung der Kapitalproduktivität innerhalb der nächsten acht bis zehn Jahre – was einer jährlichen Zuwachsrate von ca. 7,5 v. H. entspräche. Andererseits die Steigerung der Produktion innerhalb desselben Zeitraumes mindestens um die Hälfte, ohne die Zahl der Beschäftigten zu erhöhen. Das heißt, sie müssen die Produktivität ihrer Arbeitskräfte um jährlich vier bis fünf Prozent steigern. Beide Ziele sind durchaus erreichbar – allerdings nur mit harter Arbeit.

Die vier grundlegenden Schlüsselfaktoren – Kapital, die wichtigsten physischen Produktionsfaktoren sowie Zeit und Wissen – müssen ständig anhand einer systematischen und gewissenhaften Produktivitätspolitik gemanagt werden, die speziell auf jeden einzelnen Faktor ausgerichtet ist.

Die meisten Manager haben eine ungefähre Vorstellung davon, wie oft das Geld, mit dem das Unternehmen arbeitet, sich jährlich umschlägt. Viele sind allerdings der Meinung, daß es einen Unterschied macht, ob es sich um »eigenes« oder »fremdes« Geld bzw. um »Eigen«- oder »Fremdkapital« handelt. Die wenigsten von ihnen wissen jedoch, wo genau sich das Geld befindet. Für die Produktivität des Geldes sind jedoch die jeweilige Eigentumssituation oder die rechtlichen Bedingungen völlig unerheblich. Geld ist Geld und kostet erstens in der Regel unabhängig von seiner Herkunft oder rechtlichen Verpflichtung in etwa dasselbe. Zweitens läßt sich Kapital nicht als Gesamtgröße managen, sondern man muß wissen, wo es jeweils investiert ist. Erst wenn man dies in Erfahrung gebracht hat, kann man beginnen, die wichtigen Einsatzbereiche des Kapitals effektiv zu managen. Dies können in einem Betrieb beispielsweise die Außenstände der Kundschaft sein, die ja einem Kredit entsprechen. Da jedoch kein produzierendes oder anderes Unternehmen bezüglich der Kreditvergabe mit der Bank konkurrieren kann – es muß ja sowohl die Geldkosten der Bank als auch die eigenen tragen –, sollte sich jede Unternehmensführung gut überlegen, was es sich von einer solchen Kreditvergabe gegenüber seinen Kunden verspricht. Das Geld kann jedoch auch in Sachanlagen wie Stell- oder Verkaufsfläche investiert sein, und dann müssen der Geschäftsumsatz und die Einnahmen pro Regaleinheit der Stellfläche gemanagt werden. Ferner kann das Kapital in teuren Maschinen gebunden sein – und gerade hier wird durch schlechte Ausnutzung der Maschinen sehr viel Geld und Zeit verschwendet. Doch geht dies aus dem Buchhaltungsmodell nur selten hervor und wird durch die Annahme der »vorkalkulierten Kosten« der typischen Kostenbuchhaltung eher verborgen. Ein gutes Beispiel sind auch die Universitäten, deren – extrem hohes – Kapital in Unterrichtsräumen und Laborgebäuden investiert ist, die nur wenige Stunden täglich und nur vier bis fünf Tage wöchentlich genutzt werden. Durch die verstärkte Benutzung der Klassenräume – zum Beispiel durch die Entwicklung effektiver Erwachsenenfortbildungsprogramme, die in den freien Zeiten abgehalten werden – ließe sich die Kapitalproduktivität einer Universität insbesondere in städtischer Umgebung innerhalb weniger Jahre leicht verdoppeln. Aber der erste und wichtigste Schritt hierzu ist, festzustellen, wo das Kapital gebunden ist. Die dazu erforderlichen Daten können den üblichen Informationen der Buchhaltung entnommen werden und sind relativ leicht zu erhalten – wenn der betreffende Manager danach verlangt.

Während die drei Schlüsselfaktoren Kapital, Zeit und Wissen universal sind und daher in allen Organisationen nach denselben Gesichtspunkten gemanagt werden müssen, können die wichtigsten physischen Ressourcen in den einzelnen Institutionen ganz erheblich differieren. So ist beispielsweise der Kupferblock der elementare Rohstoff für den Kupferdrahtproduzenten, für den wiederum ein Krankenhaus keinerlei Verwendung hat. Hier ist vielmehr das »Krankenbett« die entscheidende physische Einheit. Insofern muß sich jede Organisation genau überlegen, welches die für sie relevante physische Faktoreinheit ist, um diese dann dementsprechend zu managen. So könnten beispielsweise Krankenhäuser ihre Produktivität wesentlich durch die Erkenntnis erhöhen, daß das »Krankenhausbett« an sich ein sinnloser Begriff ist, weil es verschiedene Arten davon gibt. Zum Beispiel unterscheidet sich das Bett für den akuten Kranken erheblich von dem einer Wöchnerin oder aber von dem der Patienten, die zu Diagnosezwecken oder zur stationären Behandlung nach einer Operation oder einem Beinbruch bettlägerig sind.

Die meisten Manager meinen, daß der elementare physische Faktor ihres Unternehmens ziemlich offensichtlich ist. Dennoch hat das obige Krankenhausbeispiel gezeigt, daß dessen Definition mit wichtigen Entscheidungen verbunden ist, die ein bestimmtes Risiko implizieren. Außerdem ist auch hier – genau wie bei den anderen Faktoren – die Festsetzung bestimmter Produktivitätsziele und Fristen sowie der Vergleich der Ergebnisse mit den Erwartungen unerläßlich. Wieviel in diesem Bereich erreicht werden kann, haben einige Gesellschaften hinreichend demonstriert, die sich unmittelbar nach der ersten Preiserhöhung der OPEC-Länder intensiv mit der Produktivität der Energie beschäftigten. Die Dow Chemical war schon lange vor der Gründung des OPEC-Kartells zu Recht für ihre überragenden Leistungen im Bereich der Energiekonservierung bekannt gewesen. Anläßlich der ersten Anhebung der Erdölpreise durch die OPEC kümmerte sich der Konzern noch stärker um die Energieproduktivität, und es gelang ihm tatsächlich, seinen Energieverbrauch in fünf Jahren (von 1974 bis 1979) um die Hälfte zu senken, ohne irgendeinen anderen Faktor zu erhöhen. Dies entspricht immerhin einem jährlichen Produktivitätszuwachs im Energieverbrauch von acht bis zehn Prozent.

Die Produktivität des Geistesarbeiters

Der produktive Einsatz der menschlichen Arbeitskraft im allgemeinen und insbesondere der potentiell produktivsten, aber zugleich teuersten, d. h. der hochqualifizierten Fachkräfte und Geistesarbeiter, erfordert vom Manager zunächst, daß er deren spezifische Aufgaben ganz genau kennt. Das heißt, es reicht nicht aus, zu wissen, daß Hans Schmitt in der Buchhaltung arbeitet. Sondern wenn dieser wirklich etwas leistet – und falls nicht, ist er offenbar fehl am Platze –, dann müssen wir seine ganz konkrete Aufgabe kennen. Ein produktiver Einsatz der menschlichen Arbeitskraft und speziell des Geistesarbeiters erfordert, daß diese so eingesetzt werden, daß sie auch Ergebnisse erzielen können und daß ihre Fähigkeiten nicht in Bereichen vergeudet werden, in denen sich ihre gute Arbeit nicht niederschlägt. Somit ist die Aufgabenkontrolle die Grundvoraussetzung, um einen höchstmöglichen produktiven Einsatz des Geistesarbeiters zu gewährleisten.

Dies erfordert zunächst, daß wir die spezifischen Stärken der Betroffenen kennen – vor allem, wenn es sich um Leute handelt, die sich schon als leistungsfähig erwiesen haben. Was können sie wirklich gut, und wo sind sie am effizientesten? Zweitens müssen diese leistungsstarken Kräfte soweit wie möglich dort eingesetzt werden, wo sie effektiv Ergebnisse erzielen können und auch die besten Chancen zur Anwendung ihrer Fähigkeiten haben. Als Frederick W. Taylor darüber nachdachte, wie manuelle Arbeit produktiver gemacht werden könnte, nahm er an, daß es für die Erfüllung spezifischer Arbeitsgänge nur »einen richtigen Weg« gab, der für die Mehrheit der mit dieser Arbeit betrauten Leute zutraf. Dabei unterstellte er, daß die meisten Menschen »durchschnittliche« Arbeitskräfte seien. Das trifft keineswegs für Arbeiten zu, die bestimmte Fähigkeiten oder Kenntnisse erfordern. Hier geht man davon aus, daß die Verteilung der Fähigkeiten der Normalverteilung gesellschaftlicher Ereignisse – also einer Hyperbel – entspricht. Es gibt ja keine Universalgenies. Wird aber von Arbeit gesprochen, die mehr als Routineleistungen, mehr als das Ausführen von Anweisungen und mehr als sich wiederholende Bewegungen verlangt, dann muß berücksichtigt werden, daß nur ein sehr kleiner Teil der Leute in der Lage ist, überdurchschnittliche Ergebnisse zu erzielen, die sowohl signifikant höher als auch besser sind. Hier ergibt sich nun die Aufgabe, diese Kräfte so einzusetzen, daß sie mit ihren besonderen Fähigkeiten überdurchschnittlich hohe und insgesamt bessere Resultate erzielen können.

Bei der Geistesarbeit – wenn nicht schon bei jeder anderen Arbeit – müssen sich die Manager darüber im klaren sein, daß sie den Leuten genau die Arbeit ermöglichen müssen, für die jene bezahlt werden. Sie müssen deshalb alle sechs oder neun Monate jeden Betriebsangehörigen – zuerst sich selbst, dann den Chef, danach den Kollegen und zuletzt die Untergebenen – fragen: »Was machen wir in dieser Organisation, und was tue ich, um euch eure Aufgabe zu erleichtern, bzw.

inwieweit wird sie durch die anderen oder durch mich behindert?«

Diese Frage sollte bei jedem einzelnen gestellt werden; denn die übliche Vorstellung der Manager, daß der Vorgesetzte jede Art der Routinearbeit – egal ob an der Maschine oder im Büro – immer ganz richtig und optimal organisieren könne, ist einfach falsch. Immer wenn wir die oben genannte Frage wirklich konsequent gestellt haben, konnten wir meistens erheblich mehr Hemmnisse als Erleichterungen feststellen.

Bei Nicht-Routinearbeiten ist dieser Punkt besonders wichtig. Hier muß man nicht nur davon ausgehen, daß die Geistes- oder Facharbeiter am allerbesten wissen, wie sie produktiver arbeiten können und was hinderlich bzw. hilfreich ist, sondern daß sie, um produktiv zu sein, Verantwortung übernehmen müssen. Hier sollte der jeweilige Manager seine Aufgabe darin sehen, diese Leute zu motivieren und ihren Wunsch nach guter Arbeit zu unterstützen; denn nur der Fach- oder Geistesarbeiter selbst weiß, was »Produktivität« für seine Arbeit bedeutet.

Am Beispiel der Japaner sollten wir lernen, daß die menschliche Produktivität im Grunde einen Prozeß ständigen Lernens erfordert. Der arbeitende Mensch muß dazu geführt werden, daß er von sich selbst eine ständige Verbesserung hinsichtlich seiner Tätigkeit verlangt. Um dies zu erreichen, sollten wir am besten das japanische Zen-Konzept des Lernens übernehmen. Dort lernt man, Dinge, die man bereits gut kann, noch besser zu machen (vgl. hierzu mein Buch »Neue Managementpraxis«, Düsseldorf 1975). Natürlich setzt dies ein gewisses Maß an psychologischer Sicherheit in der Arbeitsgruppe voraus, damit die Leute keine Angst haben, daß sie sich selbst – oder ihre Kollegen und Nachbarn an der nächsten Maschine oder im Büro nebenan – auf diese Weise arbeitslos machen. Diese Befürchtung kann der Arbeitgeber dadurch verhindern, daß er das Auftreten redundanter

Arbeitskräfte antizipiert und die Leute umschult und anderweitig einsetzt. Vor allem aber muß er bereit sein, seine Beschäftigten systematisch zu befragen und ihnen zuzuhören, im Bewußtsein, daß der oder die Betreffende höchstwahrscheinlich mehr von seiner oder ihrer Arbeit versteht als der Vorgesetzte – oder aber daß beide zumindest unterschiedliche Kenntnisse besitzen. Dies gilt insbesondere für die Leute, die ihr Wissen und ihre Spezialfertigkeiten einbringen. Definitionsgemäß müssen sie ja mehr über ihre Arbeit wissen als jeder andere – sonst sind sie eben nicht hinreichend qualifiziert und ausgebildet.

Führungskräfte wissen natürlich, daß sie für die Produktivität ihrer Beschäftigten verantwortlich sind, aber in der Regel läuft das darauf hinaus, daß sie einen billigen Kompromiß zwischen einem weniger produktiven und einem produktiveren Faktor zu finden versuchen. So glauben beispielsweise viele Manager – und Ökonomen –, daß Produktivitätssteigerungen nur durch die Substitution des teureren und unproduktiveren Faktors Arbeit durch leistungsfähigere Anlagen bzw. den Faktor Kapital möglich sind oder umgekehrt.

So wurden die meisten Firmen, die mit Hilfe von Computern Büroangestellte einsparen wollten, insofern in ihren Erwartungen enttäuscht, als sie im nachhinein sowohl mehr als auch teurere Bürokräfte benötigten. Auch die weitverbreiteten Befürchtungen, daß die »Automation« zu massiver Arbeitslosigkeit führen würde, sind voll und ganz entkräftet worden. Der einzige Effekt der Automatisierung ist höchstens eine Verschiebung der Beschäftigung von relativ schlecht bezahlter manueller zu erheblich besser entlohnter technischer oder höherqualifizierter Arbeit. Natürlich haben sowohl der Computer als auch die Automatisierung effektiv zu höherer Produktivität geführt – aber dies war sicher nicht die Folge des Kompromisses. Die überaus gründlichen Produktivitätsstudien, für die Simon Kuznets von der Harvard-Universität einen der ersten Nobelpreise in Volkswirtschaft erhielt, zeigen etwas ganz anderes. Danach beruhte zwar die starke Expansion der amerikanischen Wirtschaft im 20. Jahrhundert tatsächlich auf der Zunahme der Kapitalinvestitionen und speziell auf der steigenden Kapitalproduktivität, aber gleichzeitig stieg die Beschäftigung mindestens genauso schnell und bei den Löhnen wurden aufgrund der höheren Gesamtproduktivität sogar noch höhere Zuwachsraten verzeichnet.

Dadurch wird die Substitutionstheorie der Produktivität, die trotz ihrer Popularität schon immer mit Vorsicht zu genießen war, ganz offensichtlich hinfällig. Das heißt, in Zukunft können sich Manager nicht mehr darauf verlassen, einen Produktivitätsrückgang bei einem Faktor durch einen Zuwachs bei einem anderen Faktor kompensieren zu können. Sie werden im Gegenteil davon ausgehen müssen, daß sich ein solcher Leistungsabfall nicht so ohne weiteres wiedergutmachen läßt und sich in der Gesamtproduktivität niederschlägt.

Ein Grund dafür ist, daß der Anteil der Geistesarbeit immer größer wird. Im Gegensatz zur manuellen Arbeit können Kapitalinvestitionen die geistige Arbeit nicht substituieren, sondern höchstens deren Nachfrage steigern. Diesen Effekt haben zuerst Krankenhäuser und Universitäten herausgefunden. So resultiert im Krankenhaus eine verstärkte Kapitalinvestition nicht etwa in einer Arbeitsersparnis, sondern schafft statt dessen eine zusätzliche Nachfrage nach neuen und besser bezahlten Arbeitskräften. Denn die extrem teuren Anlagen für die Mikrochirurgie, die Nierendialyse oder für die Intensivtherapie zur Schockvermeidung erfordern hochqualifizierte Leute. Die einfachen Dienstleistungen werden ohnehin schon weitgehend durch Maschinen (wie zum Beispiel Geschirrspüler etc.) ausgeführt, so daß wir heute im Vergleich zu 1930 nur noch ein Drittel des Reinigungspersonals pro Krankenbett benötigen. Diese Arbeitsersparnis ist jedoch durch die Zunahme der höherqualifizierten Arbeitskräfte in Verbindung mit den verstärkten Kapitalinvestitionen mehr als kompensiert worden. Genau dasselbe gilt für die Universität. Tatsächlich ist das Phänomen, daß beide Institutionen heute zugleich arbeits- und kapitalintensiv sind, während sie sich vor fünfzig Jahren nur durch eine hohe Arbeitsintensität auszeichneten, ein wesentlicher Grund für die überdurchschnittliche Zunahme der Kosten des Gesundheitswesens und der Hochschulbildung. Dies haben die Verantwortlichen der Krankenhäuser und Universitäten jedoch erst seit kurzem erkannt, da sie genau wie alle anderen der herkömmlichen Substitutionstheorie anhingen, die jedoch durch die Realität widerlegt wurde.

Selbst im Produktionsbereich hat der Austausch von Arbeit durch Kapital keineswegs immer funktioniert. Ein Beispiel ist die Papierindustrie, bei der 1929 eine investierte Mark etwa drei Mark jährlichen Papierumsatzes einbrachte. Das heißt, das Kapital wurde etwa dreimal im Jahr umgeschlagen. Heute, im Jahre 1980, hat sich die Situation ins genaue Gegenteil verkehrt; denn nun ist die Investition von drei Mark notwendig, um einen Produktionswert von einer Mark zu erzielen. Dies entspricht einem Neuntel der Kapitalproduktivität von vor fünfzig Jahren. Andererseits beträgt die Beschäftigung in den Papiermühlen pro Tonne Papier immer noch zwei Drittel der damaligen Beschäftigtenzahl. Mit anderen Worten: Obwohl die Arbeitsproduktivität bei der Papierherstellung dank der umfangreichen Mechanisierung deutlich gestiegen ist, hat sie dennoch nicht die gleichzeitige Abnahme der Kapitalproduktivität kompensieren können.

Stahlwerke und Automobilhersteller haben genau dieselben Erfahrungen gemacht. Einer der Gründe für Chryslers Schwierigkeiten war vermutlich die Abnahme der Gesamtproduktivität aufgrund des erfolglosen – oder unzureichenden – Kompromisses zwischen Arbeit und Kapital. Natürlich wird die permanente Knappheit von Leuten für traditionelle Arbeiten die Automation in den Industrieländern immer attraktiver und immer notwendiger machen. Aber solange sich nicht gleichzeitig die Kapitalproduktivität signifikant verbessert, wird sich die beabsichtigte Arbeitsersparnis in den meisten Fällen als Illusion erweisen.

Und im Falle von hochqualifizierten Leuten, Geistesarbeitern, Managern und freiberuflich Tätigen ist eine derartige Ersparnis ohnehin völlig ausgeschlossen. Denn ihre Produktivität läßt sich einzig und allein über die Produktivität der Zeit und des Wissens steigern.

Demzufolge muß ein Manager die Produktivitäten der vier Schlüsselfaktoren separat behandeln und fördern, um dann deren Einfluß auf die Gesamtproduktivität seiner Organisation festzustellen. Die letztlich entscheidende Größe ist der wirksame Gesamteinsatz aller Ressourcen – sei es in der Fabrik, dem Warenhaus, dem Hospital, der Schule oder dem Büro. Dafür wird die Führungskraft ja letztlich bezahlt. Nur wird diese Aufgabe in turbulenten Zeiten um so vordringlicher und die Verpflichtung des Managers um so größer.

Kosten der Betriebserhaltung kontra einseitiges Gewinndenken

Zu den Grundaufgaben des Managements gehört sicherlich, daß die Kosten der Betriebserhaltung verdient werden, da ein Unternehmen sonst auf Dauer zugrunde gehen muß. Und zwar sind dies nicht etwa »zukünftige Kosten«, sondern es handelt sich um heute anfallende Ausgabeposten, wenn sie auch erst später bezahlt werden müssen. Dies sind die sogenannten »aufgelaufenen« oder »transitorischen Kosten«. Seit langem wissen wir bereits, daß es sich um echte Kosten handelt, die auch in den laufenden Betriebskonten aufgeführt werden müssen. Ein Unternehmen, das diese aufgelaufenen Kosten nicht zu verdienen vermag, schadet der Volkswirtschaft und wird nicht seiner primären sozialen Verantwortung gerecht. Diese besteht darin, daß das Unternehmen und dessen Management die anvertrauten Ressourcen - wie Wohlfahrt und Arbeit - zu erhalten haben.

Der »Gewinn« ist - und dies kann nicht oft genug gesagt werden - eine Illusion der Buchhaltung. Denn abgesehen von dem seltenen Fall eines Staatsmonopols wie in der OPEC gibt es keine Gewinne, sondern nur die transitorischen Kosten der Betriebserhaltung. Kapital ist in erster Linie ein Produktionsfaktor, und es gibt eben - wie inzwischen hinreichend bekannt sein dürfte - keine »kostenlosen« Faktoren. Insofern entspricht das Minimum der Betriebserhaltungskosten immer den Kapitalkosten.

Jede wirtschaftliche Aktivität verursacht aufgelaufene Kosten, die heute verdient werden müssen, damit ein Unternehmen - oder eine Volkswirtschaft - morgen noch existieren kann. Die ökonomische Aktivität kann als gegenwärtige Bindung von Ressourcen definiert werden, die - dem Saatkorn vergleichbar - im Hinblick auf eine zukünftige Ernte vorgenommen wird und aufgrund der unsicheren Erwartungen ein mehr oder weniger hohes Maß an Risiko impliziert. Die mögliche Konsequenz dieser Aktivität, der ökonomische Fortschritt, ist ein Beweis für die Fähigkeit, immer größere und komplexere Risiken einzugehen, das heißt, die gegenwärtigen Ressourcen für immer längere Perioden und trotz der (durch den technischen Wandel und die Innovation bedingten) Unsicherheiten zu binden. Der ökonomische Fortschritt einer Wirtschaft hängt somit letztlich von der Fähigkeit zur Kapitalbildung ab, das heißt, inwieweit sie in der Lage ist, mit dem derzeitigen Produktionsüberschuß die Kosten der Vergangenheit und der Gegenwart abzudecken.

Wirtschaftlicher Fortschritt ist aber auch an die Fähigkeit gebunden, Muskel- und Schweißarbeit durch Fachwissen und spezielle Fertigkeiten zu ersetzen und sowohl mehr als auch bessere Stellen für die Zukunft zu schaffen. Dies hängt wiederum sowohl von der Investitionsrate als auch von unserer

Fähigkeit ab, immer mehr Geld in die Schaffung künftiger Arbeitsplätze zu investieren. Je mehr Sachkenntnis aber mit einer Tätigkeit verbunden ist, desto mehr direkte und indirekte Kapitalinvestitionen sind erforderlich: direkte in Form von Anlagen und Maschinen – so ist zum Beispiel der Quantensprung von den Kosten eines Bleistifts zu denen eines Taschenrechners ein guter Indikator für den gewaltigen Anstieg der Kapitalanforderung pro Arbeitsplatz – und indirekte in Form hoher und steigender Investitionen in das Humankapital, ergo in die Schul- und Berufsausbildung. So benötigt heute beispielsweise ein junger fünfundzwanzigjähriger frisch diplomierter Ingenieur, der gerade seine erste Stelle antritt, das Fünfundzwanzigfache an direkten und indirekten Kapitalinvestitionen – die zum Teil vom Arbeitgeber, von der Familie sowie vom Steuerzahler getragen werden – wie sein Großvater als gelernter Zimmermann vor sechzig Jahren. Und sein Sohn wird vermutlich nochmals das Fünf- bis Zehnfache dieser Kapitalsumme brauchen. Das heißt mit anderen Worten, in allen Industrieländern müssen die Kapitalinvestitionen unbedingt drastisch hochgeschraubt werden, um für die jungen Leute von heute die morgen erwarteten Arbeitsplätze bereitzustellen.

Demnach genügt es nicht, wenn eine private oder öffentliche Organisation ihre – bereits ausgezahlten – Kosten des Buchhaltungsmodells erwirtschaftet, sondern sie muß auch die Betriebserhaltungskosten mitberücksichtigen. Diese unterscheiden sich allein dadurch, daß sie noch ausstehen. Sie können vielleicht nicht mit derselben Genauigkeit angegeben werden wie die bereits bezahlten Kosten, aber sie lassen sich dennoch innerhalb einer bestimmten Wahrscheinlichkeitsbandbreite mit derselben Fehlerquote bestimmen. Diese trifft auch für die meisten Buchhaltungszahlen wie beispielsweise die Bewertung von Sachvermögen, von Patenten oder von Außenständen zu. Im Grunde sind sie meistens sogar erheblich genauer als die Werte der Bilanz und der Gewinn- und

Verlustrechnung. In der Volkswirtschaftslehre gilt seit den ersten Werken des englischen Ökonomen Alfred Marshall vor hundert Jahren das Axiom, daß die Betriebserhaltungskosten in einer Marktwirtschaft nie unter den Kapitalkosten liegen dürfen. Demzufolge ist ein Unternehmen, das mit seinem Gesamtkapital nicht mindestens die übliche Kapitalverzinsung erwirtschaftet, definitionsgemäß defizitär und lebt auf Kosten seiner Zukunft.

Dies erscheint am Beispiel des Bauern, der die Saatkörner für die nächste Aussaat konsumiert, ohne weiteres plausibel. Die Tatsache, daß wir dieses Prinzip bislang bei Wirtschaftsunternehmen nicht beherzigt haben, verdanken wir einzig und allein der trügerischen Rolle des »Gewinns«. Jeder weiß zwar, daß die Saatkörner des Bauern keine Gewinne, sondern ein Überschuß sind, aber niemand – einschließlich der Unternehmensleitungen – scheint zu wissen, daß es sich bei dem in den Gesellschaftsbilanzen ausgewiesenen »Gewinn« ebenfalls nur um »Saatkörner« bzw. um die Betriebserhaltungskosten handelt.

In turbulenter Zeit besteht ein größerer Zwang zur erhöhten Kapitalbildung allein schon wegen der größeren Unsicherheit und des damit verbundenen höheren Risikos, gleichgültig, ob es sich nun um Kapital, physische Ressourcen oder menschliche Arbeitskraft handelt. Da wir zugleich wissen, daß die vor uns liegenden Zeiten sehr viel soziale und technische Veränderungen und Innovationen mit sich bringen werden, erhöht sich unser Zukunftsrisiko noch mehr. Hinzu kommt noch die zu beobachtende drastische Verschiebung der Beschäftigtenstruktur zugunsten der Geistesarbeiter, die wiederum erhöhte Kapitalinvestitionen erfordert. In den Industriestaaten ist bereits heute absehbar, daß wir in Zukunft – insbesondere im Produktionsbereich – Arbeitsplätze mit einer Kapitalausstattung benötigen, die uns heute noch unvorstellbar erscheint.

Demgegenüber ist die Kapitalbildung heute mit immer

größeren Schwierigkeiten verbunden und geht in allen Industrieländern deutlich zurück. Ein Grund hierfür ist natürlich die Inflation, deren zerstörerische Wirkung sogar vom Laien empfunden wird. Aus diesem Grunde neigen viele Leute in Zeiten verstärkter Inflation auch stärker zum Sparen, obwohl der gesunde Menschenverstand eigentlich eine »Flucht in die Sachwerte« nahelegen würde. Entscheidend ist jedoch, daß die meisten Menschen einfach das »unbestimmte« Gefühl haben, sie müßten mehr Geld auf die hohe Kante legen, um die Wertminderung ihrer Ersparnisse auszugleichen.

Daneben gibt es noch eine Reihe permanenter struktureller Änderungen, die ebenfalls die Kapitalbildung beeinträchtigen. Vor fünfzig Jahren hat Keynes die herkömmliche Ökonomie bereits durch seinen Nachweis revolutioniert, daß moderne Volkswirtschaften unter bestimmten Bedingungen zum »over-saving« neigen und daß dementsprechend der Konsum angeregt werden müsse. Aufgrund einer veränderten Bevölkerungsstruktur[1] in den industrialisierten Ländern müssen wir uns heute auf eine lange Periode eines immanenten »under-saving« einstellen. (Dies ist zwar das genaue Gegenteil dessen, was Keynes seinerzeit diagnostizierte, aber genauso unvereinbar mit der klassischen Ökonomie wie die Keynesschen Thesen.) Danach werden selbst in Ländern wie Japan oder Westdeutschland mit ihren hohen Sparraten die Haushaltsersparnisse in erster Linie »aufgeschobener Konsum« sein und nicht mehr zur Kapitalbildung beitragen.

In allen Industrieländern besteht die Masse der Haushaltsersparnisse in zunehmendem Maße aus Rentenleistungen zur Alterssicherung. Soweit diese Gelder vom Staat gesammelt werden – und dies trifft überwiegend zu, selbst in Ländern wie den Vereinigten Staaten und Großbritannien mit ihrer umfangreichen privaten Alterssicherung –, haben sie nur für

[1] Vgl. hierzu Kapitel 3 und mein Buch »Die unsichtbare Revolution, Die Mitarbeitergesellschaft und ihre Probleme«, Düsseldorf 1977

den einzelnen den Charakter von »Ersparnissen«, da sie beim Staat sofort wieder zu »Ausgaben« werden. Aber auch der größte Teil der in private betriebliche Rentenfonds eingezahlten Gelder geht in Form von Ruhestandsgeldern sofort wieder in den Kreislauf ein und dient meist unmittelbar Konsumzwecken. Die andere wichtige Komponente der privaten Ersparnisse in nichtkommunistischen Industrieländern sind die Investitionen in das Eigenheim, das wir als dauerhaftes Gebrauchsgut mit hohem Wiederverkaufswert zu definieren haben. Da es sich *nicht* um ein »Kapitalgut« zur Erzeugung ökonomischer Werte handelt, ist die Investition in das Privathaus auch keine Kapitalbildung. Deswegen klaffen in einer reichen Gesellschaft mit zunehmendem Wohlstand der breiten Masse von Lohn- und Gehaltsempfängern die Haushaltsersparnisse und die Investitionen immer stärker auseinander. Je besser es einer Gesellschaft gelingt, die individuelle Lebensdauer zu verlängern, um so niedriger wird zwangsläufig der individuelle Beitrag zur echten Kapitalbildung.

Weitere Gründe für das Sinken der Investitionsrate sind die stark gestiegenen laufenden Geschäftskosten, die sowohl durch das Wachstum der staatlichen Bürokratie und die damit verbundene erhöhte Belastung der Wirtschaft als auch durch die ständig steigende Zahl von Verordnungen und Regulierungen und durch die Zunahme der Transferleistungen – ob nun für Sozialpolitik, für Umweltschutz oder für Hygiene und Sicherheit – bedingt sind. Am wichtigsten und weitreichendsten ist jedoch die starke Veränderung der Bevölkerungsstruktur und -entwicklung. Hier nimmt der Anteil der älteren Bevölkerung am stärksten zu, was sich deutlich in der Sparrate niederschlägt (vgl. hierzu Kapitel 3). Diese Veränderung bewirkt, daß die Kapitalbildung der industrialisierten Staaten immer mehr davon abhängt, inwieweit die nichtstaatlichen Organisationen – vor allem natürlich die Privatunternehmen – in der Lage sind, ihre Betriebserhaltungskosten – oder die »Samenkörner« – zu erwirtschaften.

Die meisten Unternehmer und Volkswirtschaftler haben dies bereits erkannt und beobachten die derzeitige Entwicklung mit entsprechend großer Sorge. Demgegenüber ist diese Tatsache der Öffentlichkeit, den Politikern, den Gewerkschaftsführern und sogar den Inhabern höherer Stellen in verschiedenen Organisationen – und natürlich schon gar den Angestellten aller Ebenen – verborgen geblieben, weil sie durch die vorrangige Diskussion der Gewinne verschleiert wird. Der Gewinn wird uns immer als eine Belohnung des Investoren für seine in der Vergangenheit investierten Beträge hingestellt. Dabei ist dies einfach falsch; denn diese sogenannten Gewinne sind echte Kosten, die ein Unternehmen oder eine Volkswirtschaft in der Zukunft aufbringen muß. Und ein Gewinn, der nicht die Kapitalkosten deckt, ist gar kein »Gewinn«, sondern ein echter Verlust.

Da die Kostendeckung zweifellos eindeutig in den Aufgabenbereich der Manager fällt, tragen sie auch die Verantwortung für die Betriebserhaltungskosten und damit für die Zukunft ihrer Organisation.

Eine Schlußfolgerung hieraus ist, daß die Institutionen »ohne Erwerbscharakter« des tertiären Sektors – wie Krankenhäuser, Universitäten und die verschiedenartigen Dienstleistungsbetriebe – die Betriebserhaltungskosten ebenfalls in ihre Kostenrechnung einbeziehen müssen. Mit ihrer bisherigen Praxis, einen Einnahmeüberschuß als einen – sozusagen unbeabsichtigten – Gewinn zu behandeln, verbergen sie im Grunde nur ihre wahren Kosten. Gleichzeitig gefährden sie aber auch ihre Zukunft und belasten die Gesellschaft sowie deren Produktionspotential. Dies fiel nicht allzusehr ins Gewicht, solange der tertiäre Sektor nur marginal war. Da er heute aber in den meisten Industrieländern längst kein Schattendasein mehr führt und immerhin mindestens ein Viertel des Sozialprodukts produziert, müssen wir unbedingt wissen, wie hoch das in diesem Sektor erwirtschaftete Defizit ist.

Wie gefährlich es sein kann, wenn eine öffentliche Einrichtung die Betriebserhaltungskosten nicht als laufende, sondern als »zukünftige« Kosten behandelt, zeigt das Beispiel des britischen National Health Service mehr als deutlich. Seit 1950 bis zur Gegenwart hat er die durchaus bekannten, bestätigten und meßbaren Kosten der notwendigen Krankenhausbauten nicht erfaßt und statt dessen in den meisten Jahren mit »ausgeglichenen« Konten gearbeitet – obwohl er eigentlich ein riesiges Defizit hätte aufweisen müssen, das letztlich vom Steuerzahler getragen wurde. Dies hat dazu geführt, daß die heute in vielen Teilen des britischen Königreiches üblichen langen Wartezeiten bei der sogenannten »Auswahlchirurgie« (elective surgery) – bei der ein Eingriff trotz möglicher Beschwerden des Patienten hinausgezögert wird, solange sich der Zustand nicht stark verschlechtert – immer länger werden. Auf diese Weise hat die private Krankenversicherung in Großbritannien in kürzester Zeit unter Arbeitnehmern außerordentlich an Beliebtheit gewonnen: und zwar nicht etwa, um die medizinische oder chirurgische Behandlung zu übernehmen – dazu ist ja der National Health Service da –, sondern um die Warteliste zu überspringen. Dies widerspricht natürlich dem Grundgedanken des National Health Service und ist letztlich ein Beweis für dessen Versagen – das überflüssig gewesen wäre, wenn man die Betriebserhaltungskosten entsprechend berücksichtigt hätte.

Ein Defizit ist und bleibt ein Defizit – egal, ob es bei einem Seifenhersteller, einem Krankenhaus oder den Pfadfindern entstanden ist. Obwohl diese Institutionen hinsichtlich des Managements und des unternehmerischen Handelns ganz erheblich differieren, sind sie in ökonomischer Hinsicht weitgehend gleich und werden höchstens vom Fiskus unterschiedlich veranlagt. Viele der Institutionen ohne Erwerbscharakter sollten durchaus die von ihnen erwirtschafteten Einnahmeüberschüsse entsprechend der herkömmlichen Buchhaltung als »Gewinne« ausweisen. Viele Einrichtungen des öffentlichen Dienstes haben außerordentlich hohe Betriebserhaltungskosten – zum Beispiel die Universitäten und Krankenhäuser, die innerhalb der nächsten Jahrzehnte erhebliche Veränderungen erleben werden. Solange man jedoch die echten Kosten der Betriebserhaltung als »Gewinn« betrachtet, wird man die Einrichtungen des öffentlichen Dienstes nicht zweckrational und leistungsbedingt leiten, sondern zur Nicht-Leistung führen. Wie viele und welche dieser Anstalten von steuerlicher Subvention oder privater Wohltätigkeit abhängen, das liegt an unserer Entscheidung. Wichtig ist nur, daß das Management sowohl sich selbst als auch der Gesellschaft den Nachweis über die genaue Höhe des Defizits bzw. ihrer tatsächlichen Kosten schuldet – selbst wenn man nicht von ihnen erwartet, daß sie immer kostendeckend arbeiten.

Für jeden Manager ist es folglich eine unerläßliche Pflicht, die Betriebserhaltungskosten zu kennen und sie als echte Kosten zu behandeln. Dies impliziert zunächst, daß die finanziellen Daten der jeweiligen Institution an die Inflation angepaßt werden, damit die Manager die tatsächliche ökonomische Position ihres Unternehmens kennen. Darüber hinaus müssen die Manager akzeptieren, daß sie mit Verlusten arbeiten, solange der Einnahmeüberschuß über die vergangenen und gegenwärtigen Kosten nicht auch die Kapitalkosten – zum jeweiligen Marktzins – für das Geld, mit dem das Unternehmen arbeitet, abdeckt. Denn – um es nochmals zu wiederholen – das Minimum der Betriebserhaltungskosten entspricht immer den Kapitalkosten.

Die Manager müssen sich auch deswegen über die Höhe der Betriebserhaltungskosten Gedanken machen, um diejenigen Kosten zu decken – oder zumindest mit einzukalkulieren –, die höchstwahrscheinlich oder mit Sicherheit die laufenden Kapitalkosten übersteigen. Die Betriebserhaltungskosten der Krankenhäuser und Universitäten werden zweifellos in den kommenden Jahren deutlich steigen. Dasselbe gilt aller Voraussicht nach auch für die herkömmlichen Stahlwerke, die zugleich mit hohen Kapitalanforderungen für neue Produktionsverfahren und für die Automatisierung, mit ökologisch und sicherheitstechnisch bedingten Investitionen sowie mit energiesparenden Technologien zu rechnen haben. Solange es ihnen nicht gelingt, diese Kosten aus den laufenden Einnahmen zu decken, befinden sie sich in der Verlustzone.

Eine wichtige Voraussetzung hierzu ist eine Anpassung der Managergehälter an die wirtschaftliche Realität; denn solange Führungskräfte besondere Zulagen für ausgewiesene Gewinne erhalten, die eigentlich nur versteckte Kosten sind, werden sie sich einer anderen Form des Ertragsnachweises starr widersetzen. Deshalb sollten – und dürften – erst dann Gewinnprämien ausgeschüttet werden, wenn die Betriebserhaltungskosten durch die laufenden Einnahmen voll abgedeckt sind.

Am allerwichtigsten ist jedoch die Änderung der Firmenberichterstattung und der – völlig irreführenden und sogar falschen – Buchhaltungszahlen. Das heißt, die Manager müssen unbedingt die Aktionäre, die Öffentlichkeit und die Steuerzahler über die Höhe und die Bedeutung der Betriebserhaltungskosten aufklären – also über die Kosten des Risikos, der Innovation und vor allem der Arbeitsplätze von morgen, die den künftigen Berufsanfängern und Jugendlichen eine Beschäftigung sichern. Diese Art der Aufklärungsarbeit ist erst dann möglich, wenn sie dafür sorgen, daß die Buchhaltungsdaten, auf denen ja ihre Entscheidungen beruhen, tatsächlich die Realität reflektieren und nicht länger trügerische Gewinne ausweisen.

Neben der Gefahr sinkender Produktivitätsraten ist die gesamte Weltwirtschaft und jede einzelne Volkswirtschaft durch eine sinkende Kapitalbildung bedroht. Diese Abnahme ist vermutlich in den kommunistischen Ländern noch ausgeprägter als in den Marktwirtschaften – aber das ist natürlich nur ein geringer Trost. Außerdem ist es für einen kommunistischen Staat erheblich leichter, die Investitionen zu erhöhen, da die Kommunisten nie von Gewinnen gesprochen haben, obwohl ihr Einnahmeüberschuß ein Vielfaches der »Gewinnspanne« von Marktwirtschaften beträgt. (Andererseits sind aber auch die Risiken und Unsicherheiten in einer Zentralwirtschaft weitaus größer, und die Kapitalproduktivität ist erheblich niedriger.) Der Widerstand gegen den »Profit« nimmt heute in allen Ländern spürbar zu. Das ist nicht weiter verwunderlich, weil wir ständig davon reden und ihn mit so zweifelhaften Argumenten wie dem »Gewinnstreben« begründen (für das es keinerlei stichhaltige Beweise gibt) oder aber als »Belohnung für den Investor« hinstellen. Obwohl die meisten Leute vermutlich gar nicht verstehen, warum es sich um eine Illusion handelt, so spüren sie rein instinktiv, daß sie hintergangen werden. Doch solange die Manager weiterhin von »Gewinnen« anstatt von »Betriebserhaltungskosten« reden, wird sich nichts ändern, das heißt, sie werden weiterhin sowohl die Öffentlichkeit als auch sich selbst in die Irre führen.

Die US-Börsenaufsichtsbehörde (Securities and Exchange Commission, SEC) hat in den vergangenen Jahren die Buchhalter zu einer Vorausschätzung der Gewinne angeregt. Dies ist jedoch nahezu unmöglich, da sich die zukünftigen Erlöse nur sehr schwer schätzen lassen. Und in turbulenten Zeiten läßt sich nur deren ungefährer Trend für zwei bis drei Jahre (mit einer Fehlerquote von plus/minus fünfzig Prozent) angeben. Demgegenüber lassen sich die Betriebserhaltungskosten mit ziemlich hoher Wahrscheinlichkeit für mehrere Jahre im voraus bestimmen – weil sie eben keine zukünftigen, sondern transitorische Kosten sind. Somit könnte die SEC der amerikanischen Wirtschaft – und zugleich allen freien Marktwirtschaften – keinen größeren Dienst tun, als von den Buchhaltern die Schätzung der Betriebserhaltungskosten und die Veröffentlichung derselben in den jeweiligen Unternehmensberichten anzufordern.

Führungskräfte sollten sich allerdings lieber nicht auf die Behörden und ihre Buchhalter verlassen, sondern von sich aus die Betriebserhaltungskosten schon einkalkulieren und als echte Kosten betrachten. Sonst könnte sich in Zeiten der Turbulenz und der Inflation die paradoxe Situation ergeben, daß ihr Unternehmen – trotz ständiger »Rekordgewinne« – dennoch unter der Last der versteckten realen Verluste zusammenbricht.

KAPITEL 2

Zukunftsorientiertes Management

Die Grundaufgaben des Managers betreffen vornehmlich die Gegenwart eines Unternehmens. Jede Organisation muß aber sowohl an dic Gegenwart als auch an die Zukunft denken; und das, was morgen ist, hängt – meistens unwiderruflich – von dem ab, was heute geschieht. Deshalb dürfen die Manager bei all ihren gegenwärtigen Entscheidungen nicht die Zukunft vergessen; speziell in turbulenter Zeit können sie nicht davon ausgehen, daß die Zukunft eine einfache Extrapolation der Gegenwart ist. Sie müssen statt dessen ständige Veränderungen einkalkulieren, die sowohl unverhoffte Chancen als auch Gefahren in sich bergen können.

Ergebnisorientierte Ressourcenkonzentration

In turbulenter Zeit muß ein Unternehmen straff und flexibel organisiert und geführt sein, um sowohl Phasen der Anspannung zu verkraften als auch plötzliche Chancen so schnell wie möglich zum eigenen Vorteil auszunutzen. Dies ist besonders nach einer relativ langen Zeit der Ruhe, Gelassenheit und Vorhersehbarkeit notwendig, die jede Organisation nur zu leicht zur Nachlässigkeit, Trägheit und Verzettelung verführt. Sie teilt die Ressourcen eher nach Prinzipien der Bequemlichkeit und Tradition zu als nach vorliegenden Ergebnissen. Vor allem aber versucht jede Institution, soweit wie möglich allem Unangenehmen auszuweichen. Und nichts ist unangenehmer und unpopulärer, als die Ressourcenverwendung an den Ergebnissen zu orientieren, da hier immer wieder konsequente Absagen an Überflüssiges und Unproduktives erforderlich sind.

In turbulenter Zeit muß jede Organisation den Einsatz ihrer Ressourcen kontrollieren und überlegen, wie die angestrebten Ergebnisse zu erreichen sind. Dazu muß sie speziell die leistungsstarken und produktiven Faktoren bzw. Arbeitskräfte genau kennen und immer wieder überprüfen, um diese gezielt im Hinblick auf die tatsächlichen und potentiellen Resultate einzusetzen. Und dies ist nur in konzentrierter Form möglich, da eine Verzettelung der Ressourcen schlechte Ergebnisse geradezu vorprogrammiert.

Eine Methode für Allokationskontrolle und gezielten Faktoreneinsatz ist die Aufstellung zweier Budgets: eines »Betriebsbudgets« über die laufenden Aktivitäten und eines »Gelegenheitsbudgets« für vorgeschlagene neue und andersartige Vorhaben. Das erstere wird sicher erheblich umfangreicher sein als das letztere, das selbst in einem Riesenunternehmen kaum mehr als einige Seiten umfassen wird. Dennoch sollte das Topmanagement beiden unbedingt gleich viel Zeit und Aufwand widmen. Dabei muß es an beide allerdings mit unterschiedlichen Fragestellungen herangehen. Bei dem Betriebsbudget muß sich die Unternehmensleitung überlegen, ob dieser Aufwand (und diese Ausgabe) wirklich notwendig war, und wenn nicht, wie er vermieden werden kann. Im Falle einer bejahenden Antwort muß weiter gefragt werden, mit welchem *Minimal*aufwand ernste Defekte gerade noch verhindert werden können. Beim Gelegenheitsbudget lautet die Frage dagegen: »Ist dies die richtige Gelegenheit?«, und wenn ja, dann muß man zuerst herausfinden, wo das Optimum an Aufwand und Ressourcen liegt, mit dem diese Gelegenheit produktiv genutzt werden kann, bzw. welche Mitarbeiter hierzu am besten geeignet sind. Beim Betriebsbudget sollte möglichst immer von dem Minimalprinzip ausgegangen werden, während beim Gelegenheitsbudget der Grundsatz der Optimierung vorherrschen sollte, das heißt, die Aufwendungen und Ausgaben sollen einen möglichst hohen Ertrag erzielen.

Darüber hinaus erfordert ein ergebnisorientierter Ressourceneinsatz noch die ständige »Gewichtskontrolle«; das heißt den konsequenten Verzicht auf weniger erfolgversprechende oder unproduktivere Bereiche für jedes neu angenommene Aufgabengebiet. Dies gilt insbesondere für den Bereich der Stabsarbeit, ob es sich nun um Personal, Verwaltung, Marketing oder Forschung handelt. Wenn in einem dieser Bereiche etwas Neues vorgeschlagen wird, sollte die Frage gestellt werden, was dafür aufgegeben werden soll. Und eine neue Stabsaufgabe sollte nur genehmigt werden, wenn gleichzeitig eine alte und weniger produktive tatsächlich aufgegeben wird. Denn gerade in diesem Bereich ist die strenge Konzentration der Bemühungen Voraussetzung der Leistungsfähigkeit. Die Regel der »Gewichtskontrolle« läßt sich jedoch ebensogut auf neue Erzeugnisse, auf die Erweiterung des Sortiments, auf zusätzliche Vertriebswege etc. anwenden.

Loslösung von der Vergangenheit

Die systematische Loslösung von der Vergangenheit ist eine der Grundvoraussetzungen, um in unserer heutigen Zeit bestehen zu können.

Nach vielen Jahren relativer Ruhe und Vorhersehbarkeit ist so ziemlich jedes Unternehmen und jede Anstalt des öffentlichen Dienstes vollauf damit beschäftigt, seine Versprechen von gestern zu erfüllen: dies können Produkte oder Dienstleistungen sein, die nichts Wesentliches mehr beitragen, aufgekaufte oder neugegründete Firmen, die am Anfang so vielversprechend erschienen und die jetzt, fünf Jahre später, immer noch nicht die in sie gesetzten Hoffnungen bestätigt haben, oder aber »gute Ideen«, die sich nicht in die Tat umsetzen ließen. Dazu gehören auch Produkte und Dienstleistungen, die aufgrund des sozialen oder ökonomischen Wandels nicht mehr benötigt werden oder die einfach ihren Zweck erfüllt haben und daher überholt sind. Genau wie ein Schiff, das nach einer langen Seereise von den anhaftenden Entenmuscheln befreit werden muß, um nichts von seiner Geschwindigkeit und Manövrierfähigkeit einzubüßen, muß sich ein Unternehmen nach einer längeren Zeit reibungsloser Geschäfte des Ballasts von »gestern« entledigen.

Dazu bedarf es einer ständigen und systematischen »Entschlackungspolitik«, die jedes Produkt und jede – externe oder interne – Dienstleistung, jedes Verfahren und jede Aktivität in regelmäßigen mehrjährigen Abständen der Frage unterzieht: »Würden wir mit unserem derzeitigen Wissen auch jetzt noch in dieses Projekt oder diese Aufgabe einsteigen, wenn wir noch einmal vor der Wahl stünden?« Und im Falle einer negativen Antwort dürfte man das Problem nicht auf »eine weitere Untersuchung« verschieben, sondern müßte sich sofort fragen, wie man am besten wieder aussteigt oder aber zumindest den Einsatz weiterer Ressourcen verhindert.

Allerdings dürften diese Fragen nicht erst gestellt werden, wenn es zu spät ist, das heißt, wenn die Schwierigkeiten bereits begonnen haben, sondern dann, wenn alles noch in bester Ordnung zu sein scheint. Denn in guten Zeiten sind die Ressourcen bereits verplant und vorprogrammiert – aber eben in Produkte, Verfahren und Bedürfnisse, die bereits überholt sind.

Die Notwendigkeit, sich von der Vergangenheit loszulösen, ist heutzutage besonders wichtig für öffentliche Einrichtungen. Denn allein deren Erfolg hat oftmals bewirkt, daß ihre Programme, Aktivitäten und Leistungen inzwischen obsolet und unproduktiv geworden sind. Und den Entscheidungsträgern fällt es oft schwer, einzusehen, daß Erfolg immer zugleich auch eine Neuorganisation verlangt, um Erreichtes und Vollendetes abzustoßen und zu ersetzen. Da sich Dienstleistungsinstitutionen jedoch nicht an den *Bedürfnissen,* sondern vielmehr an *Notwendigkeiten* orientieren, leisten sie zwangsläufig eher »gute Werke« oder »soziale« bzw. »moralische« Dienste, bei denen der Ertrags- oder Ergebnisaspekt zweitrangig ist. So wird beispielsweise die amerikanische Fürsorgerin die Tatsache, daß sie es nicht geschafft hat, die schwarze Slum-Familie vom Status des Sozialhilfeempfängers zu befreien, in der Regel so interpretieren, daß noch mehr Anstrengungen und Geld notwendig sind. Sie kann nicht akzeptieren, daß ihr fortwährender Mißerfolg – der sich insgesamt bereits über ein halbes Jahrhundert erstreckt – eigentlich eine möglichst schnelle Beendigung ihrer fruchtlosen Tätigkeit nahelegt. Desgleichen kann auch ein Lehrer nicht akzeptieren, daß er sein jahrhundertealtes Ziel der allgemeinen Schulpflicht erreicht hat und daß er sich jetzt lieber fragen sollte, wie er in weniger Schuljahren mehr Wissen vermittelt, anstatt – erfolglos – zu versuchen, immer mehr Schülern immer mehr Schuljahre aufzubürden. Auch für das Krankenhaus ist es »undenkbar«, daß seine Bemühungen um bessere Geburtsbedingungen inzwischen so weit erfolgreich waren, daß eine Wöchnerin im Grunde nicht mehr in ein »Kranken«haus gehört.

Im großen und ganzen machen sich nur die wenigsten öffentlichen Einrichtungen über ihre veränderten Arbeitsbedingungen Gedanken, sondern die meisten leben nach wie vor im Glauben, daß es vor allem auf vermehrte Anstrengungen und verstärkten finanziellen Einsatz ankäme.

Gerade weil die Ergebnisse der Dienstleistungsinstitutionen außerordentlich schwer meßbar sind, ist eine gezielte »Entschlackungspolitik« um so notwendiger, um möglichst viele nach gestrigen Vorstellungen eingesetzte Mittel und Arbeitskräfte für zukunftsorientierte Verwendungszwecke freizusetzen. Das mindeste, was wir jedoch von den Managern dieser Institutionen erwarten können, ist, daß sie versuchen, ihre angestrebten Ziele immer mit den bestmöglichen Methoden zu verwirklichen.

Aber auch in Wirtschaftsunternehmen gibt es viel zu viele Führungskräfte, die ihre Güter, Dienstleistungen oder Aktivitäten als »gutes Werk«, als »moralische Verpflichtung« oder als »Naturgesetz« betrachten, anstatt darin kurzlebige menschliche Tätigkeiten zu sehen, die nur gerechtfertigt sind, solange sie Ergebnisse erzielen und einen Kunden befriedigen. Zu viele Geschäftsleute scheuen immer noch vor einer konsequenten Loslösung von der Vergangenheit zurück – und deshalb fehlen den meisten die benötigten Ressourcen, um in Zukunft sowohl gegen plötzliche Nackenschläge gewappnet zu sein als auch neue Gelegenheiten ergreifen zu können.

Wachstumsorientiertes Management

Jedes Unternehmen braucht eine Wachstumsstrategie – und dies ganz besonders in turbulenten Zeiten.

Während der fünfziger und sechziger Jahre herrschte allgemein die Vorstellung, daß Wachstum Naturgesetz und grundsätzlich unbeschränkt möglich sei. Demgegenüber hat sich in den siebziger Jahren ein durch und durch pessimistischer Wachstumsdefätismus breitgemacht. Beides ist falsch.

Natürlich ist ein unbegrenztes Wachstum – und schon gar ein unbegrenztes exponentielles Wachstum – nicht möglich. Dennoch haben die Industriestaaten seit Beginn des 18. Jahrhunderts im Abstand von ungefähr fünfzig Jahren immer wieder »Sturm-und-Drang-Dekaden« erlebt, in denen Wachstum über alles ging und alles unbegrenzt zu wachsen schien. Die erste derartige Phase begann etwa um 1710 mit dem Südsee-Schwindel und John Laws Louisiana-Projekt, und die weiteren folgten zwischen 1770 und 1780, um 1830 und um 1870.

Die nächste, die ungefähr 1910 einsetzte, fand in Europa durch den Ersten Weltkrieg ein jähes Ende, hielt dagegen in den USA bis 1929 an. Den bisherigen Abschluß dieser Kette von Wachstumsphasen bildeten die sechziger und siebziger Jahre.

Im Anschluß an diese Perioden folgte jedesmal unausweichlich der große »Katzenjammer«, und dann glaubten alle, Wachstum sei nun ein für allemal nicht mehr möglich. Dieser Fall trat jedoch nie ein – und es gibt keinerlei Grund zu der Annahme, daß die düsteren Prognosen sich jetzt bewahrheiten würden.

Fest steht jedoch, daß sich das Wachstum jedesmal verlagert hat. Und deswegen muß ein Unternehmen unbedingt versuchen, die seiner Stärke entsprechenden Wachstumsbereiche herauszufinden und seine Ressourcen auf die neuen zukunftsträchtigen Bereiche zu verlagern.

Darüber hinaus muß sich jedes Unternehmen – ebenso wie jede öffentliche Einrichtung – das jeweils notwendige Maß an Wachstum überlegen, um sich auf seinem Markt behaupten zu können. Denn falls der eigene Markt expandiert, muß das Unternehmen dies im gleichen Maße tun – da es sonst eine Randposition einnehmen und möglicherweise ganz verdrängt wird.

Ein gutes Beispiel, wie man es *nicht* machen sollte, sind die Chrysler-Werke, die zu Beginn der sechziger Jahre beschlossen, auf Wachstum zu verzichten. Da die eigenen Ressourcen nicht ausreichten, um zu expandieren, hätten sie zu diesem Zweck fusionieren müssen – höchstwahrscheinlich mit einer europäischen Firma. Da sie dies ablehnten, begnügten sie sich lieber mit einer zweitrangigen Marktposition. Diese Entscheidung erwies sich bald als verhängnisvoller Irrtum. Der Automarkt expandierte so schnell, daß Chrysler bereits 1975 Mühe hatte, sich – trotz massiver staatlicher Unterstützung – überhaupt auf dem Markt zu halten. Das Gegenbeispiel hierzu ist das Volkswagenwerk, das 1960 in jeder Beziehung erheblich schwächer war als Chrysler, das sich aber damals für die Expansion entschloß und sich konsequent auf die Wachstumsmärkte – Kontinentaleuropa, Brasilien, Mexiko und die USA – konzentrierte. Chrysler hingegen wollte überall eine Mittlerrolle spielen und erreichte lediglich eine Randposition.

In diesem Zusammenhang ist ein Phänomen besonders wichtig, nämlich die Tatsache, daß eine marginale Organisation einerseits bei einem Konjunkturtief immer überproportional stärkere Einbußen erleidet und sich andererseits im Aufschwung wesentlich schlechter erholt. Und sobald ein Unternehmen einmal in eine Randposition gedrängt wurde, ist es schwer – oder nahezu unmöglich –, diesen Abwärtstrend umzukehren.

Was »marginal« im einzelnen bedeutet, hängt jeweils von der Branchenstruktur ab und wirkt sich im Hotelwesen sicher ganz anders aus als in der chemischen Industrie. Hinzu kommt, daß sich die Branchenstrukturen verändern. Vor dreißig Jahren war es durchaus noch möglich, in der Elektrogeräteindustrie auf einem großen Binnenmarkt die Nummer zwei zu sein. Beispiele hierfür waren Westinghouse in den USA und AEG in Deutschland. Heute dagegen *muß* man einfach zu der kleinen Gruppe von Marktführern gehören, die den ganzen Weltmarkt beherrschen. Der einzige Manager, der dies in Großbritannien in der Elektrobranche offensichtlich erkannte, war Sir Arnold Weinstock, denn er verhalf der British General Electric Company in den sechziger und siebziger Jahren zum Aufschwung, indem er eine Reihe von Fusionen mit kleineren und schwächeren Firmen vornahm und alle Bereiche, in denen seine Gesellschaft keine Marktführung erlangen konnte, konsequent abstieß. Im Vergleich dazu haben sich andere Firmen, die damals wesentlich stärker und größer waren, nur treiben lassen – mit dem Ergebnis, daß sie immer unrentabler und immer weniger konkurrenzfähig wurden.

Daraus folgt, daß ein Unternehmen, um zu überleben, grundsätzlich ein Minimum an Wachstum braucht und daß dies um so mehr im Falle eines expandierenden Marktes und einer Veränderung der Branchenstruktur gilt.

Allerdings ist nicht jede Art von Wachstum gut, sondern man muß zwischen »reinen Muskeln«, »Fett« oder »krebsartigen Wucherungen« unterscheiden. Dies geschieht nach einer einfachen Regel: Jedes Wachstum, das innerhalb kurzer Zeit die Gesamtproduktivität aller Faktoren erhöht, ist gesund und sollte gefördert werden. Sobald sich Wachstum jedoch nur im »Umfang« niederschlägt, ohne die Gesamtproduktivität zu steigern, handelt es sich um Fett. Dies kann zwar in begrenztem Maße durchaus notwendig sein – aber in der Regel sind die Firmen, die zu wenig davon haben, äußerst selten. Diese Art Wachstum sollte also so schnell wie möglich gestoppt werden. Dasselbe gilt für das Wachstum, das – abgesehen von einer sehr kurzen Einführungszeit – die Produktivität insgesamt senkt – hier muß sofort radikal Abhilfe geschaffen werden.

Innovationen und technischer Wandel

Seit dem Marshallplan erlebte sowohl die Technologie als auch die Wirtschaft eine Zeit des schnellen Wachstums und der rapiden Entwicklung – die sich aber dennoch durch große Kontinuität auszeichnete. Das Hauptmerkmal der Technologie der Nachkriegszeit war weniger die Innovation, sondern vielmehr deren kontinuierliche Verbreitung bis in die entferntesten Winkel dieser Erde, die die modernen Heere mit ihren neuzeitlichen Waffen und Technologien im Zweiten Weltkrieg begannen. Lhasa in Tibet wird zwar immer noch nicht unter den Handelsflughäfen aufgeführt – aber dies ist eine Ausnahme. Und ich würde vermuten, daß es selbst in Lhasa bereits etliche Leute mit Fernsehern gibt, obwohl die hohen umliegenden Berge die Übertragung der elektronischen Signale zu verhindern scheinen. Abgesehen von solchen abgelegenen Winkeln der Erde, gibt es heute praktisch keinen Ort, der sich nicht telefonisch erreichen ließe oder deren Bewohner nicht die Bedeutung der Atom-Pilzwolke im Film oder auf dem Fernsehschirm kennen. Es steht heute wohl außer Frage, daß das Vordringen von Film und Radio in alle Teile dieser Welt die Menschen stärker verändert hat als seinerzeit die Eisenbahn.

Die jetzige indische Regierung behauptet zwar, »klein sei fein« und Gandhis Hauptfehler habe darin bestanden, »das Kleingewerbe zu unterstützen«. Im Dezember 1978 klagte ein indischer Ökonom, daß diese Strategie »viel zu erfolgreich« gewesen sei. Aber wenn man durch die indischen Dörfer fährt, überwiegt weniger der Eindruck uralter Armut und Krankheit oder abgrundtiefen Elends, sondern vielmehr überraschen einen die brandneuen Fahrräder vor den elenden Hütten oder das Transistorradio, das in voller Lautstärke von jedem vorbeifahrenden Traktor, Kamelkarren oder Elefantensitz heruntertönt. Oder es sind die Massen, die dicht gedrängt um die Läden stehen, die Motorräder, kleine Trekker oder sogar Fernsehapparate anbieten – obwohl es noch keine Fernsehsender gibt.

Aber trotz ihrer zunehmenden Verbreitung entwickelte sich die Technik dennoch in mehr oder weniger herkömmlichen Bahnen. Denn die »neuen Technologien« der fünfziger, sechziger und siebziger Jahre basierten weitgehend auf wissenschaftlichen Erkenntnissen, die bereits aus der Zeit vor dem Ersten Weltkrieg oder mindestens vor 1929 stammten. Eine wichtige Ausnahme ist allerdings der Computer – obwohl der Grundstein zu seiner Entwicklung ebenfalls in den zwanziger Jahren gelegt wurde. Und die Computertechnologien neueren Datums beginnen sich ohnehin erst allmählich durchzusetzen. Eine weitere bedeutende Ausnahme ist die Medizin – denn die »Wundermittel« der fünfziger und sechziger Jahre sind praktisch erst in den Vierzigern, also während und nach dem Zweiten Weltkrieg, entwickelt worden.

Obwohl in den vergangenen fünfundzwanzig Jahren immer wieder von der ständigen Beschleunigung des technischen Wandels gesprochen wurde, liegt dieser Auffassung dennoch ein Irrtum zugrunde. Der technische Wandel selbst vollzog sich weitgehend unverändert schnell, eher vielleicht langsamer; geändert hat sich einzig und allein die Wahrnehmung durch die Öffentlichkeit. Bestimmt gab es zwischen 1945 und 1975 keine technologischen Veränderungen, die auch nur annähernd mit denen der sechs Jahrzehnte vor dem Ersten Weltkrieg vergleichbar gewesen wären, die von 1856 mit der Entdeckung der ersten synthetischen Farbe, dem ersten Dynamo und der ersten Schreibmaschine begannen und mit dem ersten Motorflug der Gebrüder Wright, mit Lee DeForests Verstärkerröhre sowie mit der Symbolsprache endeten, die das Grundkonzept der Elektronik und der Datenverarbeitung bildet. Während dieser sechzig Jahre wurde im Schnitt alle vierzehn bis achtzehn Monate eine neue große Erfindung gemacht, die fast unmittelbar darauf die Gründung einer neuen Industrie nach sich zog. Demgegenüber entstanden zwischen 1947 und 1975 nur zwei wirklich neue Industriezweige: die der Computertechnik und der organischen Arzneimittel, die Ende der dreißiger Jahre mit den Sulfaten und in den vierziger Jahren mit den Antibiotika entstanden.

Die kommenden zwanzig oder fünfundzwanzig Jahre werden aller Voraussicht nach eher der Zeit vor 1914 und weniger den Jahren der Nachkriegszeit ähneln. Und der heute so verbreitete Wachstumspessimismus ist keineswegs ein neuartiges Phänomen, sondern war bereits im 19. Jahrhundert im Anschluß an die dreißiger Jahre in Form der Maschinenstürmer sowie in den neunziger Jahren zu beobachten. Aber weder die Maschinenstürmer noch die Wachstumspessimisten vor der Jahrhundertwende haben einen nachhaltigen Einfluß ausgeübt – und genauso wird auch der derzeitige romantische Widerstand gegen die Technik mehr oder weniger im Sande verlaufen. Natürlich geht eine solche Auffassung nicht ganz spurlos vorbei: Dies war zum Beispiel 1890 der Fall, als die Angst vor der neuen Technologie in der Generation von H. G. Wells immerhin so stark dominierte, daß Großbritannien zur Beibehaltung der alten Produktionsmethoden gezwungen wurde. Die Folge davon war, daß der Anschluß an die neuen Techniken des 20. Jahrhunderts verpaßt wurde. Dadurch konnte aber die weltweite Verbreitung der Technik weder verhindert noch verzögert werden. Das einzige Resultat war die Verlagerung der technischen – und damit auch der wirtschaftlichen – Führungsrolle auf neue Gebiete. Und genau dieselbe Entwicklung wird vermutlich durch den heutigen Aufschrei gegen die morgigen Technologien ausgelöst werden.

Auch die häufige Behauptung, daß die Entwicklungszeit neuer Produkte – dies ist der Zeitraum von seiner Erfindung bis zur Fertigstellung und Vermarktung – inzwischen erheblich kürzer geworden sei, können wir anhand unserer Erfahrungen widerlegen. Sie ist nämlich in etwa unverändert geblieben und beträgt nach wie vor dreißig bis vierzig Jahre.

Werner Siemens erfand 1856 den ersten praktikablen Dynamo, doch Edison entwickelte erst zwanzig Jahre später (1878) die elektrische Glühbirne und machte so aus der Elektrizität eine effektive Technologie. Einige Jahre später brachte Westinghouse den Wechselstrommotor heraus, woraufhin die Elektrizität zum Hauptantrieb der Industrieproduktion wurde. Desgleichen entwickelte Perkins bereits 1856 erstmals eine synthetische Anilinfarbe aus Kohleteer, aber diese wichtige Entdeckung wurde erst 1880 von den Deutschen aufgegriffen und zur modernen Farbenindustrie ausgebaut. Auch der klassische Computer wurde bereits kurz vor Ende des Zweiten Weltkrieges entwickelt und erst dreißig Jahre später dank der Verwendung von Miniprozessoren, integrierten Schaltkreisen und allgemeingültigen Sprachsymbolen in einen vielseitigen Gebrauchsgegenstand umgewandelt.

Angesichts dieser dreißig- bis vierzigjährigen Entwicklungszeitspanne steht uns durchaus noch eine Zeit grundlegender technischer Veränderung bevor. Allerdings wird es sich im Gegensatz zur Nachkriegszeit in erster Linie um strukturelle Änderungen und weniger um die Modifizierung, Erweiterung und Ausweitung bereits bestehender Methoden handeln.

Ein Bereich, der sicherlich einen solchen strukturellen Wandel erleben wird, ist die Elektronik, deren wissenschaftliche Basis Ende der dreißiger und Anfang der vierziger Jahre entstand. Insofern können wir uns hier mit ziemlich hoher Wahrscheinlichkeit auf eine Zeit grundlegender Neuerungen mit entsprechend starkem technologischen Einfluß gefaßt machen.

Ein Gebiet, das hiervon sicher unmittelbar berührt wird, ist die Nachrichtentechnik. Bislang hat sich die elektronische Kommunikation weitgehend an die herkömmliche Trennung zwischen Stimme, Wort und Bild gehalten. In Zukunft wird die Elektronik sich jedoch immer mehr auf die Totalkommunikation konzentrieren. In den USA wird dies bereits Mitte der achtziger Jahre der Fall sein, wenn der *Business Communications Satellite* (dies ist ein Gemeinschaftsprojekt von IBM, Xerox und der amerikanischen Satellitenfirma Comsat) in Betrieb genommen wird. Dieser wird nämlich die simultane und sofortige elektronische Übertragung von Stimme, Wort und Bild ermöglichen, das heißt, irgendwelche Menschen auf diesem Erdenrund können sich gegenseitig sehen und miteinander reden und dabei gleichzeitig dieselben Berichte, Dokumente oder Grafiken betrachten, ohne ihr Büro oder ihr Haus zu verlassen. Diese Art der Kommunikation ist mittels verschiedener Systeme möglich, wie zum Beispiel mit dem neuen Telefonsystem, bei dem die britische Post und einige Konkurrenten des amerikanischen Bell Telephone System bahnbrechende Arbeit geleistet haben.

Ein absehbares Ergebnis dieser Form von Totalkommunikation wird ein deutlicher Rückgang des Geschäftsreiseverkehrs sein, der nach dem Zweiten Weltkrieg immerhin mit zu den wichtigsten Wachstumsbranchen gehörte. Aller Voraussicht nach wird dieser Rückgang jedoch durch andere Arten von Tourismus – wie Urlaubs-, Studien- und Abenteuerreisen – kompensiert werden. Auf jeden Fall werden sich immer mehr Manager die Strapazen der Ortsveränderung zum Zwecke der persönlichen Kommunikation sparen und statt dessen »direkt« über den Bildschirm verhandeln.

Mindestens genauso wichtig – wenn nicht noch wichtiger – ist auch unsere Fähigkeit, den Transport des relativ schweren Papiers durch die elektronische Übertragung von grafischem Material zu ersetzen. Die in den sechziger Jahren vieldiskutierte Prophezeiung von Marshall Mac Lukan, nach der die elektronische »Botschaft« das herkömmliche Medium, das gedruckte Wort und das Schriftbild, bald völlig verdrängen würde, wird sich mit Sicherheit nicht bewahrheiten. Ganz im Gegenteil: die Elektronik wird zum Hauptmedium der Übertragung von geschriebenen oder gedruckten Informationen werden. Das heißt, unser bisheriges Verfahren des Druckens und des aufwendigen und langsamen Transports schwerer Zellulose über lange Strecken wird durch die beiden bereits in den meisten Haushalten vorhandenen »Druckgeräte« – das Telefon und den Fernseher – ersetzt werden. Das Telefon – das heute bereits zur Textübermittlung von der britischen Post verwendet wird – ist zwar ein leicht zu handhabendes und billiges Zweikanalsystem, aber die Qualität seiner Schriftbilder ist relativ bescheiden und wird vermutlich auch so bleiben. Demgegenüber leistet der Fernseher auf diesem Gebiet bereits jetzt ganz hervorragende Dienste; denn die Videocassette liefert zum Teil schon bessere Schriftbilder als die meisten kommerziellen Druckpressen. Der Nachteil des Fernsehers besteht darin, daß er bisher nur die einseitige Kommunikation erlaubt. Dennoch besitzen wir mit diesen beiden Geräten ein an sich vollständiges System zur Übertragung von Schriftbildern, an das in den Industrieländern quasi jeder Haushalt angeschlossen sein kann. Mögliche Hindernisse zur Verwirklichung dieses Kommunikationssystems sind also weniger technisch oder ökonomisch bedingt, sondern einzig und allein rechtlicher oder politischer Natur. Denn die elektronische Übertragung ist mit Sicherheit weitaus billiger und natürlich erheblich schneller als die herkömmlichen Methoden, die im Grunde nur gerechtfertigt waren, solange es keine Alternativen gab. Insofern erscheint die Prognose durchaus erlaubt, daß in zwanzig oder fünfundzwanzig Jahren die Masse unserer heutigen Zeitungen und Zeitschriften elektronisch über das Telefon oder den Fernseher übermittelt wird.

Auch im Bereich des Gesundheitswesens lassen sich schon heute grundlegende Veränderungen vorhersehen. Denn die zwischen den dreißiger und den fünfziger Jahren gesammelten medizinischen Erkenntnisse, an deren Anfang die Entzifferung des genetischen Codes durch Crick und Watson stand, werden die Biochemie und Biomechanik (die Chirurgie) um die Bioelektronik und Biogenetik erweitern und zur Entwicklung künstlicher Organe führen, die vom Körper nicht mehr abgestoßen werden. Ferner kommt die Genmanipulation der Zellchromosomen sowie die biogenetische Ausnutzung der körpereigenen Dynamik auf uns zu, mit deren Hilfe organische Defekte und Mängel unabhängig von deren Ursache verändert oder korrigiert werden können. Natürlich können diese neuen Technologien nicht die traditionelle Medizin ersetzen, sondern sie höchstens ergänzen, aber sie werden auf jeden Fall die uralte Trennung zwischen »Innerer Medizin« und »Chirurgie« verwischen. Sie sind zwar mit Eingriffen in den Körper verbunden, aber sie gehen »unblutig« vor sich und mobilisieren die körpereigenen Korrekturkräfte.

Auch die so »moderne« Fertigungsmethode des 20. Jahrhunderts, das Fließband, wird noch weit vor 1995 verschwunden und durch echte Automatisierung ersetzt worden sein. Im

Grunde galt das Fließband schon immer als ein vorübergehender Kompromiß und nicht als endgültige Lösung, da es obendrein alles andere als ein Paradebeispiel der Technik war. Denn anstatt die Stärken der menschlichen Arbeitskraft auszunutzen, unterwarf es diese erbarmungslos den Bedingungen der Maschine. Tatsächlich war – trotz seiner großen Auffälligkeit und symbolischen Bedeutung – immer nur ein kleiner Teil der Werktätigen am Fließband beschäftigt. Dies waren in den USA beispielsweise zu seiner Blütezeit, um den Zweiten Weltkrieg herum, etwa fünf oder acht Prozent aller in der Verarbeitung Tätigen. Natürlich arbeiten insgesamt erheblich mehr Menschen am Fließband und werden dies auch weiterhin tun. Aber Fließband ist auch nicht gleich Fließband. So leisten beispielsweise die Arbeiter, die ein Radio oder einen Fernseher, einen Computer oder ein Flugzeug zusammensetzen, zwar Montage –, keineswegs aber ausgesprochene Fließbandarbeit; denn sie arbeiten nach einem völlig eigenständigen Rhythmus und sind weitgehend unabhängig von der Arbeit der anderen. In dem Moment, wo wir die spezifischen Fähigkeiten des Menschen benötigen – das heißt ihre Fähigkeit, eine Reihe verschiedener Handgriffe und Tätigkeiten mit unterschiedlicher Geschwindigkeit auszuführen und ihr eigenes Urteil einzubringen –, ist die Automation hoffnungslos unterlegen. Sobald es sich jedoch um eine rein mechanische Montagearbeit handelt, bei der der Mensch als Bestandteil der Maschine be- oder mißhandelt wird, ist eine echte Automatisierung eindeutig überlegen. Der Vorteil dieser kommenden vollautomatischen Maschinen mit ihren programmierten Computer-Instruktionen besteht darin, daß sie – im Gegensatz zum Fließband – sowohl das jeweilige Produkt als auch weitgehend die Produktionsmethode ohne große Umstände, Verzögerungen und ohne teure Umrüstzeiten verändern können. Aus diesem Grunde wird das Fließband zumindest in den Industriestaaten um die Jahrhundertwende bereits der Geschichte angehören.

Insgesamt werden wir in den kommenden zehn oder fünfzehn Jahren eine Entwicklung erleben, die mindestens genauso bedeutsam ist wie die Integration des Elektromotors in die Maschine am Ende des 19. Jahrhunderts. Während man auf den Fotos der Jahrhundertwende, die ein Werk, einen Laden oder ein Büro zeigen, noch sehr deutlich die Rollen, Riemen oder Fußantriebe erkennen kann, mit denen Energie auf die Maschinen übertragen wurde, war die Stromproduktion bereits 1930 voll in die Maschine integriert. Weitere Beispiele sind Nähmaschinen, deren Fußantrieb seit 1930 durch elektrische Motoren ersetzt wurde, Spindeln in den Textilfabriken, die seit 1925 Eigenantrieb haben, sowie elektrische Schreibmaschinen, die sich seit 1950 immer stärker durchgesetzt haben.

In zunehmendem Maße werden nun Informationen und Kontrolle von Maschinen übernommen, das heißt, der Computer wird dabei als Miniprozessor ein genauso alltäglicher Bestandteil aller produzierenden Geräte und Maschinen werden wie der Elektromotor in den vergangenen fünfundsiebzig Jahren. Der Unterschied zwischen beiden Entwicklungen besteht allerdings darin, daß die Integration der Datenverarbeitung und -analyse erheblich schneller gehen wird als die des Elektromotors.

Die neue Informationstechnologie wird vermutlich auch das Bankwesen für den Konsumenten beeinflussen, welches ja weitgehend auf Transaktionen und Informationen beruht. In den Vereinigten Staaten hat die riesige Einzelhandelskette Sears Roebuck bereits begonnen, Spar- und Kreditvereinigungen, die überwiegend zur Konsumfinanzierung dienen, aufzukaufen und diese in einer bundesweiten Kette zu organisieren. Sie ist auf die Informationsbedürfnisse der amerikanischen Familie spezialisiert. Demgegenüber haben Wirtschaftsunternehmen – und speziell die auf dem Weltmarkt operierenden Gesellschaften – in bezug auf Informationen und finanzielle Leistungen sicherlich ganz andere Bedürfnisse. Möglicherweise muß sich die herkömmliche »Universalbank«, die den verschiedenartigsten Klienten gerecht zu werden versuchte, in verschiedene hochspezialisierte und separate – wenn nicht gar unabhängige – Institutionen aufsplittern, die den unterschiedlichen Informations- und Finanzbedürfnissen entsprechend gegliedert sind.

Ich möchte hier keine vollständige Aufzählung vornehmen, sondern nur einige Beispiele nennen, um den möglichen Einfluß der nach dem Zweiten Weltkrieg gewonnenen neuen Erkenntnisse auf die Technologie zu zeigen. Fest steht, daß dieses neue Wissen allmählich konkrete Ergebnisse zeigt und einen dementsprechend schnellen – technischen *und* sozialen – Wandel mit sich bringt. Dieser wird und muß sich unabhängig von der vorherrschenden öffentlichen Meinung vollziehen. Widerstand kann ihn allerdings nur verteuern, aber nicht aufhalten. Widerstand leisten hieße nur, die ökonomische Führung an andere Länder und neue Industrien abgeben. Großbritannien hat dies Ende des 19. Jahrhunderts »vorexerziert«, als es seine Führungsposition an Deutschland und die Vereinigten Staaten verlor. Und die Japaner konnten in der Zeit nach dem Zweiten Weltkrieg eben aufgrund ihrer technologischen Rückständigkeit in einem Bereich dominant werden, der von der traditionellen westlichen Industrie gründlich vernachlässigt worden war – dies waren technisch hochwertige Konsumgüter. Solche Verschiebungen können und werden sicherlich immer wieder vorkommen. Dies ändert aber nichts an der Tatsache, daß sich die Technik fortwährend ändert und daß technologische und soziale Innovationen durch immer schnellere Veränderungen unsere Wirtschafts- und Gesellschaftsstruktur entscheidend beeinflussen.

Dieser Wandel wird voraussichtlich auch die optimale Betriebsgröße nach oben oder nach unten verändern.

Bisher konnten kleine Firmen offenbar eher innovativ wirken als große Organisationen, da diese durch ihre Bindung an gestrige Technologien weniger flexibel waren. Dies wird aufgrund der zu erwartenden hohen Kapitalinvestitionen, die zu einem relativ frühen Zeitpunkt anfallen, in Zukunft anders sein, wie das erwähnte Beispiel der Nachrichtenindustrie bereits ahnen läßt. Gleichzeitig wird sich in anderen Industrien das genaue Gegenteil abspielen, das heißt, die optimale Betriebsgröße wird sich deutlich verkleinern. Ganz deutlich zeigt das schon heute die Stahlindustrie, deren »Krise« offenbar weltweit ist. Eine Ausnahme bilden allerdings die kleinen Stahlproduzenten, die den Stahl direkt aus Schrott gewinnen. Da wir aufgrund der ungeheuren Stahlmengen, die in den letzten zwanzig oder dreißig Jahren in der Welt produziert wurden, heute über genügend Schrott verfügen, könnten wir durchaus einen großen Teil unseres morgigen Stahlbedarfs auf diese Weise decken. Die zu dieser Form der Stahlgewinnung benötigte Betriebsgröße ist geradezu winzig im Vergleich zu den herkömmlichen Stahlriesen.

Wir müssen uns also darauf gefaßt machen, daß sich in denselben Industrien durchaus unterschiedliche optimale Betriebsgrößen herauskristallisieren. So wird beispielsweise im Energiesektor die Entwicklung neuer Energiequellen – wie zum Beispiel die Kohlevergasung oder -verflüssigung, die Gewinnung von Kohlehydraten aus Ölschiefer oder Teersand oder die erweiterte Nutzung der Solar- oder Windenergie – so ungeheure Investitionen verschlingen, daß klein nicht »fein«, sondern einfach absurd ist. Andererseits können zugleich sehr kleine Betriebseinheiten entstehen – wie zum Beispiel Sonnenkollektoren für Eigenheime –, die durchaus rentabel arbeiten. Im Verlagswesen ist ebenfalls ein Trend zu großen Einheiten absehbar – und ein nationales oder internationales System elektronischer Textübertragung wäre geradezu unvorstellbar groß. Gleichzeitig bietet jedoch die Verwendung der Telefon- und Fernsehapparate als Druckmaschinen unbegrenzte Möglichkeiten für wirklich kleine Verlagsprojekte – wie zum Beispiel die Herausgabe einer Spezialzeitschrift für Bienenzüchter, die in den USA vielleicht gut zehntausend

Abonnenten und weltweit insgesamt vielleicht fünfundzwanzigtausend Interessenten besitzt, die jedoch aufgrund der Fernsehübertragung durchaus rentabel wäre.

Auch die großen Regionalbanken, die – wie die Schweizer Banken – in den vergangenen dreißig Jahren ungeheuer erfolgreich waren, können sehr wohl morgen schon »unproportioniert«, das heißt entweder zu klein oder zu groß sein, um noch innovativ zu arbeiten. Hier bieten sich ebenfalls zwei Möglichkeiten: entweder sie werden zu einer echten »Weltklasse«-Bank, die im internationalen Rahmen sämtliche Bank- und Informationsleistungen bietet, oder aber sie entscheiden sich für eine hochspezialisierte, vornehmlich regional arbeitende Finanzinstitution, die in ihrem engen Rahmen durchaus führend sein kann. Ein Beispiel für diese Alternative sind die Leasing-Gesellschaften, die in den vergangenen dreißig Jahren nur so aus dem Boden geschossen sind. Ähnliche Alternativen werden sich auch im Gesundheits- und speziell im Bildungswesen stellen. Letzten Endes wird es immer um die Entscheidung »ganz groß« oder »ganz klein« gehen, der goldene Mittelweg ist dabei praktisch ausgeschlossen.

Rückblickend kann man sagen, daß sich neue Industrien nur selten aus alten, bereits bestehenden Unternehmen entwickelt haben, sondern daß sie in der Regel aus Gesellschaften hervorgegangen sind, die es vor dem Zweiten Weltkrieg noch gar nicht gab oder die bis dahin unbekannt und völlig unscheinbar waren. So war IBM beispielsweise noch 1939 eine völlig unbedeutende Firma mit wenigen Millionen Umsatz, die gerade ihren ersten Ingenieur eingestellt hatte. Auch 1950 sah ihre Zukunft im Computerbereich alles andere als rosig aus; denn sie besaß weder die erforderliche technische oder wissenschaftliche Erfahrung noch eine besonders gute Marktposition. Die alteingesessenen Elektrogesellschaften – wie General Electric, Radio Corporation of America, Westinghouse in den USA oder Siemens, AEG oder Phillips in Europa – schienen eindeutig überlegen zu sein. Dennoch lief IBM ihnen allen den Rang ab und wurde zum unbestrittenen Marktführer im Computerbereich.

Von sämtlichen großen Chemie-Herstellern der Vorkriegszeit ist Hoechst heute der einzige, der sich in neuen pharmazeutischen Gebieten, die in den vierziger Jahren erschlossen wurden, behaupten konnte. Alle anderen heutigen Marktführer – wie Hoffmann La Roche, Pfizer oder Merck – waren noch 1950 klein und unscheinbar.

Folglich ist es so gut wie sicher, daß viele der Riesen von morgen heute entweder noch gar nicht existieren oder aber derzeit noch so klein sind, daß sie kaum ins Gewicht fallen. Deshalb müssen die Innovationen von morgen vor allem von den vorhandenen großen Gesellschaften ausgehen. Sie verfügen nämlich sowohl über das erforderliche Kapital – und die Kapitalanforderungen werden insbesondere wegen der längeren Entwicklungszeit erheblich steigen – als auch über die entsprechenden Fachkräfte.

Aus diesem Grunde müssen wir versuchen, die bestehenden und insbesondere die großen Gesellschaften zur Innovation zu befähigen. Dazu bedarf es einer Strategie, anhand derer die gegenwärtigen Unternehmen die innovativen Möglichkeiten und Chancen erkennen und auswerten können. Denn die reine Erweiterung, Modifizierung und Anwendung der bestehenden Technologien reicht allein nicht mehr aus. Wir müssen jetzt lernen, im wahrsten Sinne des Wortes zu *innovieren*, daß heißt sowohl das technische als auch das soziale Produktionspotential effektiv zu erneuern und zu verändern.

Innovation besteht aus verschiedenen Schritten – und darf keinesfalls mit der Forschung verwechselt werden, die nur eines ihrer Werkzeuge darstellt. Zuerst muß man sich bewußt von der Vergangenheit freimachen, um dann systematisch nach innovativen Tätigkeiten und Möglichkeiten zu suchen: Dazu ist es notwendig, daß Schwachstellen einer Technologie, eines Verfahrens oder eines Marktes festgestellt werden ebenso wie die Entwicklungszeit neuen Wissens oder die Bedürfnisse und Wünsche des Marktes. Hierzu gehört vor allem Bereitschaft, echt unternehmerisch zu handeln, das heißt wirklich Neues und nicht nur neue oder veränderte Produkte zu schaffen. Außerdem ist es erforderlich, das innovative Projekt separat, also außerhalb der bestehenden Unternehmenshierarchie, aufzubauen und die Fähigkeit, sowohl die richtigen Buchhaltungskonzepte als auch eine angemessene – und ganz andere – Form für die Entlohnung der Innovatoren zu schaffen. Der Erfolg – und häufig auch die bloße Existenz – alteingesessener Gesellschaften wird in Zukunft in erster Linie davon abhängen, ob es ihnen gelingt, die Innovation als einen wichtigen und separaten Aufgabenbereich zu betrachten und zu betreiben und diesen mit den erforderlichen finanziellen Mitteln und qualifizierten Kräften auszustatten. Dennoch werden wir wohl oder übel mit der Tatsache einer nach wie vor hohen »Umschlagsgeschwindigkeit« im »Big Business« leben müssen. Denn selbst in Zeiten relativ hoher Stabilität – wie in den fünfundzwanzig Jahren seit dem Marshallplan – ist die Hälfte der »Ersten Fünfhundert« innerhalb einer Generation völlig ausgetauscht worden: zum Teil, weil sie ganz verschwunden sind, und zum Teil, weil sie durch andere Firmen auf niedrigere Plätze verdrängt wurden. Diese Umschlagsgeschwindigkeit wird sich in Zukunft eher noch beschleunigen, und dann werden die großen Organisationen ihren Vorteil dadurch haben, daß sie über das zur Innovation erforderliche Kapital und die Fachkräfte verfügen.

Zukunftsorientierte Unternehmensstrategien

Während der letzten fünfundzwanzig Jahre war »Planung« überaus erfolgreich, weil man in der Regel von einer Fortsetzung der jeweiligen Trends ausgehen konnte. Aus diesem

Grunde sehen auch die meisten Geschäftsleute, Politiker und Ökonomen in der Vorausplanung nichts weiter als eine simple Extrapolation der Gegenwart in die Zukunft, bei der sich höchstens leichte Abweichungen ergeben können.

Dieses »Konzept« ist jedoch in einer Zeit wie der unsrigen nicht mehr akzeptabel, sondern die für uns wahrscheinlichste Annahme ist das einzigartige Ereignis, das eine drastische Änderung der Basiskonfiguration bewirkt. Diese Ereignisse lassen sich zwar nicht vorausplanen, aber immerhin vorhersehen und anhand bestimmter zukunftsorientierter *Strategien* für Bereiche, in denen mit der höchsten Wahrscheinlichkeit die größten Veränderungen auftreten, in einen Vorteil verkehren. Planung hat die Aufgabe, morgen die Trends von heute zu optimieren, während die Strategie darauf abzielt, die neuen und neuartigen Chancen der Zukunft aufzuspüren und zu verwerten.

Jede Organisation muß sich bei ihren strategischen Überlegungen zunächst klarmachen, welche Aufgaben sie augenblicklich erfüllt und welche sie eigentlich erfüllen sollte. Sie muß wissen, wofür ihre Kunden etwas bezahlen bzw. was sie als »Wert« betrachten. Und zwar muß sich *jede* Art privater oder öffentlicher Institution Gedanken machen, wo ihre spezifischen Stärken liegen, ob sie richtig und angemessen sind und ob sie durch gezielten Einsatz auch voll zum Tragen kommen. Des weiteren muß sie sich überlegen, ob sie die Marktführung anstrebt oder sich lieber auf einen kleinen Teilbereich spezialisiert. Und sie muß versuchen, sowohl ihren derzeitigen als auch ihren potentiellen künftigen »Markt« zu definieren und abzugrenzen.

Allerdings ist die typische Auffassung vieler Unternehmen – und insbesondere öffentlicher Institutionen –, daß »die goldene Mitte« immer noch die bequemste, risikoloseste und hinreichend rentable Strategie ist, schlicht falsch. Denn auf vielen Märkten prosperieren nur die Unternehmen, die sich deutlich von ihren Konkurrenten unterscheiden: das heißt entweder der tonangebende Marktführer oder der Spezialist, der ein begrenztes Angebot an Gütern oder Dienstleistungen bietet und der dank seines Wissens, seines Services und seiner Befriedigung ganz spezieller Bedürfnisse eine Sonderstellung einnimmt. Die Mittelposition ist dagegen nur selten erstrebenswert – und oft auch nicht haltbar.

Die in den letzten Jahren immer stärker beachtete Theorie der Bostoner Consulting-Gruppe, nach der hohe Umsätze und Markteroberung an sich schon extreme Gewinne garantieren, wird meines Erachtens durch die Realität kaum bestätigt. Denn Gewinne lassen sich nurmehr als Marktführer oder als Spezialist erzielen, konkret bedeutet das, »Marktführung« hängt immer von der jeweiligen Industrie und Marktstruktur und weniger von den Umsätzen ab.

Ein Beispiel ist die Automobilindustrie, in der eine Gesellschaft heute nur noch als Mitglied einer sehr kleinen Gruppe weltweiter Automobilhersteller überleben kann, die alle jeweils die gesamte Angebotspalette abdecken, oder aber als Anbieter einer ganz speziellen Kategorie wie Jeeps oder Rolls Royce. Unmöglich ist dagegen der Versuch, auf einem regionalen Markt eine Mittelstellung oder einen dritten Platz halten zu wollen, wie z. B. Chrysler und Volvo, die in zunehmendem Maße abgedrängt werden.

Demgegenüber herrschen auf dem Büchermarkt völlig andere Bedingungen, da allein aufgrund der Sprachbarrieren kein weltweiter Markt besteht. Die Herausgabe von Büchern beruht ganz wesentlich auf den persönlichen Beziehungen des Verlegers mit einer Anzahl Autoren – und folgedessen ist deren Zahl von vornherein begrenzt. Dadurch wird zwar eine gewisse Verlagsuntergrenze vorgegeben. Der große Verlag wird zwar nicht automatisch bevorteilt, sondern kann eventuell sogar im Nachteil sein, weil seine Größe von seinem Hauptkunden, dem Autor, als ungünstig empfunden wird. Andererseits bieten sich gute Chancen für Spezialverlage, wie z. B. Springer in Deutschland, Elsevier in Holland oder Westview in den USA. Sie haben sich vor allem auf wissenschaftliche Monografien mit niedriger Auflagenhöhe spezialisiert, welche mit einem Minimum an Vertriebskosten einer klar definierten Kundenschicht geliefert werden können.

Ganz ähnlich ist die heutige Situation der Hochschulen in den Vereinigten Staaten.

Dort hat sich die Konfessionsschule in den letzten zehn Jahren erstaunlich hartnäckig eine Sonderstellung als Spezialist erworben. Sie konzentriert sich auf acht bis zehn Fächer, und innerhalb dieses begrenzten Angebots werden die Vorteile einer kleinen Schule geboten, in der sich der Schüler »zu Hause« fühlt, in der sich Lehrer und Schüler gut kennen und in der strenge Disziplin, ein guter Korpsgeist und gemeinsame Vorstellungen von Religion, Moral und Lernen vorherrschen. Am anderen Ende der Skala befindet sich eine sehr große und ständig wachsende Mindestschulgröße, die im traditionellen College etwa zweitausendfünfhundert Schüler hat. Insofern ist es ausgesprochen fraglich, ob die typischen »guten« Colleges wie Oberlin, Pomona oder Carlton überhaupt überleben werden. Da diese traditionelle anerkannte Hochschule sich nicht einfach auf eine begrenzte Anzahl von Fächern beschränken kann, wird ihr Überleben davon abhängen, daß sie sehr viel größer wird und dazu noch Anschluß zu einer Graduate School findet. Andererseits sind einer Hochschule auch nach oben bestimmte Grenzen gesetzt, da bei acht- oder zehntausend Schülern die Skalenerträge von den Kosten im weitesten Sinne mehr als aufgewogen werden.

Genau dieselben quantitativen Restriktionen bestimmen auch im Krankenhausbereich die Bandbreite der Optimalgröße. In den USA liegt die Untergrenze heute bei circa zweihundert Betten, während ungefähr fünfhundert schon die Obergrenze bedeuten und alle darüberliegenden Kapazitäten nur teurer, aber nicht effizienter werden.

Folglich hängt die Führungsrolle innerhalb eines Wirtschaftszweiges keineswegs zwangsläufig von einer bestimmten Größe ab, sondern zugleich auch von der Qualität und der Konzentration auf die jeweiligen Stärken. Und wie wir am Beispiel der Konfessionsschulen gesehen haben, gibt es praktisch überall die Möglichkeit der echten und erfolgreichen Spezialisierung.

Ein typisches Beispiel ist eine pharmazeutische Firma, die ständig auf der Suche nach Produkten ist, welche ihr in den Bereichen eine Führungsrolle verschaffen, die sich für große Gesellschaften nicht lohnen. Das erste Erzeugnis war ein Enzym, mit dessen Hilfe sich der graue Star etwas schneller und auch risikoloser operieren ließ. Der Beitrag zur Wissenschaft war zwar relativ bescheiden. Sobald das Produkt auf den Markt kam, lohnte es sich aber für die anderen Pharma-Hersteller nicht mehr, in irgendeiner Form zu konkurrieren. Die großen Firmen hätten höchstens versuchen können, mit Dumpingpreisen einen Teil des Marktes zu erobern.

Während jede dieser beiden gegensätzlichen Strategien für sich genommen relativ gute Erfolgschancen bietet, ist eine Kombination von beiden oder aber eine Strategie, die »die goldene Mitte« anstrebt, von vornherein aussichtslos. Es gibt allerdings die Möglichkeit, eine Reihe verschiedener Spezialgebiete oder Teilbereiche in einem Unternehmen zusammenzufassen und trotz jeweils divergierender Märkte und Ziele gemeinsam zu organisieren.

Auch die bei vielen Organisationen vorherrschende Auffassung, auf möglichst vielen Gebieten führend sein zu wollen, ist unsinnig. Denn Stärken einer Institution sind immer spezifisch und einzigartig und deshalb nur in bestimmten Bereichen vorhanden und möglich. Jedes Unternehmen muß also zunächst seine spezifischen Stärken herausfinden und sich dann überlegen, ob diese auch den Anforderungen von morgen genügen und ob sie in den richtigen Bereichen eingesetzt werden. Darüber hinaus ist noch die Überlegung wichtig, inwieweit das Unternehmen zusätzliche Kapazitäten benötigt, um die externen Veränderungen der Demographie, des Wissensstandes und der Technologie oder der Weltwirtschaft bewältigen und zum eigenen Vorteil ausnützen zu können.

Eine Organisation muß ihre Strategie auch in bezug auf die Konzentration und Diversifizierung planen. Wir wissen ja, welche Arten von Unternehmen wirklich erfolgreich arbeiten – und für Anstalten des öffentlichen Dienstes gelten dieselben Regeln: Erfolgreich sind die Ein-Produkt-Unternehmen, die auf das richtige »Pferd« gesetzt haben, wie IBM und GM, während dagegen diejenigen Produzenten, die sich auf das falsche Produkt konzentriert haben – beispielsweise die Stahlindustrie seit den zwanziger Jahren –, immer wieder mit roten Zahlen arbeiten. Mindestens genauso erfolgreich wie die erstgenannten sind auch solche Unternehmen, die um eine bestimmte Einheit – meistens einen einheitlichen Markt – herum diversifiziert haben. Ein Beispiel hierfür ist Johnson & Johnson in den USA, dessen Palette von der Produktion eines Standardgutes (Baumwollmull) bis zu modernen Mitteln der Geburtenkontrolle reicht. Entscheidend ist jedoch, daß sämtliche Erzeugnisse in den Bereich der Gesundheitspflege fallen, so daß sie für denselben Markt bestimmt sind und allesamt über die Apotheke vertrieben werden.

Zu den langfristig erfolglosen Unternehmen gehören aber auch die Konglomerate, die eine völlig beliebige und in bezug auf Markt oder Technologie uneinheitliche Diversifizierung betrieben haben. Natürlich kann man als »kluger Investor« durchaus in einer sehr begrenzten Anzahl verschiedener Firmen dominant sein. Das haben unter anderen die englische Pearson- und die deutsche Flick-Gruppe bewiesen. Das wesentliche Merkmal dieser Investoren ist, daß sie sich auf eine kleine Anzahl Unternehmen beschränken, um jedem einzelnen volle Aufmerksamkeit schenken zu können. Ihre Beteiligungen sind aber immer groß genug, um ein Vetorecht ausüben zu können. Ferner beteiligen sie sich an allen wichtigen Entscheidungen und sorgen für ein erstklassiges Management, das ständig seine Politik, Ziele und Strategien überprüft und gegebenenfalls revidiert und das – vor allem – autonom und selbstverantwortlich ist.

Demgegenüber kann ein bunt zusammengewürfeltes Konglomerat ohne einheitlichen Kern auf die Dauer keine hervorragenden Ergebnisse und Leistungen erwarten – und schon gar nicht in der heutigen turbulenten Zeit. Denn wenn früher oder später Probleme auftauchen, ist eine gründliche und genaue Kenntnis des Unternehmens um so wichtiger. Und diese ist allein mit der reinen Finanzanalyse nicht möglich, sondern dazu gehören auch ein gewisses Fingerspitzengefühl und Einfühlungsvermögen. Beides kann erst anhand langer Erfahrungen in einem relativ eng abgesteckten Bereich sowie durch ständige Auseinandersetzung mit den Eigenschaften einer Industrie, einer Technologie oder eines Marktes gewonnen werden.

Und dennoch wird jedes Produkt früher oder später veralten und zum »falschen Pferd«, das sich nicht mehr rentiert. Dies wird spätestens nach zwanzig oder dreißig Jahren der Fall sein – so daß sich IBM ebenso wie die American Telephone Company trotz ihrer überaus klugen Monopolpolitik auf der Kippe befinden dürften, die ihre Produkte obsolet macht. Für sie wird es also höchste Zeit, Veränderungen vorzunehmen.

Eine ganz grundlegende Strategieentscheidung besteht demnach in der Wahl des richtigen Zeitpunktes und der richtigen Methode für Änderungen. Während die Wahl eines zu frühen Zeitpunktes womöglich die derzeitige Führungsposition in dem zunächst noch »guten« Produkt gefährdet, kann die Wahl eines zu späten Zeitpunktes immerhin die künftige Existenz in Frage stellen.

Leistungsnachweise für Manager?

Leistungskontrollen für Manager sind heute in Verwaltungsbehörden, Managementseminaren und -zeitschriften ein vieldiskutiertes Thema, das bei deren Fürsprechern und Kritikern zu hitzigen Kontroversen geführt hat. Während die ersteren darin ein Mittel zur Erfassung so grundlegender Managementqualitäten wie Moral und Integrität, Kreativität und Einfühlungsvermögen sehen, lehnen ihre Kritiker derartige Maßnahmen mit der Begründung ab, daß einzig und allein Leistung zähle und daß diese deutlich genug dadurch gekennzeichnet ist, was unter dem Strich übrigbleibt.

Beide Seiten haben meines Erachtens unrecht. Denn einerseits ist zwar eine Beurteilung des Managements unbedingt notwendig – und die Aufsichtsräte werden voraussichtlich sogar relativ bald die gesetzliche Pflicht zur Leistungskontrolle des Managements haben –, aber andererseits kann man eben tatsächlich nur Leistung messen. Deshalb sollte die Beurteilung der im letzten Absatz genannten Qualitäten lieber den Romanschreibern überlassen werden.

Was »unter dem Strich steht«, ist ebenfalls kein angemessener Maßstab für die Managementleistung, da sich darin letztlich die Leistung des gesamten Unternehmens niederschlägt. Diese ist heutzutage weitgehend das Ergebnis der – guten oder schlechten – Arbeit vorheriger Unternehmensleitungen.

Das heißt natürlich nicht, daß die heutigen Führungskräfte nichts weiter als passive Treuhänder der Vergangenheit sind, sondern sie können und sollten durchaus die Entscheidungen ihrer Vorgänger revidieren. Meines Erachtens gehört dies sogar mit zu ihren wichtigsten und schwierigsten Aufgaben. Gleichzeitig entscheiden sie jedoch bereits heute mit über die Zukunft ihres Unternehmens, und dies wird aufgrund der immer längeren Produktentwicklungszeiten, die oft mehr als zehn Jahre beanspruchen, zunehmend schwieriger.

Die Leistung des Managements besteht demnach vor allem darin, die jeweilige Organisation so gut wie möglich auf die Zukunft vorzubereiten. Und um dies speziell in unserer Zeit zu gewährleisten, ist eine Leistungskontrolle oder -messung des Managements ganz besonders wichtig. Allerdings können wir keine exakten Ergebnisse erwarten, sondern müssen uns mit Annäherungswerten begnügen.

Die Zukunft eines Unternehmens hängt weitgehend von den heutigen Managemententscheidungen in vier Bereichen ab, in denen sich sehr wohl eine gewisse Durchschnittsleistung bestimmen läßt und in denen die Unternehmensführung durchaus mehr leisten kann, sobald sie ihre eigenen Ergebnisse kennt.

1. *Leistung in bezug auf die Kapitalverwendung:* Fast jede Gesellschaft besitzt heute ausgeklügelte Methoden zur Bestimmung des Kapitaleinsatzes. Dabei behält sich das Topmanagement selbst in den Betrieben, in denen die Abteilungsleiter weitgehend freie Hand haben, auch bei relativ kleinen Investitionen die endgültige Entscheidung vor. Absurd ist allerdings, daß viele Führungskräfte enorm viel Zeit für die Investitionsentscheidungen als solche aufbringen, sich aber häufig dann nicht mehr darum kümmern, was im Anschluß an ihre Entscheidung geschieht. Ganz typisch ist zum Beispiel, daß sich die Verzögerung oder die Verteuerung des neuen Millionenprojekts sofort herumspricht. Auch ist allen bekannt, daß sich jedoch nach dessen Fertigstellung niemand mehr die Mühe macht, die tatsächlichen Leistungen mit den ursprünglichen Erwartungen zu vergleichen. Und kleinere Investitionen, die ja in ihrer Gesamtheit ebenfalls eine wichtige Rolle spielen, sind nicht einmal mehr der Rede wert.

Dennoch läßt sich die Kompetenz und Leistung eines Managements kaum besser testen als bei der Kapitalverwendung, indem man die mit den Investitionen gemachten Erfahrungen mit den vorherigen Erwartungen vergleicht. General

Motors tut dies inzwischen seit mehr als fünfzig Jahren; sein System zur Leistungskontrolle der vom Management getroffenen Investitionsentscheidungen stammt bereits aus dem Jahre 1927.

Dabei müssen wir sowohl die Kapitalrendite für sich genommen mit der erwarteten Rendite vergleichen als auch den Einfluß der Investitionsentscheidung auf den Gesamtertrag und die Gesamtproduktivität den ursprünglichen Erwartungen gegenüberstellen. Beides ist relativ leicht zu organisieren, und in der Regel ist nicht einmal ein Computer notwendig – außer vielleicht in ganz großen und komplexen Gesellschaften. Wichtig ist jedoch die Bereitschaft, bei der Entscheidung von ganz bestimmten Erwartungen auszugehen und die tatsächlichen Ergebnisse daraufhin zu überprüfen – anstatt sie einfach zu ignorieren.

2. *Leistung in bezug auf Personalentscheidungen:* Wir sind uns sicher darin einig, daß die Ausbildung und der Einsatz von Führungs- und Fachkräften die eigentliche Kontrolle einer Organisation darstellt; das ist die einzige praktikable Möglichkeit, daß die heutigen Beschlüsse tatsächlich Früchte tragen. Da heute getroffene Zukunftsentscheidungen definitionsgemäß Probleme mit sich bringen, hängt es ganz wesentlich von der Fähigkeit der künftigen Betriebsangehörigen ab, ob sie die heutigen Entscheidungen »ausbügeln« können oder nicht. Leider wird dieser so wichtige Bereich gewöhnlich als »nicht faßbar und nicht beeinflußbar« betrachtet, obwohl man sowohl die Erwartungen, die man bei der Einstellung einer Arbeitskraft hinsichtlich deren Leistungen hat, als auch deren tatsächliche Entwicklung in ihrem Bereich relativ leicht beurteilen – wenn auch nicht genau quantifizieren – kann.

Falls eine Stellenbesetzung oder Beförderung einmal nicht erwartungsgemäß verläuft, kann man in der Regel davon ausgehen, daß der leitende Angestellte, der die betreffende Person ausgewählt und eingestellt hat, eine falsche Entscheidung oder aber die Entscheidung auf die falsche Art und Weise getroffen hat. Unter diesen Umständen ist es natürlich völlig sinnlos, den betroffenen Stelleninhaber dafür verantwortlich zu machen – wie dies nur zu häufig geschieht. Diesen Fehler werden allerdings die Vorgesetzten nicht machen, die wissen, wie man Personalentscheidungen zu treffen hat – sie werden die Schuld eher bei sich selbst sehen. Sie sind sich sehr wohl darüber im klaren, daß sie, um gute Personalentscheidungen treffen zu können, einerseits nicht über ihren eigenen Schatten springen können und daß Fehler durchaus menschlich sind, daß sie aber andererseits unbedingt die Resultate ihrer Entscheidungen verfolgen und überprüfen müssen.

Es ist praktisch nicht oder zumindest nur sehr schwer möglich, den Belegschaftsgeist einer Organisation und die Entwicklung des Personals zu beurteilen, geschweige denn zu testen. Aber es ist andererseits relativ leicht, die Auswirkungen dieses Geistes und dieser Entwicklung anhand der Wirksamkeit der Personalentscheidungen festzustellen, indem man die Ergebnisse mit den Erwartungen vergleicht.

3. *Innovationsleistungen:* Hier geht es um die Fragen: was erwartet man von einer Forschungs- oder Entwicklungsarbeit, von einem neuen Unternehmen oder Produkt – und wie sehen die tatsächlichen Ergebnisse ein, zwei, drei und fünf Jahre später aus? Forschungsergebnisse lassen sich zwar angeblich nicht vorhersehen oder auf die Zukunft projizieren, aber sie lassen sich messen oder zumindest schätzen und dann entsprechend mit den Hoffnungen und Erwartungen vergleichen, die anfangs in das Projekt gesetzt wurden. Und genau dasselbe gilt für jede beliebige innovative Aktivität.

Selbst das beste Management wird im Bereich der Innovation eine relativ niedrige »Trefferquote« haben; denn Innovation ist oftmals Glückssache. Dennoch hat es sicher seinen Grund, daß zum Beispiel Firmen wie Procter & Gamble, 3-M,

Siemens oder Hitachi in der Produktentwicklung und -einführung den anderen ständig um Nasenlängen voraus sind.

Fest steht, daß diese Unternehmen ihre Innovationsleistungen an den Erwartungen messen und sich nicht auf Versprechen verlassen, sondern ihr Handeln an den konkreten Resultaten orientieren.

4. *Strategien kontra Leistung:* Zu guter Letzt kann und sollte die Managementleistung auch nach den Unternehmensstrategien beurteilt werden, gemäß folgender Fragen: Hat sich die Strategie bewährt? Waren die gesteckten Ziele der derzeitigen Entwicklung innerhalb des Unternehmens sowie auf dem Markt, in der Volkswirtschaft und Gesellschaft angemessen und sind sie auch erreicht worden? Um die Strategien anhand der Leistung messen zu wollen, müssen zunächst die Erwartungen genau definiert werden, um dann die tatsächlichen Ereignisse mit diesen systematisch zu vergleichen. Genau wie im Innovationsbereich werden auch hier selbst sehr gute Unternehmen nur eine relativ niedrige Trefferquote haben – aber deren Manager haben zumindest den Vorteil, daß sie ihre Treffer und Nieten kennen und wissen, was sie gut machen und was noch verbesserungsbedürftig ist. Und in unserer turbulenten Zeit ist eine solche Kontrolle der Managementleistung hinsichtlich künftiger Entscheidungen ganz besonders angebracht.

KAPITEL 3

Die große Umschichtung – Bevölkerungsstruktur und Bevölkerungsdynamik

Weder eine durch die OPEC bedingte Wende noch die düsteren Prognosen über die bevorstehenden Nahrungsmittel-, Metall- oder Mineralknappheiten noch irgendeine andere »Krise« der Gegenwart sind so bedeutend und vor allem so real wie die Veränderungen der Bevölkerungsstruktur und -entwicklung. Damit meine ich weniger die vieldiskutierte – und effektiv schwerwiegende – »Bevölkerungsexplosion« in den Entwicklungsländern, sondern ich halte die bislang noch relativ unbemerkte Entwicklung einer immanenten Knappheit von Arbeitskräften und speziell von jungen Leuten in herkömmlichen Produktions- und Dienstleistungsbereichen in den Industrieländern für erheblich gravierender. Diese Staaten – einschließlich des Ostblocks – werden in naher Zukunft eine grundlegende Veränderung ihres Arbeitskräfteangebots erleben, die teils durch den »Baby-Boom« der nichtkommunistischen Staaten in den vierziger bis sechziger Jahren bedingt ist und teils von der »Baby-Flaute« herrührt, die in und nach dem Zweiten Weltkrieg in den kommunistischen Ländern einsetzte und die westlichen Staaten Ende der sechziger Jahre erreichte.

Die Bevölkerungsentwicklung schafft neue Gelegenheiten und Chancen – neue Märkte sowie neue Muster ökonomischer Integration. Mit ihr entsteht die Notwendigkeit neuer politischer Konzeptionen, insbesondere im Bereich der Sozialpolitik, die speziell Vorsorge für strukturelle Arbeitskräfteüberschüsse treffen muß. Denn sowohl das westliche System der Arbeitslosenunterstützung als auch das japanische Prinzip der »Lebenszeitbeschäftigung« können bestenfalls als Teilerfolge betrachtet werden und sind im Grunde unzureichend. Entscheidend ist jedoch, daß die Bevölkerungsentwicklung einige der wohlgehegten Ideen und Gewohnheiten der Wirtschaft und des Staates sowie der Arbeitgeber, Gewerkschaften und Arbeitnehmer verwerfen wird. Des weiteren wird sie die generell akzeptierten Konzepte der internationalen Wirtschaftsbeziehungen und des Außenhandels mit neuen Formen der internationalen Arbeitsteilung herausfordern sowie weitverbreitete Vorstellungen hinsichtlich der Struktur und Aufteilung der Absatzmärkte in Frage stellen. Darüber hinaus wird sie vermutlich die herkömmliche multinationale Gesellschaft in eine »transnationale Konföderation« verwandeln. Gleichzeitig wird sie sowohl Arbeitskräfteknappheiten wie -überschüsse verursachen, zu deren Erklärung die traditionellen Beschäftigungskonzepte und -maßstäbe nicht mehr ausreichen. Ferner wird die Bevölkerungsentwicklung die Industriestaaten zwingen, das Stellenangebot für hochqualifizierte Manager und Fachkräfte absolut vorrangig zu behandeln, ohne dabei die Sicherung der Arbeitsplätze von ungelernten und angelernten Kräften zu vernachlässigen. Sie wird überdies eine vielgepriesene Errungenschaft der letzten hundert Jahre – den obligatorischen Ruhestand für ein bestimmtes Alter – hinfällig machen. Schließlich wird sie das Arbeitspotential in den Industrieländern dahingehend verändern, daß man nicht mehr von einem »Arbeitsmarkt«, sondern nur noch von verschiedenen »Arbeitsmärkten« sprechen kann, von denen jeder unterschiedliche Bedürfnisse, Erwartungen und Leistungsmerkmale hat. Zu guter Letzt wird sie die traditionellen Organisationen in ein »janusköpfiges Geschöpf« verwandeln, das heißt, Manager und Spezialisten müssen als gleichwertige Partner in bestimmter Form von Koexistenz leben. Insgesamt macht also die Bevölkerungsentwicklung die Schaffung neuer und andersartiger ökonomischer, sozialer und organisatorischer Strategien dringend notwendig.

Die neuen Realitäten

Im 21. Jahrhundert könnten wir wieder in einer Zeit der Bevölkerungsstabilität leben. Aber in den letzten Jahrzehnten des 20. Jahrhunderts werden die Instabilität der Bevölkerung und ihre drastischen und scharfen Umschichtungen das vielleicht stärkste Turbulenzzentrum in Wirtschaft, Gesellschaft und Weltpolitik darstellen.

Obwohl Ökonomen, Geschäftsleute und Politiker im Grunde schon immer gewußt haben, daß die Bevölkerung und ihre Entwicklung eine wichtige Rolle spielen, haben sie sich dennoch nicht weiter darum gekümmert. Dies war bisher auch durchaus berechtigt, zumal sich Bevölkerungsveränderungen in einem so langfristigen Zeitraum (vierzig bis fünfzig Jahre) vollzogen, daß sie meistens für die eher kurzfristigen Entscheidungen der Unternehmer und Politiker irrelevant erschienen.

In der zweiten Hälfte des 20. Jahrhunderts hat sich dies jedoch geändert, das heißt, Bevölkerungsänderungen vollziehen sich heute innerhalb wesentlich kürzerer Zeiträume und sind darüber hinaus drastischer, unregelmäßiger und widersprüchlicher geworden. Paradoxerweise sind sie aber dennoch vorhersehbarer als viele andere Entwicklungen. Wir wissen nämlich, daß jede Arbeitskraft des Jahres 2000 heute bereits geboren ist. Und dies gilt sowohl für die Industrie- als auch für die Entwicklungsländer, obwohl in diesen das Eintrittsalter in das Berufsleben mit vierzehn bis fünfzehn erheblich niedriger ist als in der westlichen Welt. In etwa entspricht das den hiesigen Verhältnissen vor dem Zweiten Weltkrieg.

In sämtlichen industrialisierten und nichtkommunistischen

Ländern – außer in Großbritannien – fand nach 1945 ein Baby-Boom statt. Sein Ausgangspunkt waren die Vereinigten Staaten, in denen die Zahl der Lebendgeburten zwischen 1947 und 1949 um fast fünfzig Prozent stieg. Dies war eine völlig unerwartete Entwicklung, für die es praktisch keine Erklärung gibt. Japan folgte unmittelbar darauf mit einem ähnlich hohen, wenn nicht gar höheren Anstieg der Geburtenziffern. Der letzte in der Runde war Deutschland, dessen Baby-Boom Mitte der fünfziger Jahre begann.

Diesem Kindersegen folgte jedoch ziemlich bald eine genauso unvorhergesehene »Baby-Flaute«, die Ende der fünfziger Jahre in Japan einsetzte, 1960 in den USA spürbar wurde und schließlich Ende der sechziger Jahre Deutschland erreichte. In sämtlichen Industriestaaten (wieder mit Ausnahme von Großbritannien, in dem es ja keinen Baby-Boom zu korrigieren gab) ist die Zahl der Lebendgeburten immerhin um fünfundzwanzig bis dreißig Prozent gesunken und hat sich seither auf diesem niedrigen Niveau gehalten.

Der einzige Unterschied zwischen den westlichen Ländern und dem Ostblock besteht darin, daß die kommunistischen Staaten überhaupt keinen Baby-Boom hatten. So konnte das europäische Rußland noch nicht einmal die ungeheuren Verluste an Babys und Kindern aus dem Zweiten Weltkrieg kompensieren, in dessen Verlauf vier oder fünf Jahre lang praktisch keine Kinder mehr geboren wurden – und die, die tatsächlich zur Welt kamen, lebten nicht lange – und ein extrem großer Anteil von Kindern umkam. Obgleich die russischen Satellitenstaaten keine entsprechenden Verluste erlitten, gab es bei ihnen ebenfalls keinen Baby-Boom nach dem Krieg. Insgesamt weisen alle Ostblockstaaten eine extrem niedrige Geburtenrate auf, die deutlich unter der Reproduktionsrate liegt, und das europäische Rußland hat sogar mit Abstand die niedrigste Rate, die, außer im zerfallenden Römischen Reich, jemals in Friedenszeiten registriert wurde. Und die Ostsatelliten Rußlands, Ostdeutschland, die Tschechoslowakei,

Ungarn, Bulgarien und Rumänien, liegen seit Weltkriegsende mit ihrer Geburtenrate ebenfalls erheblich unter der Reproduktionsrate.

Während der Nachkriegszeit haben sich auch in allen Industrieländern die Bildungssituation und damit zugleich das Eintrittsalter ins Berufsleben sowie die Erwartungen der Berufsanfänger grundlegend verändert. Ein Extremfall – wie bei allen demographischen Phänomenen – ist wiederum Japan; denn während noch vor dem Zweiten Weltkrieg nur drei oder vier Japaner von zwanzig die Oberschule besuchten und der Rest eine Art Mittelschulabschluß anstrebte, studiert heute bereits die Hälfte aller männlichen Japaner an der Universität. Die andere Hälfte tritt erst nach Beendigung der Oberschule ins Berufsleben ein. Die mittlere Reife machen Jungen daher so gut wie gar nicht mehr, und selbst die Mädchen streben nur noch in wenigen abgelegenen ländlichen Gebieten diesen Abschluß an.

In allen Industrieländern hat sich darüber hinaus die Lebenserwartung enorm erhöht. Als die Vereinigten Staaten 1935 im Rahmen der Sozialversicherung die staatlichen Renten einführten, betrug die damalige Lebenserwartung der männlichen Versicherten noch achtundfünfzig Jahre, während sie heute über siebzig liegt und immer noch steigt. Demnach hatten damals die Arbeitnehmer, die mit fünfundsechzig in den Ruhestand traten, nur noch einen Lebensabend von wenigen Monaten vor sich. Heute dagegen kann ein Rentner oder eine Rentnerin immerhin noch mit dreizehn oder vierzehn Jahren rechnen. Die meisten sind darüber hinaus körperlich und geistig noch so fit, daß sie ihren Lebensabend relativ unbeschwert verbringen können.

Japan hat auch hier wieder die extremste Entwicklung durchgemacht. Vor dem Zweiten Weltkrieg lag die Lebenserwartung der Japaner noch bei achtundvierzig für Männer und bei zweiundfünfzig Jahren für Frauen, und diese Werte blieben bis 1950 weitgehend unverändert. Heute dagegen –

nur dreißig Jahre später – haben die Japaner beiderlei Geschlechts mit weit über siebzig Jahren die höchsten Lebenserwartungen in der ganzen Welt.

Diese Veränderung der Bildungssituation und der Lebenserwartung ist ein Phänomen, das sowohl die entwickelten Marktwirtschaften als auch die kommunistischen Staaten entscheidend geprägt hat. Das heißt, in beiden Wirtschaftsblöcken geht heute ein erheblich größerer Anteil von Jugendlichen fünf bis sieben Jahre länger zur Schule als noch vor fünfzig Jahren. Und in beiden war und gehört die ältere Bevölkerung zu der am schnellsten wachsenden Gruppe.

1970 lag der Anteil der über fünfundsechzigjährigen Japaner noch bei sieben Prozent der Bevölkerung – das entspricht einem Verhältnis von 1 : 15. Aber bis 1990 wird er bereits auf das Doppelte oder auf ein Verhältnis von 1 : 7 gestiegen sein. Schweden wird zu diesem Zeitpunkt in etwa ein ähnliches Verhältnis aufweisen, und in den USA wird der Anteil der über Fünfundsechzigjährigen dann ein Achtel der Gesamtbevölkerung und mindestens ein Sechstel der erwachsenen Bevölkerung betragen. Die über Fünfundfünfzigjährigen – dies ist das Alter, wo man sich des kommenden Ruhestandes immer bewußter wird und sich darauf vorzubereiten beginnt – werden im Jahre 2000 bereits mindestens die knappe Mehrheit der erwachsenen Bevölkerung bilden.

In der Nachkriegszeit hat sich überdies die Zusammensetzung des Arbeitsangebots ganz wesentlich gewandelt. In der ersten offiziellen US-Arbeitslosenstatistik von 1935 verstand man unter einem »Beschäftigten« ganz selbstverständlich einen männlichen Haushaltsvorstand, der eine Familie zu ernähren hatte und ganztägig einer Arbeit nachging. Natürlich waren 1935 auch schon viele Frauen berufstätig, aber – mit Ausnahme der unbezahlten und daher überhaupt nicht gezählten Frauen von Bauern oder Ladeninhabern – handelte es sich bei ihnen entweder um Hausangestellte oder um unverheiratete junge Frauen, von denen man annahm, daß sie heiraten, Familie gründen und danach für immer aus dem Berufsleben ausscheiden würden.

Heute – 1980 – werden in Amerika zwar immer noch sieben von zehn Arbeitsstunden von männlichen Familienoberhäuptern geleistet, aber sie sind inzwischen zahlenmäßig enorm geschrumpft und machen nur noch zwei Fünftel der Erwerbstätigen aus. Die anderen drei Fünftel bilden heute die Leute, die vor fünfundvierzig Jahren so gut wie nicht berücksichtigt und nur selten erfaßt wurden: Dies sind die permanent berufstätigen Frauen, die entweder ganz- oder halbtags arbeiten, sowie ältere Menschen, die bereits das Ruhestandsalter erreicht haben, aber doch noch haupt- oder nebenberuflich tätig sind, oder aber Schüler und Studenten aller Rassen, die vorwiegend Teilzeitjobs ausüben etc.

Dennoch geht die amerikanische Beschäftigtenstatistik nach wie vor davon aus, daß jeder Erwerbstätige einen »full time job« hat und daß jeder Arbeitslose nur für eine dauerhafte Ganztagsbeschäftigung in Frage kommt. Und sie sieht nach wie vor in jedem Arbeitslosen *ipso facto* einen männlichen Erwachsenen, der einem Haushalt vorsteht und andere Personen ernährt. Dabei sind diese Annahmen für einen Industriestaat geradezu absurd.

Denn das Arbeitskräftepotential ist inzwischen äußerst heterogen geworden, und diese Entwicklung wird sich noch in mancher Hinsicht verstärken. Dies gilt zunächst im Hinblick auf die Alters- und Geschlechtsverteilung: Selbst in Japan bleiben immer mehr Frauen nach ihrer Heirat im Beruf oder nehmen ihn später wieder auf, sobald ihre Kinder etwas größer geworden sind. Das gilt auch hinsichtlich der Ganz- und Halbtagstätigkeiten: Wenn auch die Masse der Arbeitsstunden immer noch von erwachsenen männlichen Haushaltsvorständen geleistet werden, die vollberuflich und permanent tätig sind, werden doch rein zahlenmäßig überall andere Arbeitskräfte – wie verheiratete oder unverheiratete Frauen – überwiegen. Viele, und vor allem die Jüngeren unter ihnen, werden hauptberuflich tätig sein und dieselben Berufserwartungen hegen wie die Männer. Aber viele ältere und jüngere Frauen werden unterschiedliche Sozialleistungen erwarten. Denn die Sozialleistungen oder die »Chancen« des herkömmlichen männlichen Beschäftigten sind für viele berufstätige Frauen oft uninteressant. So kann zum Beispiel ein betrieblicher Pensionsplan oder die betriebliche Krankenversorgung für eine Frau völlig überflüssig sein, weil ihr Mann für die gesamte Krankenversorgung der Familie durch seine Berufstätigkeit aufkommt. Dasselbe gilt für den Fall einer Beförderung, wenn damit ein Ortswechsel verbunden ist, weil sie an ihre Familie und an den Arbeitsplatz ihres Mannes gebunden ist. Außerdem wird es immer mehr Leute geben, die in ihrem Job vor allem eine Möglichkeit zur Anwendung ihrer speziellen – insbesondere technischen – Fähigkeiten sehen und den Arbeitgeber – egal ob dies eine Universität, ein Krankenhaus oder ein Unternehmen ist – nur als günstiges »Mittel zum Zweck« betrachten. Dementsprechend wird ihre Loyalität und Treue in erster Linie ihren Kenntnissen, ihrem Fach- bzw. Wissensgebiet oder ihrer Methodik gelten und weniger dem jeweiligen Arbeitgeber. Daher werden wir immer mehr Leute beschäftigen, die den früheren Wandergesellen ähneln und nur für eine bestimmte Zeit für einen bestimmten Arbeitgeber voll tätig sind, um dann den Arbeitsplatz zu wechseln und – für einen anderen Arbeitgeber – möglicherweise sogar nur halbtags zu arbeiten.

Eine ebenso erhebliche Änderung wird der Altersbegriff erfahren. Vor dem 19. Jahrhundert gab es weder ein Ruhestandsalter noch Rentenpläne; denn die Leute starben in der Regel relativ jung. Als dann schließlich um 1880 unter Bismarck erstmals der Ruhestand eingeführt wurde, ging man immer noch davon aus, daß die meisten Leute diesen gar nicht oder zumindest nicht mehr rüstig und weiterhin arbeitsfähig erreichen würden. Dementsprechend waren die ersten Rentensysteme – deren Überbleibsel durchaus noch vorhanden sind – vor allem für die hinterbliebenen Witwen und Kinder gedacht.

Das in Japan vorherrschende Prinzip wurde erst vor fünfzig Jahren – also Ende 1920 – entwickelt. Danach erhält ein Arbeitnehmer mit fünfundfünfzig eine »Trennungsentschädigung«, die einem Zwei- bis Dreijahresgehalt entspricht. Falls er jedoch vor Erreichen dieser Altersgrenze stirbt, ist seine hinterbliebene Familie relativ gut versorgt. Während dieses System vor fünfzig Jahren angesichts der damaligen Lebenserwartung von gut vierzig Jahren durchaus vernünftig schien, ist es heute bei einer Lebenserwartung von fünfundsiebzig und mehr völlig unzureichend.

Natürlich geht der fünfundfünfzigjährige Japaner nicht tatsächlich in den Ruhestand; das kann er sich gar nicht leisten. Er arbeitet in der Regel bei einem anderen Arbeitgeber zu einem geringeren Entgelt weiter, oder er betätigt sich als Handwerker oder Gelegenheitsarbeiter. Genau dasselbe gilt inzwischen auch für die anderen Industriestaaten. Dort geht man zwar nach wie vor davon aus, daß die Arbeitnehmer nach Erreichen der Altersgrenze aufhören zu arbeiten – aber dies ist immer mehr die Ausnahme als die Regel. Speziell in unserer Zeit hoher Inflation bleiben zunehmend mehr Rentner in irgendeiner Form berufstätig, indem sie entweder einer Teilzeit- oder einer temporären Nebenbeschäftigung nachgehen. Nur wagen sie es dann, ihre Einkünfte dem immer gierigeren Fiskus zu verheimlichen.

Anhand der statistischen Daten über die Sowjetunion, in der es ja kaum eine Einkommensteuer (alle – extrem hohen – Steuern sind Verbrauchssteuern) und damit auch keinen Anreiz zur Verheimlichung der Nebeneinkünfte im Ruhestand gibt, können wir feststellen, daß auch dort praktisch alle pensionierten Arbeitnehmer unter siebzig oder fünfundsiebzig irgendeiner Haupt- oder Nebenbeschäftigung nachgehen – und ohne sie würde die sowjetische Wirtschaft vermutlich zusammenbrechen.

Aber selbst in den westlichen kapitalistischen Ländern mit ihren im Vergleich zur sparsamen Sowjetunion erheblich großzügigeren Ruhestandsgeldern ist ein Großteil der Leute, die offiziell im Ruhestand leben und angeblich nur von ihrer Rente leben, dennoch berufstätig.

Somit stehen die Industrieländer gegenwärtig vor der Wahl, sich entweder einzugestehen, daß die herkömmliche Altersgrenze völlig sinnlos geworden ist – die Vereinigten Staaten sind gerade im Begriff, dies einzusehen –, oder aber weiterhin den obligatorischen Ruhestand offiziell zu respektieren. Dann aber verschließen sie die Augen davor, daß die Rentner dennoch weiterarbeiten und ihre Nebeneinkünfte einfach unterschlagen. Aus diesem Grunde empfinde ich die Forderungen der europäischen Gewerkschaften, die gesetzliche Altersgrenze zu senken, nur mehr als Verstärkung dieser Heuchelei. Denn das herkömmliche obligatorische Ruhestandsalter – bei welcher Altersgrenze auch immer – ist einfach überholt. Die Gründe hierfür sind zum Teil die gute körperliche und seelische Verfassung der älteren Menschen und zum Teil die Tatsache, daß sich unsere Volkswirtschaften die Nichtbeschäftigung dieser großen Bevölkerungsgruppe, die immerhin ein Fünftel oder ein Viertel der erwachsenen Bevölkerung ausmacht, gar nicht leisten können.

Mindestens genauso wichtig sind jedoch die Veränderungen bezüglich des Eintrittsalters ins Berufsleben. Die Anforderungen an die Bewerber sind ständig gestiegen, obwohl eigentlich wenig darauf hinweist, daß die Stellen an sich anspruchsvoller geworden wären.

So haben beispielsweise die Banken im englischsprachigen Teil Kanadas während der letzten zwanzig Jahre bei ihren Nachwuchskräften in der Regel Oberschulreife vorausgesetzt, verlangen aber seit kurzem einen zusätzlichen betriebswirtschaftlichen Hochschulabschluß (Master of Business Administration). Demgegenüber werden im französischsprachigen Quebec, in dem die Bildungssituation etwas hinterherhinkt, nach wie vor Oberschulabsolventen eingestellt – und diese sind keineswegs weniger produktiv oder schlechter vorbereitet und werden den Stellenanforderungen sicherlich mindestens genauso gerecht wie ihre englischsprachigen Kollegen im Westen, die weitere vier bis sechs Jahre die Schulbank gedrückt haben.

Obwohl der Vorarbeiter in dem Detroiter Automobilwerk 1929 im Schnitt nur zwei Jahre Grundschule hatte, war seine Tätigkeit teils anspruchsvoller, umfassender und unabhängiger als die des heutigen Vorarbeiters. Sein Handlungsspielraum ist durch einen Gewerkschaftsvertrag, durch die Personalabteilung, durch die Qualitätskontrolle, die Produktionspläne, durch einen Ausbilder etc. enorm eingeengt, obwohl er aber in der Regel ein »College degree«, also sechzehn Jahre Schule hat. Der eigentliche Grund, daß zu einem anderen Zeitpunkt der Eintritt ins Berufsleben erfolgt, ist die höhere Lebenserwartung. Da der arbeitende Mensch heute rund zwanzig Jahre länger arbeitsfähig zu sein scheint als vergleichsweise im 19. Jahrhundert, wird einfach der Arbeitsantritt um zehn Jahre verschoben – sonst wäre die Berufszeit insgesamt einfach zu lang.

Die Veränderung des Eintrittsalters ist heute in den Industrieländern schon so weit fortgeschritten, daß jeder, der nicht die höhere Schule besucht, von vornherein als »drop out« abgestempelt ist, der es nicht weit bringen wird. Rein qualitativ heißt dies, daß die meisten jungen Leute – und vor allem junge Männer – ihren Beruf heute mit Erwartungen antreten, die die traditionellen manuellen Tätigkeiten nicht mehr erfüllen können. Sie versprechen sich nämlich weniger einen »Job« als eine »Karriere«. Auch sehen sie sich eher in der Rolle eines Geistesarbeiters, der vorwiegend leitende oder fachspezifische – oder zumindest technische – Funktionen ausübt. Die herkömmlichen Tätigkeiten auf dem Bauernhof, in der Fabrik, im Bergwerk etc. sowie alle manuellen Arbeiten werden dagegen weitestgehend ausgeklammert.

Zusammenfassend läßt sich sagen, daß das Arbeitskräfteangebot 1940 vornehmlich aus männlichen Arbeitern bestand, die vorrangig manuelle Arbeit in der Fabrik oder in der Landwirtschaft leisteten. Demgegenüber besteht das Arbeitskräftepotential der siebziger Jahre aus Männern und Frauen, das heißt, der Anteil der erwerbstätigen Frauen, und speziell der unter Fünfzigjährigen, ist genauso groß wie der der Männer, wenn auch viele von ihnen nur halbtags arbeiten. Ein zweites Merkmal ist, daß immer mehr junge Leute eine höhere Schulbildung besitzen und damit für die traditionellen Arbeiten nicht mehr in Frage kommen. Außerdem ist das heutige Arbeitskräfteangebot überaus heterogen: es besteht sowohl aus hauptberuflich tätigen Männern und Familienvorständen als auch in zunehmendem Maße aus voll berufstätigen Frauen, von denen viele geschieden sind und die Rolle des Familienoberhauptes übernommen haben. Ferner gibt es immer mehr Teilzeitkräfte: Dies sind Frauen und Jugendliche, die entweder noch zur Schule gehen oder noch in der Ausbildung stehen, sowie alte Leute, die bereits im Ruhestand leben und für Teilzeit- oder Gelegenheitsarbeiten verfügbar sind.

Es ist absehbar, daß das Angebot an Berufsanfängern in den traditionellen Arbeitsbereichen in den Industriestaaten ausgesprochen knapp sein wird – dies gilt insbesondere für die herkömmlichen Stellen in der verarbeitenden Industrie.

Diese Knappheit wird noch nicht sofort spürbar sein, da z. B. die amerikanischen College-Absolventen von 1980 noch aus dem Jahrgang 1959 stammen, dem letzten Jahr des Baby-Booms. Danach wird jedoch die Zahl der Berufsanfänger drastisch sinken – obwohl das Angebot an Kräften mit Hochschuldiplomen in den USA noch einige Jahre lang relativ hoch sein wird. In Deutschland wird sich der späte Baby-Boom noch bis 1984 niederschlagen, aber danach werden sämtliche Industriestaaten unter einer extremen und bisher unvergleichlichen Knappheit an Arbeitskräften für die traditionellen Berufe leiden. Was auf uns zukommt, zeigt ein Blick nach Japan, das bereits jetzt die Konsequenzen seiner Baby-Flaute spürt.

Am schlimmsten werden jedoch die industrialisierten Länder des Ostblocks darunter zu leiden haben; denn sie haben ja keine »Baby-Boom-Reserven«, um dieser Knappheit zu begegnen. Andererseits ist der Anteil der erwerbstätigen Frauen sowie der im Ruhestand lebenden alten Bevölkerung bereits jetzt sehr hoch, und die einzig verfügbaren Arbeitskräfte sind in dem überaus unproduktiven System der Kollektive gebunden, das Rußland von Stalin zu einem Zeitpunkt aufgezwungen wurde, als es technisch und ökonomisch bereits überholt war.

Demgegenüber ist die Bevölkerungskonstellation der Entwicklungsländer so ziemlich genau entgegengesetzt. Und dies, obwohl die Lebenserwartung dort ebenfalls deutlich gestiegen ist, so daß der Anteil der älteren Bevölkerung im Steigen begriffen ist. Diesem Effekt steht jedoch die gleichzeitige Senkung der Kindersterblichkeit nach dem Zweiten Weltkrieg gegenüber. In Mexiko erreichten beispielsweise 1938 von zehn Geburten nur zwei oder drei Kinder das arbeitsfähige Alter von zwanzig Jahren, während dies 1958 bereits sieben oder acht schafften. Und Mexiko ist durchaus typisch für die übrigen Länder der Dritten Welt. Die häufig geäußerte Auffassung, daß die Geburtenrate in diesen Ländern gestiegen sei, ist allerdings falsch; denn sie ist tatsächlich überall gesunken. Entscheidend ist aber, daß die erhöhte Überlebensfähigkeit gleichzeitig die Senkung der Geburtenrate überkompensiert hat, so daß die Bevölkerung dieser Länder nach wie vor stark zunimmt.

In Lateinamerika begann diese Zunahme erst ab 1960 mit der Gründung der »Allianz für den Fortschritt« unter Präsident Kennedy. Die Experten, die diese Allianz geplant hatten, gingen von einer relativ bescheidenen und langsamen Senkung der Kindersterblichkeit aus und rechneten nicht mit einem derart drastischen Abfall, wie er sich in den folgenden fünf Jahren (zwischen 1960 und 1965) tatsächlich ereignete.

Diese höhere Überlebensquote bewirkt nun, daß in den achtziger Jahren immer mehr junge Leute im erwerbsfähigen Alter auf den Arbeitsmarkt drängen und die Schaffung von Arbeitsplätzen zum vordringlichsten Problem der Dritten Welt machen. Das Problem der Ernährung ließe sich sicherlich lösen, wenn es genügend Arbeitsplätze gäbe.

Erst etwa im Jahre 2010 wird sich die Bevölkerung der Entwicklungsländer wieder einigermaßen im Gleichgewicht befinden. Diese Entwicklung zu einem ausgewogeneren und langsameren Wachstum, die in den nichtkommunistischen Staaten Hongkong, Taiwan und Singapur sowie in Südkorea schon weitgehend vollzogen ist, setzt sich auch in den lateinamerikanischen Staaten immer mehr durch. Die neuen »sozialistischen« Länder Asiens (wie Indochina nach der Eroberung durch die Kommunisten) und Afrikas haben dieses Problem auf ihre Weise gelöst: Dort hat der politisch verordnete Massenhunger bereits die Überlebensraten – und speziell die der Neugeborenen und Kleinkinder – stark verändert bzw. drastisch reduziert; in den letzten Jahren dürften in Südvietnam, in Kambodscha oder in Uganda nur ein ganz geringer Prozentsatz überlebt haben.

Es ist absehbar, daß die Konsequenzen dieses an sich großartigen Erfolges bei der Bekämpfung der Kindersterblichkeit den Entwicklungsländern in den kommenden dreißig Jahren noch einiges Kopfzerbrechen bereiten werden.

Das Dilemma der Russen

In dieser Welt der Bevölkerungsveränderungen ist die Situation der Sowjetunion insofern einzigartig, als sich der europäische und der asiatische Teil auf völlig unterschiedlichen Entwicklungsstufen befinden und als die diametral entgegengesetzte Bevölkerungsevolution dieser beiden Teile sogar die weitere Existenz Rußlands durchaus fragwürdig erscheinen läßt.

Rußland ist der einzige Staat auf dieser Welt, innerhalb dessen Grenzen sowohl die Demographie der industrialisierten Welt als auch die der Dritten Welt in ihren extremen Ausprägungen vereint sind. Das europäische Rußland hat heute die niedrigste Geburtenrate überhaupt und besitzt aufgrund des fehlenden Baby-Booms auch keine Reserven an jungen Arbeitskräften. Ferner hat es im großen und ganzen dieselben Verschiebungen im Bildungswesen erlebt wie der Westen, und die Lebenserwartung ist mindestens genauso schnell gestiegen wie bei uns. Ein ganz wesentliches Merkmal des europäischen Rußland ist seine starke Überalterung, die sich jedem Besucher geradezu aufdrängt und natürlich auch in dem relativ hohen Alter seines Staatsoberhaupts Breschnew zum Ausdruck kommt. Das Problem ist jedoch, daß es einfach zu wenig jungen Nachwuchs gibt, um ihn und seine Generation zu ersetzen.

Gleichzeitig steht Rußland vor dem fast unüberwindlichen Problem, die an sich vorhandenen Arbeitskräftereserven zu aktivieren, die in der relativ unproduktiven Landwirtschaft gebunden sind. Die Kollektivform der Bewirtschaftung ist nämlich inzwischen zu einer Wohlfahrtseinrichtung geworden. Die fähigen und ehrgeizigen Kräfte sind schon seit langem in die Städte abgewandert. Geblieben sind die unproduktiven Leute, die aufgrund des Systems daran gehindert werden, produktiv zu arbeiten, die aber dennoch ein niedriges Garantieeinkommen beziehen, solange sie in der Kolchose bleiben. Verbessern ließe sich diese Situation nur, dieses System der Kollektivbewirtschaftung abgeschafft und durch große Familienhöfe ersetzt würde, die für den Markt produzieren. (Dies ist in Rußland die einzig mögliche Form der Agrarwirtschaft, die die Ausnutzung der modernen Technik erlaubt.) Aber dies ist politisch undenkbar und würde erst einen Umsturz des Regimes erfordern.

Dabei haben die Russen diesen Mangel an Arbeitskräften bereits 1970 vorhergesehen und daraufhin eine extreme politische Kehrtwendung versucht. Nachdem Stalin Mitte der zwanziger Jahre an die Macht gekommen war, hatte er systematisch jede Einfuhr von Auslandskapital unterbunden; zum Teil wohl aus Angst vor den ausländischen Managern und Technikern und der damit verbundenen ideologischen »Ansteckungsgefahr« und zum Teil aus Nationalstolz. Seit 1970 hat die Sowjetunion dagegen plötzlich die Einfuhr kompletter Maschinenfabriken forciert, die alle vollautomatisiert waren und in Kooperation mit großen »kapitalistischen« Firmen wie Fiat gebaut wurden. Zu diesem Zweck hat sich die Sowjetunion ebenso wie ihre Satellitenstaaten bei der westlichen Welt bis an die Grenze der Kreditfähigkeit verschuldet – was bislang in der marxistischen Ideologie als eines der größten Vergehen überhaupt und als sicherer Weg zur Korruption betrachtet wurde.

Dieser Versuch, den Auswirkungen der demographischen Entwicklung zu begegnen, hat sich allerdings als ausgesprochener Fehlschlag erwiesen. Denn das Handicap dieser – trotz enormer Kapitalinvestitionen noch immer unvollendeten – Fabriken ist, daß sie vorwiegend arbeitsintensiv und nicht vollautomatisch sind. Und die bei ihrer Inbetriebnahme benötigten Leute – nämlich qualifizierte Wartungskräfte, Werkmeister und Techniker – sind in der UdSSR bereits heute extrem knapp.

Und dann bleibt den Russen im Rahmen ihrer Gesellschaftsform als einzige Alternative nur noch eine drastische Reduktion des Militärs.

Demgegenüber ist der asiatische Teil der Sowjetunion durch eine starke Expansion der Bevölkerung und speziell der jungen Leute gekennzeichnet. Die Asiaten, die heute bereits die Mehrheit der Bevölkerung stellen, werden im Jahre 2000 sogar bis auf zwei Drittel angewachsen sein, von denen die Hälfte Moslems sind. Jedoch sind sie bisher von allen wichtigen und einflußreichen Positionen ausgeschlossen, und ein großer Teil – etwa drei Viertel – spricht nicht

Russisch. Und dies, obwohl sämtliche Geschäfte in russisch abgewickelt werden. Dementsprechend unterrepräsentiert sind sie auch in den wichtigen Bereichen der Einflußnahme: in der Regierung, in der Kommunistischen Partei, in der Universität, in der Industrie und nicht zuletzt auch beim Militär. Offiziere asiatischer Rasse sind so gut wie unbekannt.

Angesichts dieser widersprüchlichen demographischen Lage erwachsen der Sowjetunion interne Schwierigkeiten, für die der Kommunismus keine Lösung bietet. Ihr bleibt nur die Alternative, sich entweder industriell oder aber militärisch einzuschränken oder aber die Kolchosenwirtschaft zu reformieren. Das würde allerdings nicht ohne politische Erschütterungen vonstatten gehen. Sie ist überdies den zunehmenden Spannungen zwischen der Bevölkerung des europäischen Rußlands und der des expandierenden asiatischen Raumes mehr oder weniger hilflos ausgesetzt. Folglich wird die UdSSR in den nächsten fündundzwanzig Jahren dieselben rassischen, ethnischen, religiösen und kulturellen Spannungen erleben, denen sämtliche Reiche des 19. Jahrhunderts seit dem Zweiten Weltkrieg zum Opfer gefallen sind.

Es ist gut möglich, daß die Weltpolitik in den nächsten Jahren eine ihrer gefährlichsten Phasen seit dem Zweiten Weltkrieg durchmachen wird; denn dies ist für einen Ehrgeizling im Kreml der letzte Zeitpunkt, um sich noch mittels der traditionellen Politik der UdSSR die militärische und politische Übermacht zu verschaffen. Danach wird sich der bisherige Vorteil des Menschenpotentials in das Gegenteil verkehren – es sei denn, die UdSSR läßt sich auf das ziemlich riskante militärische Experiment der zunehmenden Rekrutierung von Asiaten ein – und dies impliziert natürlich auch die Besetzung der höheren militärischen Ränge mit Asiaten. In gewissem Umfang besteht noch die Möglichkeit der Einstellung von Söldnern. Diesen Weg beschreitet die Sowjetunion bereits, indem sie in Afrika Kubaner für sich arbeiten und Vietnam einen Krieg gegen die Chinesen anzetteln läßt.

Wir müssen uns jedoch klarmachen, daß für die Russen die Versuchung, in den nächsten Jahren ein für allemal das Mächtegleichgewicht für sich zu entscheiden, ungeheuer groß ist. Dabei ist es egal, wie dies geschieht: ob in Form eines Angriffs über die Elbe – wie ihn die Westeuropäer befürchten – oder aber in Form der Flankierung Westeuropas durch die militärische oder ideologische Besetzung der Erdölländer im Mittleren Osten.

Das Ende der Migrationen

Die westlichen Industriestaaten werden sich darauf einstellen müssen, daß sie die zu erwartende drastische Senkung ihres Arbeitskräftepotentials in Zukunft nicht mehr durch Immigranten aus präindustrialisierten Gebieten kompensieren können. Dies war ihre Lösung für die viel leichteren Bevölkerungsprobleme der Nachkriegszeit, scheidet jedoch in Zukunft im allgemeinen als Lösung aus.

Das Vierteljahrhundert zwischen dem Marshallplan und der Ölkrise war durch weltweite Wanderungen von präindustriellen in industrialisierte und städtische Gebiete geprägt. In Ländern wie den USA, Japan und der UdSSR vollzog sich diese Migration innerhalb der jeweiligen Landesgrenzen.

Während am Ende des Zweiten Weltkrieges noch drei Fünftel der Einwohner Japans in ländlichen Gebieten lebten und in der Landwirtschaft arbeiteten, beträgt der Anteil der ländlichen Bevölkerung heute nur noch ein Fünftel und der der Bauern nur noch zehn Prozent. Dasselbe gilt für die Vereinigten Staaten, in denen die ländliche Bevölkerung im selben Zeitraum um zwei Drittel geschrumpft ist, so daß heute nur noch weniger als eine von zwanzig Familien ihren Lebensunterhalt im Agrarsektor verdient. Und in der Sowjetunion ist zwar immer noch ein Viertel der Bevölkerung an die

»Scholle« gebunden, während 1945 es immerhin noch fast fünfzig Prozent waren.

In Westeuropa gab es zwar in Süddeutschland, Italien, Spanien und Griechenland eine ganz ähnliche Form der Landflucht, aber die tiefgreifendste Veränderung war doch die massive Zuwanderung aus den südlichen Ländern Europas – speziell aus Süditalien, Spanien, Sizilien, Griechenland, Portugal, Algerien, Jugoslawien und der Türkei – in den industrialisierten Westen und Norden. In einigen Ländern – wie zum Beispiel der Schweiz – lag der Anteil der »Gastarbeiter« in vielen Industriezweigen Ende der sechziger Jahre sogar über dem der einheimischen Arbeitskräfte.

Das einzige Land, in dem diese Migration sich aller Voraussicht nach fortsetzen wird, sind die Vereinigten Staaten: Sie können auch weiterhin mit zahllosen Einwanderern aus dem überaus armen Mexiko rechnen, das den größten Arbeitskräfteüberschuß und die höchste Arbeitslosigkeit aufweist. Mexiko grenzt direkt an das reiche Amerika, und zwar an den äußerst wohlhabenden Südwesten, in dem die traditionellen Berufe ohnehin nur schwer zu besetzen sind.

Überdies ist es fast unmöglich, entlang der knapp viertausend Kilometer langen Grenze eine Masseneinwanderung in den Südwesten – von San Diego bis Denver – und in den Osten und Mittleren Westen – New York, Philadelphia und Chicago – zu verhindern. Dabei ist in diesen Regionen der Anteil der hispanischen Bevölkerung ohnehin schon sehr groß. Man kann geradezu von einer Art *reconquista* Südkaliforniens durch mexikanische Immigranten sprechen. Und es ist zu erwarten, daß die Zahl der Hispano-Amerikaner von derzeit fünfzehn Millionen bis zum Jahre 2000 ohne weiteres auf fünfzig Millionen (von zweihundertfünfzig Millionen US-Einwohnern) ansteigt. Ob dies legal, illegal oder »quasilegal« geschieht, ist dabei unwesentlich. Fest steht jedoch, daß die USA in den kommenden zwanzig oder fünfundzwanzig Jahren als einziges Industrieland noch ein nennenswertes

Wachstum in der herkömmlichen verarbeitenden Industrie verzeichnen wird.

In sozialer und kultureller Beziehung wird diese mexikanische Massenimmigration mit Sicherheit die rassischen und ethnischen Spannungen verschärfen. Allein die Tatsache, daß das vom protestantischen Ethos geprägte Amerika immer stärker von Katholiken »unterwandert« wird, könnte die Religion politisch durchaus wieder zu einem heißen Eisen werden lassen. Außerdem besteht die Gefahr eines internen Rassenkampfes, wenn nämlich die »Chicanos« aus Mexiko versuchen sollten, die amerikanischen Neger aus ihrer offiziell anerkannten Rolle der Unterprivilegierten, die ja wiederum gewisse Minderheitsprivilegien impliziert, zu verdrängen. Zum Glück sind den Vereinigten Staaten solche Probleme mehr als vertraut im Laufe ihrer Geschichte, so daß sie sie schon irgendwie bewältigen werden. Aus rein ökonomischer Sicht ist die Masseninvasion der Mexikaner dagegen – trotz der anderslautenden Meinung der Gewerkschaften – ein Segen, da sie die Wettbewerbsfähigkeit des produzierenden Gewerbes deutlich verbessern wird.

Mit den anderen Industriestaaten ist diese Lage nicht zu vergleichen, da dort die Arbeitslosenreserven in den meisten Fällen erschöpft sind. So gibt es in Amerika und Japan nur noch sehr wenige präindustrielle Arbeitskräfte. Die meisten Kleinbauern sind bereits in die Industrie abgewandert, wenn sie auch nebenbei noch immer ein bißchen Ackerbau und Viehzucht betreiben. Und die Einwanderung von Vietnamesen zum Beispiel ist in Japan völlig undenkbar. Die Japaner haben praktisch immer noch nicht die wenigen Koreaner verkraftet, die vor vielen Jahren in das Land gekommen sind. Auch in Westeuropa ist eine umfangreiche Immigration von Gastarbeitern ziemlich unwahrscheinlich, weil diese zu viele soziale Unruhen mit sich gebracht haben.

Insgesamt werden die westlichen Industriestaaten sich mehr oder weniger der gegenwärtigen Politik der Schweizer und Deutschen anschließen und die Zahl der Immigranten und Gastarbeiter eher reduzieren, als sie zu verstärkter Einwanderung zu ermutigen.

Wir wissen nunmehr seit mehr als zweihundertfünfzig Jahren – nämlich seit der Begründer der Statistik, Sir William Petty, zu Beginn des 18. Jahrhunderts erstmals das schnelle Wachstum der Städte in Lancashire und Yorkshire beobachtete –, daß eine Stadt nicht unbegrenzt Zuzugswillige aufnehmen kann. Das heißt, sobald der Zustrom von Menschen zu groß ist, kommt es zwangsläufig zu sozialen Unruhen. In der Beziehung unterscheiden sich die schwarzen Ghettos der großen amerikanischen Städte heute nur unwesentlich von den schrecklichen Slums von Wien, in denen während meiner Kindheit die Tschechen seit ihrer Einwanderung um 1900 hausten. Und das Liverpool oder Manchester von 1850, das Friedrich Engels kannte, entsprach ziemlich genau den Beschreibungen der heutigen Romanschreiber, wenn sie das Turin der Sizilianer in Norditalien, die *barrios* der Chicanos im Osten von Los Angeles oder die Slums der türkischen Gastarbeiter an der Ruhr darstellen.

Demnach gilt es als ziemlich sicher, daß eine weitere Massenimmigration in der industrialisierten Welt kaum noch toleriert wird und daß sie auf große Widerstände stoßen wird. Aus diesem Grunde werden sich die Industrienationen vornehmlich mit dem vorhandenen Arbeitskräftepotential begnügen und sich auf dessen bereits eingetretene und noch zu erwartende Veränderungen hinsichtlich seiner Zusammensetzung, seiner Altersstruktur und seiner beruflichen Erwartungen einstellen müssen.

Demgegenüber wird die Dritte Welt vor allem das Problem der Arbeitsplätze für ihre immense Zahl junger Leute zu bewältigen haben. Diese jungen Menschen haben zwar keine übermäßige gute Ausbildung und Qualifikation, aber sie ist doch wesentlich besser als die ihrer Eltern. Außerdem haben sie schon allein aufgrund von Radio und Fernsehen ein umfangreicheres Wissen, so daß sie das Leben der reichen Länder sehr wohl kennen. Da sie nicht mehr in abgelegenen Bergtälern, sondern in großen und schnell wachsenden Städten leben, kommen sie mit vielen Menschen in Kontakt und können sich und ihren Problemen Gehör verschaffen.

Dies sind die Realitäten.

Produktionsteilung – die weltweite Integration

Aufgrund des Arbeitskräftemangels werden zwar in den Industrieländern die Kosten bzw. Löhne in den traditionellen und speziell in den verarbeitenden Bereichen drastisch steigen, doch wird dies nichts an der Grundtatsache ändern, daß einfach zu wenig Leute vorhanden sind. Folglich muß die Produktionskapazität sinken, wenn nicht aus anderen Bereichen Beschäftigte für die arbeitsintensiven Produktionsphasen gewonnen werden können.

Demgegenüber steht bei den Entwicklungsländern neben der Gefährdung ihrer sozialen und politischen Stabilität eine Verschlechterung ihrer Wirtschaftssituation sowie ihres Sozialprodukts zu befürchten, wenn es ihnen nicht gelingt, ihr Überschußangebot an traditionellen Arbeitskräften ausreichend zu beschäftigen. Allerdings besitzen sie weder die Technologie noch das Kapital oder das Management, um eine eigenständige Industrie aufzubauen. Häufig verfügen sie nicht einmal über die dafür erforderlichen Binnenmärkte. Sie werden deshalb bei den technologischen und organisatorisch anspruchsvollen Produktionsphasen immer stärker von den Industriestaaten abhängen und können nur hoffen, dort auch angemessene Märkte für ihre Produkte zu finden.

Demnach wird die internationale Produktionsteilung die wichtigste Form der wirtschaftlichen Integration überhaupt sein, die für beide Wirtschaftsblöcke gleichermaßen notwendig ist.

Denn dadurch können die überschüssigen Arbeitskräfte der Entwicklungsländer mit den Ressourcen der Industrieländer – ihrem Management, ihrer Technologie, ihren hochqualifizierten Arbeitskräften, ihren Märkten und ihrer Kaufkraft – sinnvoll kombiniert werden.

»Internationale Produktionsteilung« ist ein neues Wort und bedarf einer Erläuterung. Ein in den USA verkaufter Herrenschuh wird normalerweise aus der Haut einer amerikanischen Kuh hergestellt. Diese wird allerdings meistens nicht in den USA gegerbt, sondern zu diesem Zweck nach Brasilien transportiert, da das Gerben ein extrem arbeitsintensiver Vorgang ist, für den es in den USA nicht genügend Arbeitskräfte gibt. Anschließend wird das Leder – möglicherweise mittels einer japanischen Handelsfirma – in die Karibik verschifft, um auf den britischen Virgin-Inseln teils zu Oberleder und auf Haiti teils zu Sohlen verarbeitet zu werden. Die Weiterverarbeitung erfolgt dann entweder auf Jamaika oder auf Barbados, da deren Produkte Zugang zum europäischen Markt haben, oder aber in Puerto Rico, da sie von dort aus unter dem Schutzmantel des amerikanischen Zollsystems in die Vereinigten Staaten gelangen können.

Nun stellt sich aber die Frage nach dem Herkunftsland dieser Schuhe. Obwohl der Preis der Rinderhaut der größte Einzelkostenfaktor ist, macht er dennoch nur ein Viertel der Herstellerkosten aus. Gemessen am Arbeitsanteil handelt es sich eindeutig um »Importschuhe«, doch urteilt man nach den technischen und organisatorischen Fertigkeiten, dann sind sie »Made in America«. Denn dort fand sowohl die Aufzucht der Kühe statt, die ausgesprochen kapitalintensiv, automatisiert und nach neuestem Wissen geschieht, als auch das Management der gesamten Schuhfabrikation, das Design, die Qualitätskontrolle und das Marketing. Fest steht jedoch, daß es sich eindeutig um übernationale Schuhe handelt und daß sich diese Art der Arbeitsteilung in arbeits- und kapitalintensive Tätigkeiten heute immer stärker durchsetzt.

Ein anderes Beispiel für die Produktionsteilung ist der elektronische Taschenrechner, der vielleicht ein japanisches Firmenzeichen trägt, sonst aber in den verschiedensten Teilen der Welt produziert wird. Die elektronischen Chips kommen aus den USA – entweder aus Dallas oder aus dem »Silikon-Tal« bei San Francisco – und werden in Singapur, Malaysia, Indonesien oder aber Nigeria montiert. Der Stahl für das Gehäuse stammt vielleicht aus einem indischen Stahlwerk, dessen Stahlproduktion ursprünglich für eine indische – nie existierende – Automobilindustrie gedacht war, und zu guter Letzt wird dann in irgendeinem Freihafen, wie Kobe oder Yokohama, noch das Schildchen »Made in Japan« aufmontiert. Dann wird der Taschenrechner auf den Märkten der ganzen Welt verkauft, hauptsächlich in den Industriestaaten.

Die Aufzählung solcher Beispiele ließe sich beliebig lang fortsetzen, weil diese Produktionsteilung im internationalen Rahmen sich in den letzten zehn Jahren mit ungeheurer Geschwindigkeit verbreitet hat. Auch in Zukunft wird sie in der kapitalistischen Welt eine der wichtigsten Formen wirtschaftlicher Integration sein.

Die Produktionsteilung stellt sowohl im Design, im Marketing und in der Qualitätskontrolle als auch im Bereich der Planung, Organisation, Integration und Koordination an das Management extrem hohe Anforderungen. Gleichzeitig bewirkt sie, daß Kapitalinvestitionen in ihrer Rolle als herkömmliches Mittel der Kontrolle und Integration an Bedeutung bzw. erheblich an Umfang verlieren werden. Denn sobald der Zulieferant in Marokko, Nigeria oder Malaysia den Auftrag einer bekannten Marketinggesellschaft vorweisen kann, ist es für ihn überhaupt kein Problem, sich mittels eines konventionellen kurzfristigen Bankkredits zu finanzieren.

Als ich einmal den Vertreter einer bekannten Elektronikfirma, deren halbe Belegschaft – zwölftausend Arbeitskräfte – in Westafrika beschäftigt ist und dort zwei Drittel der Weiterverarbeitung leistet, nach der Höhe des dort investierten

Gesellschaftskapitals fragte, lautete die Antwort: »Zwei Rückfahrten mit der PanAm im Monat!« Der Rest stammt aus Bankkrediten, die der westafrikanische Zulieferer aufgrund des Versprechens der Muttergesellschaft erhält, die Produkte seiner Arbeit abzukaufen.

Die Japaner betreiben darüber hinaus noch eine zweite, erheblich kompliziertere Form der internationalen Arbeitsteilung, indem sie vollständige Fabriken exportieren, die mit Hilfe ihrer eigenen Produkte bezahlt werden.

So errichten sie derzeit gerade ein riesiges petrochemisches Werk in Algerien, von dessen Output Algerien selbst höchstens ein Zehntel für sich beanspruchen wird. Der Rest wird von dem japanischen Konstrukteur vermarktet und vorwiegend in Japan verkauft werden. Und genau dasselbe geschieht beispielsweise mit dem Output der Schuhfabriken, die sie in Südostasien errichten.

Auch dies ist eine Form der Arbeitsteilung: Das Industrieland liefert den Plan für das Werk und das Design für dessen Produkte und exportiert die meisten Werkteile als kapital- und technologieintensive Fertigprodukte. Anschließend vermarktet es dann den Output auf den Märkten der Industriestaaten.

Diese Form der internationalen Arbeitsteilung bietet den Entwicklungsländern eine – wenn nicht gar die einzige – Möglichkeit, um zu verhindern, daß die explosionsartige Zunahme ihrer erwerbsfähigen arbeitslosen Bevölkerung nicht in eine Katastrophe ausartet. Denn weder der Kapitalismus noch der Kommunismus oder aber irgendeine der traditionellen Entwicklungstheorien haben eine Antwort parat, um der unvorhergesehenen Verdreifachung junger arbeitsfähiger Leute zu begegnen. Und auch den Vereinigten Staaten wird nichts anderes übrigbleiben, als die verarbeitende Industrie aus dem amerikanischen Südwesten hin zur Arbeit, also direkt nach Mexiko, zu verlagern, wenn sie dem Zustrom mexikanischer Einwanderer Einhalt gebieten wollen.

Das im allgemeinen gegen die Produktionsteilung vorgebrachte Argument lautet, daß sie nur eine andere Form des Kolonialismus und der Abhängigkeit von der industrialisierten Welt sei. Dem können wir damit begegnen, daß heute – mit Ausnahme von Brasilien vielleicht – kein Entwicklungsland imstande ist, selbst das Minimum des für die Produktion von Fertigerzeugnissen erforderlichen Absatzmarktes zu erfüllen. Nur wenige verfügen über die knappsten Ressourcen – wie Manager, Fachkräfte, Unternehmer und Techniker –, um Fertigproduktionen in der benötigten Größe aufzubauen, zu organisieren und zu leiten. Und diese Fähigkeiten lassen sich weder improvisieren noch auf dem Weltmarkt kaufen und importieren. Somit werden diese Länder nur dann den »Oberbau« unternehmerischer und fachspezifischer Fähigkeiten sowie die für ihre Produkte benötigte Massenkaufkraft entwickeln können, wenn ihre jungen Leute genügend Arbeitsplätze erhalten. Demnach ist die große Zahl verfügbarer Arbeitskräfte für traditionelle Berufe im Grunde genau der »komparative Faktorvorteil« der Dritten Welt.

Überdies begeben sich die Industrieländer durch die Produktionsteilung in mindestens genau dieselbe Abhängigkeit wie die Entwicklungsstaaten. Denn sie können ihren Lebensstandard nur aufrechterhalten, wenn es ihnen gelingt, die Arbeitskräftereserven der Dritten Welt zu mobilisieren.

Die Notwendigkeit neuer Theorien, Konzepte und Maßstäbe

Obwohl die Produktionsteilung immer häufiger praktiziert wird, fand sie bisher relativ wenig Beachtung, und deshalb gibt es weder eine Theorie noch ein Konzept oder einen Maßstab zu ihrer Erklärung und Beurteilung. Dennoch unterscheidet sie sich grundlegend von dem, was normalerweise unter »internationalem Handel« verstanden wird – vielmehr stellt sie eine Form übernationaler Integration dar, die bislang für den Ökonomen und staatlichen Statistiker ein mehr oder weniger unbeschriebenes Blatt ist.

Die Theorie des internationalen Handels ähnelt nach wie vor sehr dem vor zweihundert Jahren von Adam Smith entwickelten Theoriegebäude. Danach werden immer die Güter zwischen einzelnen Gebieten getauscht, in denen sie jeweils einen komparativen Vorteil haben. Und das typische Beispiel ist immer noch der Tausch englischer Tuche gegen portugiesischen Wein, weil Englands feuchtes und kühles Klima die Produktion von Wolle und Textilien begünstigt, während Portugals warmes und trockenes Klima sich vorwiegend zum Weinanbau eignet.

In den letzten hundert Jahren – also etwa seit 1880 – hat sich der internationale Handel jedoch ziemlich grundlegend gewandelt, weil sich der Warenaustausch immer stärker auf konkurrierende Produkte und auf Investitionsgüter verlagert hat. Ein typisches Beispiel ist die chemische Industrie, in der sich die einzelnen Firmen sowohl gegenseitig beliefern als auch miteinander konkurrieren. Und die Schweiz ist mit ihren gut fünf Millionen Einwohnern ein viel besserer Abnehmer amerikanischer Fertigerzeugnisse als das riesige Indien mit der hundertfachen Bevölkerung. Denn mit zunehmender Industrialisierung gewinnt ein Land auch immer mehr Kunden aus industrialisierten Ländern.

Wir kommen nunmehr zum Stadium des »integrierten Handels«, der gleichbedeutend ist mit der Produktionsteilung.

Die Ökonomen, Theoretiker und Politiker stehen diesem Phänomen bisher noch völlig hilflos gegenüber, da unsere derzeitigen Konzepte und Maßstäbe völlig unzureichend sind. So wird der staatliche Statistiker die Ausfuhr von Häuten aus Amerika als »Exporte« und die Einfuhr von

Schuhen als »Importe« verbuchen, ohne beide Zahlen zueinander in Beziehung zu setzen. Auch der amerikanische Rinderzüchter wird sich nicht der Tatsache bewußt sein, daß sein Lebensunterhalt vom Verkauf »ausländischer« Schuhe auf dem amerikanischen Markt abhängt. Ebensowenig weiß der Sohlenhersteller in Haiti, daß er letztlich auf die Produktion amerikanischer Häute angewiesen ist. Aber diese Zusammenhänge sieht niemand. Deshalb ist auch dem Rinderzüchter in den Great Plains nicht klar, daß der Kampf der Schuharbeitergewerkschaft oder der Schuhhersteller gegen die »billigen Auslandsimporte« sich im Grunde gegen den Export amerikanischer Häute richtet, der aber für seine Existenz erforderlich ist. Und wenn die amerikanischen Gerber verlangen – wie sie es tatsächlich tun –, den Versand amerikanischer Häute ins Ausland zu verbieten, ist den amerikanischen Schuhhändlern – geschweige denn den Schuhkäufern – bestimmt nicht klar, daß es dann kaum noch Schuhe gäbe. Mit den verfügbaren amerikanischen Arbeitskräften ließe sich nur noch ein Bruchteil des gegenwärtigen Gerbbedarfs decken.

Trotz ihrer wirklich sinnvollen ökonomischen Funktion stößt die Produktionsteilung bei vielen Ländern – und zwar sowohl bei deren Regierungen als auch ganz besonders bei deren Gewerkschaften – auf heftigen Widerstand, und dies obwohl sie ja für beide Seiten gleichermaßen vorteilhaft ist. Allerdings scheinen dies die Entwicklungsländer (oder zumindest einige von ihnen, wie die nichtkommunistischen Chinesen) zum Teil schon eher einzusehen als die Industriestaaten.

So darf beispielsweise eins der erfolgreichsten Produkte internationaler Arbeitsteilung in der Autoindustrie, nämlich der »Ford Fiesta«, aufgrund des staatlichen und gewerkschaftlichen Widerstands nicht mehr in den USA verkauft werden – obwohl er sehr wenig Benzin verbraucht und nur in geringfügigem Maße Abgase erzeugt. Dieses echt internationale Auto entstand folgendermaßen: Das Konzept und die Konstruktionsanweisungen kamen aus Amerika, das Design, der Motor und der Rahmen aus Deutschland, das Getriebe aus Mexiko und das elektrische System aus Kanada. Die Montage all dieser Teile erfolgte dann wieder in den USA.

Obwohl dieses Auto in Amerika ein echter Erfolgsschlager war, ist es den Gewerkschaften gelungen, seinen Verkauf zu unterbinden. Auf ihr Drängen hat nämlich die amerikanische Energieaufsichtsbehörde die Regelung erlassen, daß nur rein »amerikanische« Wagen, das heißt, die effektiv in den USA produziert wurden, unter die Energiesparverordnung fallen und dementsprechend von amerikanischen Autoherstellern verkauft werden dürfen. Wenn der Fiesta von einer rein ausländischen Firma produziert worden wäre, hätte er mühelos importiert werden können. Aber als Produkt der internationalen Arbeitsteilung ist er den Gewerkschaften ein Dorn im Auge und den Bürokraten ein Rätsel, das man am besten nicht zu lösen versucht.

Vom multinationalen Konzern zur transnationalen Konföderation

Die zunehmende Verbreitung der Produktionsteilung als wichtigste Form weltweiter Integration wird in den kommenden Jahren höchstwahrscheinlich auch die alten »Multis« verdrängen – ohne damit aber unbedingt deren Kritikern recht zu geben.

Heutzutage wird ungeheuer viel Aufhebens von den multinationalen Konzernen gemacht, obwohl diese im Grunde noch gar nicht »multinational« sind. Denn bislang gibt es eigentlich nur die im 19. Jahrhundert übliche Form der wirtschaftlichen Integration, bei der eine Gesellschaft in einem oder mehreren anderen Ländern Niederlassungen und Zweigstellen unterhält, bei der jedoch der Schwerpunkt der Unternehmensaktivitäten nach wie vor beim Hauptsitz der Muttergesellschaft liegt. Es handelte sich also um eine an sich nationale Gesellschaft mit internationalen Filialen und Niederlassungen.

Im Grunde war der »multinationale« Anteil der Produktion vor dem Ersten Weltkrieg sogar größer als heute, und dennoch sah damals niemand in ihnen etwas Außergewöhnliches. Ein Beispiel ist Fiat, das am Neujahrstag 1900 in Turin gegründet wurde und dessen österreichische Niederlassung Austro-Fiat um 1903 oder 1905 sogar schon einen höheren Umsatz als die Muttergesellschaft hatte, weil das österreichisch-ungarische Kaiserreich erheblich größer war und einen weitaus ergiebigeren Markt besaß als das Italien der Jahrhundertwende. Die in Turin entwickelten, aber in Wien produzierten Austro-Fiats wurden sogar von der österreichisch-ungarischen Armee als Stabsfahrzeuge verwendet, ohne daß daran Anstoß genommen wurde. Ganz ähnlich lag der Fall bei Siemens, das 1856 in Deutschland gegründet wurde und dessen britische und russische Töchter um 1860 schon größer waren als die deutsche Muttergesellschaft. Großbritannien war eben damals das am stärksten entwikkelte Land Europas und der Welt. Deshalb hatte die britische Siemens-Tochter einen erheblich größeren Markt als die deutsche Siemens-Gesellschaft, die bis etwa 1880 noch in einem relativ unterentwickelten Land operierte. Und Rußland erlebte zwischen 1860 und 1880 einen Eisenbahn-Boom, der Siemens als dem damals größten europäischen Lieferanten von Telegrafenanlagen eine klare Monopolstellung verschaffte. Dasselbe gilt auch für die Edison-Glühbirnen, die bereits drei Monate nach ihrer Präsentation in New Jersey in Großbritannien und bald danach auch in Japan erhältlich waren, oder für das von Alexander Graham Bell erfundene Telefon, das schon innerhalb kurzer Zeit in vielen Teilen Europas sowie in Japan installiert wurde.

In der zweiten Hälfte des 19. Jahrhunderts und bis zum Ersten Weltkrieg galt es als völlig selbstverständlich, daß die erfolgreiche und insbesondere die innovierende Gesellschaft sofort auch »multinational« wurde. Sogar Henry Ford gründete trotz seiner Fremdenfeindlichkeit eine englische Filiale, noch bevor er die erste Erweiterung des Detroiter Werkes in Angriff nahm.

Diese Entwicklung wurde durch den Ersten Weltkrieg unterbrochen und schließlich nach dem Zweiten Weltkrieg in verstärktem Umfang, aber in ähnlicher Form – nämlich als Zusammenarbeit zwischen und innerhalb der industrialisierten Staaten – fortgesetzt.

Es leuchtet ein, daß die Rohstoffproduzenten ihren Standort bei den Rohstoffen wählen müssen – wie zum Beispiel beim Öl in Saudi-Arabien oder beim Kupfer in Rhodesien. Allerdings sind diese extraktiven Industrien nicht »multinational« im eigentlichen Sinne, sondern sie erzeugen in der Regel die Rohstoffe für die Märkte der Industrieländer. Wenn wir den gesamten Bergbau aus der Statistik eliminieren, dann haben die Industrieländer immerhin fünfundachtzig Prozent aller multinationalen Investitionen untereinander getätigt. So wurden beispielsweise nur fünf bis acht Prozent aller amerikanischen Investitionen in Entwicklungsländern vorgenommen, während sich die übrigen gut neunzig Prozent vor allem auf Europa – und speziell auf den Gemeinsamen Markt – sowie auf Kanada und Japan konzentrierten. Genau dasselbe trifft auch auf den Finanzsektor zu, obwohl das Geld eigentlich von allen ökonomischen Einheiten die am wenigsten nationalistische ist. Fest steht jedoch, daß die amerikanischen ebenso wie die britischen, deutschen, holländischen und schweizerischen Banken vor allem in Industrieländern investiert haben.

Die an sich nicht besonders neue Erkenntnis, daß Geschäfte immer dort abgewickelt werden, wo ein Markt ist, wird von den Politikern und Zeitungsschreibern leider nur allzuleicht vergessen.

Aller Voraussicht nach wird sich von jetzt an das Gesicht der Multis jedoch entscheidend verändern. Zunächst werden es vor allem Marketing- und weniger Produktionsgesellschaften sein, deren multinationaler Charakter in der Vermarktung von – wo auch immer produzierten – Gütern in den industrialisierten Staaten besteht. Des weiteren werden es »Managementgesellschaften« sein, die ihre Kontroll- und Leitungsfunktion vor allem über die Technologie und das Design ausüben. Außerdem werden die erfolgreichen Multis von morgen eher kleine bis mittelgroße Unternehmen sein, da die heutigen Unternehmensriesen zu auffällig und daher ein zu großes Politikum sind. Ford konnte seinen Fiesta nicht in den USA absetzen, weil Ford zu bekannt und vielen ein Dorn im Auge war. Demgegenüber wird die Marketing-Firma der Zukunft relativ unscheinbar sein. Ein Beispiel ist Amerikas größter Schuhhändler, Melville, der mit seinem Umsatz von mehr als einer Milliarde Dollar alles andere als klein, aber dennoch relativ unauffällig ist, weil er seine Produkte unter verschiedenen Markennamen vertreibt. Er ist somit durchaus in der Lage, ein weitreichendes Netz der internationalen Arbeitsteilung zu organisieren, ohne in das Schußfeld der Gewerkschaften, Zeitungen oder der Regierung zu geraten.

Darüber hinaus besitzt ein mittleres Unternehmen viel eher die für die Produktionsteilung erforderliche Flexibilität, um im Design, in der Produktion oder im Marketing schnelle Veränderungen vollziehen zu können. Demgegenüber ist der Riesenkonzern, der aufgrund seiner Größe und Komplexität auf lange Sicht planen muß, zu schwerfällig und von daher eindeutig im Nachteil. Und das bisher größte Plus der Großunternehmen, die Kapitalinvestitionen, werden ja – wie wir gesehen haben – in Zukunft eine immer geringere Rolle spielen. Demzufolge wird das mittelständische Unternehmen einen deutlichen Vorteil haben.

Um diese Vorteile von morgen auch ausnützen zu können, muß das multinationale Unternehmen jedoch zu einer Änderung seiner Organisationsstruktur bereit sein. Dies bedeutet, daß es sich von einer »multinationalen Korporation« in eine »transnationale Konföderation« verwandeln muß.

Da das Hauptaufgabengebiet der Multis von morgen die Organisation der Produktion und der Distribution ist, werden ihre Schwerpunkte vor allem in der Technologie (oder dem Design) und im Marketing liegen. Soweit sie überhaupt selbst produzieren, werden sie sich vor allem auf die am wenigsten arbeitsintensiven Produktionsphasen konzentrieren. Ihre lokalen Tochterfirmen werden keine Unternehmen im herkömmlichen Sinne sein, die die gesamte Produktionspalette erzeugen und auf dem jeweiligen heimischen Markt absetzen. Statt dessen werden Produktion und Absatz in Zukunft unabhängig von nationalen Grenzen so organisiert, daß sowohl die Arbeitskräfte als auch die Märkte optimiert werden. So werden die arbeitsintensiven Produktionsphasen in Länder mit Arbeitskräfteüberschuß verlagert und dort weitgehend von ansässigen Zulieferern übernommen. Und der Zusammenhalt des Unternehmens wird letztlich über die Marketingkontrolle und weniger über die Kapitalkontrolle gewährleistet.

Dazu bedarf es neuer Strukturen. Im Gegensatz zur gegenwärtigen pyramidenähnlichen Führungsspitze, die eine Vielzahl von Unternehmenseinheiten mit weitgehend gleichartigen Aktivitäten leitet und kontrolliert, wird dem Topmanagement von morgen weniger das Recht zu »kommandieren« als vielmehr das zu »integrieren« zukommen. Eine transnationale Konföderation benötigt zwar einerseits eine starke Führungsspitze, die aber andererseits den einzelnen Mitgliedern einen größeren Freiheits- und Verantwortungsspielraum zugesteht. Dies läßt sich allerdings nicht im Rahmen der konventionellen – funktionellen oder dezentralisierten – Organisationsstrukturen erreichen, sondern dazu bedarf es der sogenannten »System-Organisation«[1]. Vielleicht sollten wir sogar den Japanern nacheifern, bei denen Produktion und Marketing häufig getrennt organisiert sind, und eine selbständige Gesellschaft für das Design

[1] Vgl. hierzu mein Buch »Neue Management-Praxis«, Düsseldorf 1974

und den weltweiten Vertrieb der Produkte errichten, während die Fabrikation in eine Reihe von – zum Teil ausgelagerten – Produktionsphasen zerlegt wird.

Bezüglich der politischen Dimension werden sich die neuen »Transnationalen« sogar noch stärker von den Multis unterscheiden als in organisatorischer Hinsicht. Da Investitionen in den begrenzten und nur langsam wachsenden Märkten der Entwicklungsländer nicht sonderlich attraktiv bzw. profitabel und die Kosten der Geschäftsführung in Ländern wie Peru oder Malaysia geradezu astronomisch waren, haben sich die multinationalen Konzerne bisher relativ wenig in der Dritten Welt engagiert. Somit ist die Behauptung, daß die Entwicklungsländer überaus beliebte Ziele der »Ausbeutung« durch Industrie- oder Handelsbetriebe der Industriestaaten waren, schlichtweg falsch. Denn in den meisten Fällen – mit Ausnahme der pharmazeutischen Industrie[1] – handelten sie sich eher Verluste und Ärger als Gewinne ein.

In Zukunft werden die Entwicklungsländer dagegen für die Transnationalen eine ganz erhebliche Rolle spielen, da sie den größten Teil der Fertigungsarbeit übernehmen und damit zum Hauptlieferanten der westlichen Märkte werden. Aus diesem Grunde wird die Muttergesellschaft in immer stärkere Abhängigkeit von ihren Zulieferern geraten. Andererseits bietet jedoch das weltweite Marketingsystem der transnationalen Gesellschaften den jungen Leuten der Dritten Welt auch die Möglichkeit, neue Arbeitsplätze und Zugang zu den Märkten der ganzen Welt zu bekommen.

Die Regierungen vieler Entwicklungsländer – wie beispielsweise Indiens und Mexikos – lassen die Neugründung von ausländischen Unternehmen nur unter der Bedingung zu,

[1] Der Grund hierfür ist, daß sich ein armes Land wie Kolumbien einfach keine modernen medizinischen Ausbildungsstätten, Krankenhäuser und keine moderne Krankenversorgung leisten kann. Es kann sich andererseits jedoch Medikamente leisten, die für sich genommen etwa zwei Fünftel des Nutzens der heutigen Medizin mit nur sechs oder acht Prozent der Gesamtkosten erzeugen.

daß die Kapitalinvestitionen von Einheimischen getätigt werden. Dies läuft praktisch auf eine Subventionierung der reichen Länder durch die armen hinaus – mehr kann eine derartige Beteiligung von Inlandskapital nicht bewerkstelligen – und geht darüber hinaus am Kern der Sache vorbei. Denn die für diese Länder einzig wichtige und interessante Forderung, die sie den ausländischen Firmen stellen sollten, ist die Schaffung von Exportmöglichkeiten und von darauf basierenden Arbeitsplätzen. Dies haben – außer den pragmatischen Chinesen in Hongkong, Taiwan und Singapur – bisher nur sehr wenige Regierungen erkannt; aber daß sich diese Einsicht allmählich durchsetzt, zeigt zum Beispiel die Tatsache, daß die Mitgliedsländer des Anden-Pakts sich wieder verstärkt um ausländische Investitionen bemühen.

Es leuchtet ein, daß die Entwicklungsländer das Marketing ihrer Produkte auf den völlig andersartigen und erheblich entwickelteren Märkten der Industriestaaten nur schwerlich aus der Entfernung betreiben können. Darüber hinaus benötigen sie einen einflußreichen Vertreter, der sie bei der Regierung, der Öffentlichkeit und den Gewerkschaften des Absatzlandes unterstützt. Dieser Repräsentant muß zugleich Mitglied der Industriegesellschaft und ihres politischen Systems sein, in dem sie die Produkte ihrer Arbeit verkaufen. Diese Rolle des neuen transnationalen Unternehmens wird ebenfalls die Abhängigkeit der Entwicklungsländer von den Industrienationen erhöhen und damit neuen Zündstoff für ernsthafte politische Konflikte liefern. Denn hier tritt endgültig zutage, daß in einer interdependenten Weltwirtschaft jede Form der »Souveränität« unmöglich geworden ist.

Darüber hinaus wird sich aber auch das Verhältnis zwischen der transnationalen Gesellschaft und seinem Ursprungsland verändern. Während letzteres bisher immer die in seinen Grenzen beheimateten Multis unterstützt hat, ist dies nun – zumindest bei US-Firmen – nicht mehr der Fall. Und dies aus dem einfachen Grunde, weil die transnationale

Gesellschaft immer mehr Symbol weltweiter Interpendenz wird (vgl. Kapitel 4), indem sie allen herkömmlichen politischen Konzepten zum Trotz die alteingesessenen politischen Grenzen überschreitet und damit das Prinzip einer »Nationalwirtschaft« durch das einer »integrierten Weltwirtschaft« ersetzt. Demzufolge werden die eigentlichen politischen Probleme der transnationalen Konföderation und ihres Managements vor allem in den Industrieländern und speziell bei ihren Politikern und Gewerkschaftsführern liegen und sich mit Sicherheit nicht mit Hilfe der vererbten völlig überholten Konzepte, Begriffe und Maßstäbe der internationalen Wirtschaftstheorie des 18. und 19. Jahrhunderts lösen lassen.

Die neuen Absatzmärkte

Obwohl die Auswirkungen der Bevölkerungsentwicklung auf die internationalen Wirtschaftsbeziehungen und Märkte vergleichsweise »harmlos« erscheinen, sind sie dennoch alles andere als unerheblich. Die Absatzmärkte der Industrienationen werden durch sie neu aufgeteilt.

Vor dem Ersten Weltkrieg gab es nur eine Vielzahl von Märkten, aber noch kaum einen nationalen Markt. Es gab regionale »Märkte«, die – wie beispielsweise in den USA – häufig kaum miteinander verbunden waren. So wurde Kalifornien, und speziell Südkalifornien, tatsächlich erst bei Beginn der Großen Depression Bestandteil des amerikanischen Marktes. Daneben gab es noch eine Reihe genau abgegrenzter »Klassen«-Märkte: So gründete Sears Roebuck sein Unternehmen im Hinblick darauf, daß die amerikanischen Bauern einen wichtigen, aber separaten Markt bildeten, der im einzelnen zwar relativ unergiebig, als Massenmarkt aber äußerst potent war. Und das, was man vor 1914 unter »Luxushandel« verstand, kann man sich heute nur noch am Beispiel der zwei Prozent englischsprachiger Inder vorstellen, die einen separaten und relativ reichen Markt bilden. Denn ihr Reichtum äußert sich nicht darin, daß sie mehr, sondern daß sie andere Güter kaufen: zum Beispiel englische Zeitungen, Kameras, Uhren oder Autos. Und diese Form des echten abgeschlossenen Marktes gab es vor dem Ersten Weltkrieg in sämtlichen Industrieländern.

Nach dem Ersten Weltkrieg hatten sämtliche westlichen Länder (außer Japan) ihren eigenen »National«markt, und die großen Verkaufserfolge der Zwischenkriegszeit – wie die von Sears Roebuck, General Motors oder der deutschen Warenhausketten – basierten weitgehend auf der Entstehung und Abgrenzung dieser nationalen Märkte.

Alfred Sloan von General Motors erkannte 1920 effektiv als erster, daß Amerika einen eigenständigen Markt mit verschiedenen sozioökonomischen definierten Segmenten bildete – angefangen von der (damals fünfzigprozentigen) Gruppe der »niedrigen Einkommen«, in der Sloan einen Markt für Gebrauchtwagen erkannte, bis zu der Gruppe der Höchsteinkommen, die für den Cadillac in Frage kamen. Den Markt für Neuwagen unterteilte Sloan in fünf Kategorien, denen er jeweils einen Autotyp zuordnete: den Chevrolet, den Pontiac, den Oldsmobile, den Buick und den Cadillac. Obwohl alle für bestimmte Einkommensgruppen gedacht waren, gab es bewußte Überschneidungen, um dem Kunden den nahtlosen Übergang und Aufstieg in eine andere Klasse zu ermöglichen. Einige Jahre später lieferten dann die ersten quantitativen Methoden zur Sozial- und Marktanalyse (wie zum Beispiel die Arbeiten der Wiener Charlotte Bühler und Paul Felix Lazarsfeld, die sich später in den USA niederließen) den theoretischen Rahmen und die empirischen Daten, um die rein intuitiven Ideen von Sloan wissenschaftlich abzustützen.

Ende der dreißiger Jahre waren dann die Märkte der Industriestaaten nach so deutlichen sozioökonomischen Gruppen unterteilt, daß ein erfahrener Marktforscher in den USA bereits anhand des Automodells und -baujahrs sowie anhand des Mietwerts des Einfamilienhauses angeben konnte, was und wieviel eine bestimmte Familie in einer bestimmten Kategorie kaufte.

Um 1950, als so ziemlich jeder die Markteinteilung nach sozioökonomischen Gruppen als »Naturgesetz« akzeptierte, setzte sich schließlich eine neue Form der Marktsegmentierung durch – die zufälligerweise auch mit einer Neuaufteilung der öffentlichen Meinung einherging –, die sich am Kriterium des »Lebensstils« orientierte.

Der Ford Edsel, mit dem die Ford Motor Company zum letztenmal innerhalb von zehn Jahren versuchte, an das Image seines großen Konkurrenten General Motors heranzureichen, war das letzte Auto, das noch der herkömmlichen Segmentierung nach Einkommensgruppen entsprach. Als er sich jedoch als völliger Mißerfolg herausstellte, erkannte Ford früher als alle anderen, daß sich auf dem Markt ein grundlegender Wandel vollzog.

Fords Antwort hierauf waren der Thunderbird, der Mustang und der Maverick, die einen bestimmten Lebensstil andeuteten und nicht zuletzt dafür verantwortlich waren, daß die Ford-Gesellschaft von ihrem mageren dritten Platz am Ende des Zweiten Weltkrieges in den USA schnell zu einer starken Nummer zwei und außerhalb der Vereinigten Staaten sogar zur Nummer eins der Autoproduzenten avancierte.

Bis Ende der sechziger Jahre hatte sich das Kriterium des Lebensstils bei Neuwagen soweit durchgesetzt, daß die ursprüngliche Korrelation zwischen Auto und Einkommen nahezu vergessen war.

In den siebziger Jahren hat dann die Bevölkerungsentwicklung eine nochmalige Neuaufteilung des Marktes bewirkt. Sie ist zwar nicht substitutiv, sondern komplementär, wird aber doch neue Märkte entstehen lassen.

1973/74 erlebten die USA die wohl bislang »schlimmste Rezession« seit der Großen Depression, in deren Verlauf die

Kapitalinvestitionen durchaus »normal« (im Sinne der üblichen Rezessionen) reagierten, wärend das Konsumentenverhalten ausgesprochen unüblich und unerwartet war. »Jeder weiß« ja, daß bei der leisesten Andeutung eines Konjunkturrückgangs das Auswärts-Essen sofort drastisch eingeschränkt wird, weil es erheblich teurer ist als eine selbstgekochte Mahlzeit. Diese kostet zwar mehr Zeit, aber während einer wirtschaftlichen Rezession haben die meisten Leute gewöhnlich mehr Zeit, als sie möchten. Erstaunlicherweise nahm ausgerechnet seit 1973 das Essen-Gehen in den USA so stark zu, daß 1980 von zwei Mahlzeiten immerhin eine in einem Lokal, einem Selbstbedienungsrestaurant, einer betrieblichen oder öffentlichen Kantine oder aber als Fertigmahlzeit (take-home-meal) zu Hause eingenommen werden wird.

Bislang galt es ebenfalls als erwiesen, daß im Falle einer Rezession der Tourismus deutlich zurückgeht. Dies traf jedoch nicht auf die US-Rezession von 1973/74 zu. Vielmehr zeigte sich, daß Urlauber äußerst preisbewußt sind. So können bereits aufgrund geringfügiger Wechselkursänderungen andere Länder als bisher zum Reiseziel erklärt werden. Dies gilt ganz besonders für Pauschalreisen. Aber der Gesamtumfang des Reiseverkehrs wurde zunächst nicht beeinträchtigt und nahm im Laufe der Rezession sogar deutlich zu.

Ein ganz ähnliches Phänomen zeigte sich im Bereich des Hausbaus. Aufgrund des erwarteten Rückgangs der Ansprüche verlegten sich die Großbauunternehmer 1973/74 alle auf das sogenannte »Einfach-Wohnhaus« (basic home) mit der relativ einfachen und anspruchslosen Ausstattung der fünfziger Jahre. Aber dies war ein Irrtum: Niemand wollte diese Häuser haben. Die Amerikaner sparten nicht am Haus, sondern sie erhöhten deutlich ihre diesbezüglichen Ausgaben.

Die Tatsache, daß auf den Absatzmärkten in Westeuropa und Japan ganz ähnliche Tendenzen zu erkennen sind, weist auf eine neue Form der Marktsegmentierung hin, die vor allem durch die Bevölkerungsentwicklung verursacht wird.

Einkommen und Lebensstil wirken in zunehmendem Maße eher restriktiv auf das Kaufverhalten.

Die Popularität des Auswärts-Essens ist einerseits direkt mit der zunehmenden Berufstätigkeit der verheirateten Frau korreliert – für sie ist Zeit kostbarer als Geld – und hängt andererseits mit der steigenden Anzahl alter Menschen zusammen. Für sie ist das Essen-Gehen oftmals das einfachste Mittel, um der Einsamkeit und der Isolation zu entrinnen.

Die Aufteilung der Märkte wird demnach in immer stärkerem Maße durch die Bevölkerungsentwicklung bestimmt. So gibt es bereits einen großen und ständig wachsenden Markt für alte Menschen mit langer Lebenserwartung, der überdies insofern rezessionsunabhängig ist, als die Rentner nicht arbeitslos werden können, kaum Steuern zahlen und einen Inflationsausgleich erhalten.

Ein anderer Markt mit schnell wachsender Kaufkraft sind die jungen Erwachsenen mit guter Ausbildung. In dieser Gruppe sind meistens beide Geschlechter (sogar in Japan) berufstätig und erzielen ein Einkommen. Andererseits unterscheidet sich das Ausgabeverhalten dieser Gruppe ganz erheblich von dem der traditionellen Familie mit einem Ernährer. In der Regel richten sich nämlich deren Ausgaben noch immer nach dem Einkommen des Mannes, das heißt, das der Frau wird eher als »Extra-Verdienst« betrachtet und wird meistens zu – größeren – Sonderausgaben verwendet.

Der Cadillac Seville, der nach der ersten Ölkrise der große Verkaufsschlager auf dem US-Automarkt war, ist ein Luxusauto, das zwischen fünfzehntausend und zwanzigtausend Dollar kostet. Er wurde von General Motors für den Karrieremann entworfen, um ihm den Luxus eines großen Wagens mit einem guten Namen und zugleich relativ »ökonomischem« Benzinverbrauch zu verschaffen. Bis zu der Benzinkrise von 1979 übertraf der Verkauf dieses Autos General Motors' Erwartungen bei weitem – aber es wurde vornehmlich von Frauen mit eigenem Einkommen gekauft. Wie man inzwischen festgestellt hat, ist auch die ständig ansteigende Zahl der Bewerbungen in privaten – und daher teuren – Colleges weitgehend auf das Einkommen der Mütter zurückzuführen. Denn aus den Schulunterlagen geht eindeutig hervor, daß der Anteil der Studenten, deren Unterhalt von den mütterlichen Einkünften finanziert wird, von einem Zwanzigstel auf gut ein Drittel gestiegen ist.

Außerdem gibt es noch die relativ neue Marktgruppe der Teilzeitkräfte sowie die herkömmlichen Märkte der Teenager. Trotz ihrer zahlenmäßigen Abnahme sind sie immer noch eine bedeutende Gruppe, obwohl sie sicherlich nicht mehr lange die Rolle des Trendsetters innehaben werden. Und last not least gehört natürlich die traditionelle vierköpfige Familie dazu, in der allerdings die Frau in zunehmendem Maße erwerbstätig ist.

Jeder dieser Märkte kauft unterschiedliche Produkte und Werte, und jeder tut dies entsprechend seiner Mentalität. Und es bleibt noch abzuwarten, inwieweit mit einer Marketingmethode mehr als eine dieser Gruppen angesprochen werden kann.

Konsequenzen für die Managementstrategien

Die Änderungen der Bevölkerungsstruktur und -entwicklung sind so weitreichend und nachhaltig, daß alle Institutionen, Unternehmen und öffentlichen Anstalten, zwar gleichermaßen, aber dennoch in unterschiedlichem Umfang davon betroffen werden.

Die Neuaufteilung des Konsummarktes ist für einen Werkzeugmaschinenbauer sicherlich irrelevant, die Produktionsteilung dagegen wahrscheinlich essentiell. Demgegenüber ist die letztere für das Krankenhaus völlig bedeutungslos, da die Bettschüsseln direkt in Detroit oder Düsseldorf geleert werden müssen, so daß die Kosten für die einfachsten Arbeiten in den Industriestaaten am stärksten steigen werden. Andererseits kann die Doppelverdiener-Familie sehr wohl Konsequenzen für das amerikanische Krankenhaus haben, indem sie den Radius des potentiellen Kundenkreises erheblich reduziert. Denn die Mutter eines kranken Kindes möchte es mindestens zweimal besuchen und ist als Hausfrau oder Halbtagskraft bereit, zwanzig bis dreißig Kilometer weit zu fahren. Sobald sie jedoch voll berufstätig ist, wird sich diese Entfernung – selbst ohne Benzinknappheit – auf ca. zehn Kilometer bzw. auf eine realistische Entfernung zu ihrer Arbeitsstätte verringern. Desgleichen haben sowohl die höhere Lebenserwartung als auch die sinkende Geburtenrate tiefgreifende Konsequenzen für die Krankenhäuser gehabt – während das Kaufverhalten der Rentner oder aber die transnationale ökonomische Integration für sie nur eine mehr oder weniger interessante Anekdote darstellen.

Dennoch müssen sich alle Organisationen die Konsequenzen überlegen, die diese Veränderungen für ihre Ziele und Aktivitäten mit sich bringen. Die durch die Bevölkerungsentwicklung ausgelöste Veränderung unserer Umwelt wird sich sowohl in den Märkten der einzelnen Institutionen, ihren Produkten oder Dienstleistungen als auch in der Organisation ihrer Leitung und ihres Vertriebssystems niederschlagen.

Selbst kleine und rein lokal arbeitende Betriebe werden in transnationalen Kategorien denken und handeln müssen, indem sie beispielsweise ihren bisher zentralisierten Produktionsprozeß in teils ausgelagerte transnationale Phasen zergliedern oder aber indem sie Einzelteile aus den verschiedensten Ländern kaufen und selbst montieren, während sie bislang nur Fertigprodukte weiterverkauft haben.

Aber auch die bereits international operierende Firma wird sich in vielerlei Hinsicht umstellen müssen. Sie wird beispielsweise lernen müssen, die Entwicklungsländer als wichtige Lieferanten arbeitsintensiver Produktionsphasen zu sehen, deren erzeugte Einzelteile und Elemente möglichst günstig an die Industrieländer exportiert und in das dortige Vertriebssystem integriert werden müssen.

Auch in politischer Hinsicht erfordern die transnationalen Gesellschaften unterschiedliche Einstellungen, Maßnahmen und Aussagen. Während die Haltung der Multinationalen gegenüber den Entwicklungsländern noch von der Vorstellung geprägt war, daß sie vor allem aufgrund ihres Kapitals attraktiv sind, gilt das Interesse dieser Länder heute zunehmend Arbeitsplätzen und Exportmöglichkeiten. Dementsprechend sollten die Kapitalinvestitionen auf ein Minimum reduziert werden – und zwar nicht nur, um den Investor vor möglichen politisch bedingten Abhängigkeiten und Schäden zu bewahren. Die einzig wünschenswerte – und vermutlich (angesichts des vorhersehbaren Widerstands gegen ökonomische Interdependenzen) auch akzeptable – Position des transnationalen Unternehmens ist sicher die, in der das Gastgeberland möglichst weitgehend von den Marketingfähigkeiten des Investors im Ausland profitiert.

Möglicherweise ist es am günstigsten, mit einem »teilindustrialisierten Entwicklungsland« (vgl. Kapitel 4) zusammenzuarbeiten, das in die Weltwirtschaft integriert werden kann. Dies hat den Vorteil, daß die benötigten ausländischen Manager, Spezialisten und Techniker in diesen Ländern auch gern leben.

Zusammenfassend läßt sich sagen, daß für die transnationale Gesellschaft – im Gegensatz zu den multinationalen Konzernen von gestern – nicht der Markt des Gastgeberlandes, sondern ausschließlich dessen Arbeitskräftepotential wichtig ist, während das Entwicklungsland den Ausländer weniger wegen seines Kapitals attraktiv findet, sondern weil er Arbeitsplätze für den Export von Waren und damit Exporteinnahmen schafft, weil er ihm überdies den ausländischen Markt erschließt und zu guter Letzt Einheimische zu Managern, Marketing-Fachleuten und Spezialisten ausbildet, die sich in einer integrierten Weltwirtschaft mühelos zurechtfinden.

Vom »Arbeitsmarkt« zu »Arbeitsmärkten«

Obwohl Manager, Ökonomen, Politiker und Statistiker nach wie vor von »dem Arbeitsmarkt« sprechen, ist dieser Begriff nicht mehr zutreffend. Im Gegenteil: er kann nur irreführen und Verwirrung anstiften. Denn das Arbeitskräftepotential besteht heute aus so differenzierten Gruppen mit so unterschiedlichen Erwartungen, Bedürfnissen und Merkmalen, daß es problematisch erscheint, diese als homogene Größe zu behandeln, wie dies die meisten Personalabteilungen, Sozialleistungspläne und Gewerkschaften tun.

Die irreführenden Arbeitslosenzahlen

Die Industriestaaten verwenden heute noch ein Arbeitslosenmaß, das weitgehend überholt ist. Denn die ursprünglich wichtigste Gruppe des männlichen Haushaltsvorstandes, von der beispielsweise in den USA ausgegangen wurde, bildet in den westlichen Ländern keineswegs mehr die Mehrheit der Erwerbstätigen. Dementsprechend sind die offiziellen Arbeitslosenziffern oft irreführend und führen zu Fehlinterpretationen, weil hinter einer hohen Arbeitslosenrate immer vorwiegend Männer vermutet werden, die zuvor voll berufstätig waren und die nun eine neue Beschäftigung suchen. Das trifft aber in der Regel nicht so zu.

Die Regierung kann jedoch die Arbeitslosenzahlen deswegen nicht reformieren, weil sie zu einer Art »Heiligen Kuh« der Gewerkschaften geworden sind. Dennoch sollten Geschäftsleute in der Lage sein, sie richtig zu interpretieren. Zu diesem Zweck muß man drei Beschäftigungszahlen kennen und auswerten können.

Da ist zunächst der Anteil der Erwerbstätigen an der erwerbsfähigen Bevölkerung. Es war keineswegs Zufall, daß die Rezession von 1973 bis 1976 in den USA keinen spürbaren Rückgang des Konsums mit sich brachte. Denn während dieser Zeit war – mit Ausnahme von zwei Quartalen – bei beiden Werten eine ständige Zunahme zu verzeichnen. Und dies sind die einzig relevanten Daten, die über die Kaufkraft der Konsumenten Aufschluß geben.

Die zweite wichtige Größe ist die Zahl der beschäftigten und unbeschäftigten männlichen Haushaltsvorstände, die jetzt zwar rein zahlenmäßig in der Minderheit sind, aber dennoch die Masse der Arbeitsstunden leisten. Da sie auch nach wie vor die Mehrheit der Ganztagsbeschäftigten und der Fachkräfte bilden und da ihnen speziell in den unteren Einkommensgruppen weitgehend die Rolle des Ernährers zufällt, ist ihre Beschäftigung somit der zuverlässigste Index für Arbeitsmarkt- und Lohnprobleme.

Während der amerikanischen Rezession von 1973 bis 1976 nahmen Zahl und Anteil der männlichen Haushaltsvorstände nur vier Monate lang ab (um dann wieder stetig zu steigen), ohne allerdings jemals unter die »Vollbeschäftigungsrate« von sechsundneunzig Prozent zu sinken. Dies heißt mit anderen Worten, daß die US-Wirtschaft während der gesamten Periode angeblicher Unterbeschäftigung effektiv unter einem Mangel an Arbeitskräften litt – was jeder, der damals einen Maschinenschlosser oder einen Werkzeugmacher einstellen wollte, sicher bestätigen kann.

Zu guter Letzt gibt es noch die offizielle, aber rein politische Größe der »Arbeitslosigkeit«, die für die Wirtschaft und die Wirtschaftspolitik völlig irrelevant und sogar irreführend ist, die aber zugleich die Intensität der politischen Rhetorik und des politischen Druckes bestimmt.

In Zukunft werden alle Führungskräfte der Industriestaaten imstande sein müssen, die komplexen Beschäftigungs- und Unterbeschäftigungszusammenhänge zu verstehen. Dabei wird ihnen wahrscheinlich die Arbeitslosigkeit der männlichen Haushaltsvorstände noch am ehesten als Richtschnur ihrer Geschäftspolitik dienen können, da sie in Amerika und Europa weitestgehend dem Beschäftigungsgrad entspricht.

Die Notwendigkeit differenzierter Personalpolitik

Unternehmer können zwar nicht die irreführenden Arbeitslosenzahlen verändern, aber sie können zumindest ihre Personalpolitik in ihrem Betrieb umstellen, die meistens genauso veraltet und irreführend ist. In den meisten Organisationen basiert diese nämlich auf der Annahme eines homogenen Arbeitsangebots, die zudem vorwiegend aus männlichen Ganztagsbeschäftigten besteht, deren Lebensunterhalt - sowie der ihrer Familie - von einem Arbeitgeber abhängt.

Obwohl sich das Gewicht dieser Gruppe - wie bereits erwähnt - stark verändert und die Zahl der Doppelverdiener sehr zugenommen hat, schließt die gegenwärtige Personalpolitik beide berufstätigen Ehepartner in die diversen Sozialleistungen ein. Heute gibt es jedoch aufgrund der zunehmenden halb- und ganztagsbeschäftigten verheirateten Frauen sowie der Rentner ganz unterschiedliche Erwerbstätigen-Kategorien. Daher ist es notwendig, daß die diversen privaten und öffentlichen Organisationen eine entsprechend differenzierte Personalpolitik für die einzelnen Gruppen entwickeln.

Ebenso ist es wenig sinnvoll, alle Arbeitnehmer denselben Ausbildungsprogrammen und personalpolitischen Maßnahmen sowie derselben Kontrolle zu unterziehen, die meistens für den typischen Berufsanfänger von gestern gedacht war - den fünfzehn- oder sechzehnjährigen Berufsneuling. Auch hier werden wir uns in Zukunft auf eine personenbezogene Belegschaftspolitik umstellen müssen.

Dies ist um so notwendiger, weil bisher weder die Industrie noch die Regierung im Arbeitsmarkt einen *Markt* zu sehen scheinen, auf dem sie ihre Stellen – genau wie ihre Produkte – »an den Mann« – oder in zunehmendem Maße »an die Frau« – bringen müssen.

Man muß sich klarmachen, daß die verheiratete Frau, die sich nach zehnjähriger Rolle als »Hausfrau und Mutter« wieder um eine Stelle bewirbt, in dieser Zeit völlig selbständig und ohne Anweisungen »von oben« ihren Haushalt geführt und die Kinder erzogen hat. Für sie ist es natürlich ungewöhnlich, plötzlich von ihrem Vorgesetzten wie ein Trottel behandelt zu werden, der noch nie etwas Eigenständiges geleistet hat – obwohl sie im Grunde einen Lehrer und Helfer benötigt. Auch die Rentner, die weiterhin berufstätig sind, wissen sehr wohl, wie man arbeitet. Weil sie oftmals nur die Arbeit kennen, können sie auch nicht einfach aufhören. Doch niemand bedient sich ihrer langjährigen Erfahrungen und ihres angesammelten Wissens. Statt dessen werden sie zusammen mit Sechzehnjährigen auf Ausbildungslehrgänge geschickt.

... und alternativer Sozialleistungen

Nach gut hundert Jahren »Gehirnwäsche« durch die Gewerkschaftsführer sind die Arbeitgeber nunmehr selbst von der Richtigkeit einheitlicher Sozialleistungen überzeugt. Sie klagen natürlich über deren hohe Kosten; denn die »fringe benefits« sind heute schon fast genauso hoch wie der Basislohn. Und dennoch verpufft ein großer Teil des Geldes, ohne dem eigentlichen Empfänger Nutzen zu bringen.

So erhält beispielsweise in den USA die verheiratete Frau, deren Mann an seinem Arbeitsplatz krankenversichert ist, keinen Pfennig aus ihrer Krankenversicherung, obwohl – direkt oder indirekt – immerhin acht bis zehn Prozent ihres

Gehalts einbehalten werden. (Denn selbst wenn der Arbeitgeber hundert Prozent zahlt, kommt das Geld letztlich immer noch aus der Tasche des Arbeitnehmers.) Außerdem zahlt dieselbe Frau etwa sechs bis acht Prozent ihres Einkommens in die betriebliche Altersversicherung ein, obwohl sie höchstwahrscheinlich nie eine Rente bezieht, da sie als verheiratete Frau nur selten lange genug bei der Firma arbeitet. Vor allem aber muß sie die volle Sozialversicherung zahlen, obgleich es in Amerika – und einigen anderen Ländern – günstiger ist, wenn sie zwanzig Jahre später eine Angehörigenrente mit ihrem Mann beantragt, als wenn sie aufgrund ihrer Berufstätigkeit eine eigene Rente geltend macht. Diese Benachteiligung der verheirateten Frau findet sich in der einen oder anderen Form in den meisten Rentensystemen der Industriestaaten.

Deshalb benötigen wir ganz dringend eine Sozialleistungspolitik, die auf die Heterogenität der Arbeitskräfte abstellt und berücksichtigt, daß eine Leistung, die einem Arbeitnehmer Nutzen bringt, durchaus bei einem anderen Kosten verursachen kann. Der Lohn- und Gehaltsanteil, den ein Arbeitgeber grundsätzlich zugunsten betrieblicher Sozialleistungen abzweigt und abzweigen kann, müßte natürlich für jeden Arbeitnehmer oder zumindest für jede Arbeitnehmerkategorie gleich hoch sein. Die Verwendung des Geldes sollte dagegen von den individuellen Bedürfnissen, Umständen, der Familiensituation und dem Lebenszyklus abhängig gemacht werden. Diese verschiedenen Alternativen würden es dem einzelnen Arbeitnehmer erlauben, sich für genau das Leistungspaket zu entscheiden, das ihm für sein Geld den größtmöglichen Nutzen bietet.

Eine solche Lösung ist natürlich ein rotes Tuch für die Gewerkschaftsführer, die von der Einheitlichkeit dieses Systems abhängen und deshalb die Mehrheit der Mitglieder der größten Minderheit unterordnen. Und es ist ein gleichermaßen rotes Tuch für die Regierungsbürokraten, die immer meinen, sie wüßten am besten, was für den einzelnen gut ist. Aber auch die Arbeitgeber werden sich ihr widersetzen, weil sie immer die verwaltungstechnisch einfachste Lösung als entscheidendes Kriterium für die Wahl der Sozialleistungen und der Personalpolitik betrachten. Dennoch werden wir nicht darum herumkommen; in Zukunft werden die Arbeitnehmer in zunehmendem Maße mehr Entscheidungsfreiheit verlangen, und sie werden die für sie günstigste Sozialleistung hinsichtlich einer zweiten Berufslaufbahn, hinsichtlich des Zeitpunktes, an dem sie ihr Arbeitsleben beenden, sowie hinsichtlich ihres Aufgabenbereichs selbst bestimmen wollen. Diese Entscheidungsfreiheit ist genau das Hauptmerkmal des Geistesarbeiters, der in Zukunft die Inhalte unserer betrieblichen Personal- und Sozialpolitik ganz entscheidend bestimmen wird.

Das Ende des obligatorischen Ruhestandes

In allen Industrieländern wird das Problem der flexiblen Altersgrenze und deren individuellen Bestimmung aller Voraussicht nach zu einer Existenzfrage werden; denn weder die Gesellschaft noch die Volkswirtschaft kann die Unterstützung einer derart großen Bevölkerungsgruppe verkraften. Aber auch die Rentner selbst werden sich immer stärker gegen ein festgesetztes Ruhestandsalter wenden, und aufgrund ihrer zahlenmäßigen Stärke werden sie ihren Willen auch durchsetzen.

Während in den USA 1935 auf jeden elften Beschäftigten ein Rentner über fünfundsechzig kam, ist dieses Verhältnis heute auf 3:1 gesunken und wird um 1990 sogar 2:1 betragen. Die Ökonomen werden dem zwar entgegenhalten, daß diese ungeheure Zunahme »abhängiger« alter Leute zum Teil durch die stark gesunkene Zahl der Kinder ausgeglichen wird – aber dies ist im Grund irrelevant und sogar irreführend. Denn der Arbeiter, der mit einem Teil seines Lohnes die Schuhe seiner Kinder bezahlt, empfindet das nicht als Zahlung für einen »Fremden« oder gar »Abhängigen«, sondern er tut dies ja für seine Familie. Wird ihm dagegen dieselbe Summe von seinem Lohn zur Unterstützung eines Rentners abgezogen, dann wird er dies – zu Recht – als Zwangsbesteuerung seines Einkommens empfinden.

Und dieser Widerstand der Erwerbstätigen gegen die Unterstützung einer wachsenden Gruppe von Rentnern, die an sich aufgrund ihrer physischen und geistigen Verfassung durchaus arbeitsfähig wären, wird sich in Zukunft deutlich verstärken.

Ein weiterer Grund, der für die Heraufsetzung des Pensionsalters spricht, ist die Tatsache, daß wir sonst einem zunehmenden Inflationsdruck ausgesetzt sind. Da ältere Menschen gewöhnlich mehr konsumieren als sparen, werden die von den jüngeren Erwerbstätigen abgezweigten Lohnteile in den Händen der Rentner zu inflationärer Kaufkraft. Dieser Druck wird noch durch die jüngeren Beschäftigten verstärkt, die den hohen Rentenbeiträgen mit höheren Lohnforderungen zu begegnen suchen.

Um dieses unerquickliche Verhältnis zwischen Erwerbstätigen und Rentnern nicht ausarten zu lassen, muß jede Wirtschafts- und Sozialpolitik in den Industrienationen versuchen, die Relation nicht unter 3 : 1 sinken zu lassen. Das heißt jedoch, daß die Altersgrenze 1995 etwa bei zweiundsiebzig Jahren liegen und die heutige Grenze von fünfundsechzig – oder wie in Japan von fünfundfünfzig – deutlich übersteigen wird. Dabei ist es im Grunde egal, ob die alten Menschen »legal« oder aber »schwarz« arbeiten – wichtig ist, daß sie zumindest halbtags ihre Arbeitskraft zur Verfügung stellen.

Die diesbezüglich treibende Kraft werden vermutlich die alten Menschen selbst sein, die sich noch jung genug fühlen, um zu arbeiten und produktiv zu sein, und die keine Lust haben, untätig herumzusitzen und sich überflüssig vorzukommen.

In meinem Buch »Die unsichtbare Revolution«[1] prognostizierte ich, daß die obligatorische Altersgrenze in Amerika Mitte der achtziger Jahre von fünfundsechzig auf siebzig angehoben worden wäre. Dies wurde damals von den meisten Kritikern als geradezu absurd empfunden; denn sie hielten das genaue Gegenteil, die Senkung der Altersgrenze, für realistisch, was durch den damaligen Gewerkschaftsantrag im Kongreß, das Ruhestandsalter auf sechzig oder zweiundsechzig zu senken, durchaus bestätigt wurde. Trotz des allseits heftigen Widerstandes gegen meine These wurde bereits ein Jahr nach dem Erscheinen meines Buches in Kalifornien ein Gesetz verabschiedet, das jede obligatorische Festlegung einer Altersgrenze untersagte. Kurz danach hob auch der US-Kongreß gegen den erbitterten und organisierten Widerstand aller »respektablen« Persönlichkeiten wieder die Altersgrenze für alle (bundes)staatlichen Angestellten auf und erhöhte sie für alle anderen Arbeitnehmer auf siebzig Jahre. Und es ist nur noch eine Frage der Zeit, bis der Kongreß mit Kalifornien gleichzieht und diese Grenze ganz abschafft. Ursächlich für diese Entwicklung waren zum Teil die Rentner selbst, indem sie einen verstärkten Druck ausgeübt haben. Und dieser wird in Zukunft noch stärker und durchschlagender werden, da die ältere Bevölkerung – das heißt die über Fünfundfünfzigjährigen – in den Industriestaaten bereits nahezu die Mehrheit der stimmberechtigten Personen bilden (allein schon deshalb, weil ihre Wahlbeteiligung erheblich über der der Wähler unter fünfunddreißig liegt). Zum Teil war diese Gesetzgebung aber ganz einfach die Reaktion auf unausweichliche Zwänge.

In Europa geht der Trend allerdings immer noch in die

[1] Düsseldorf 1977

andere Richtung, das heißt, fast überall werden Senkungen der Altersgrenzen angestrebt. Einzig Japan ist bereit, sich der Logik der Bevölkerungsentwicklung zu beugen, indem es sein Ruhestandsalter immerhin auf sechzig angehoben hat. Im Grunde mußte dies jedoch – wenn überhaupt – auf siebzig Jahre erhöht werden, um der japanischen Lebenserwartung gerecht zu werden.

Unabhängig von den Entscheidungen des Gesetzgebers und der Gewerkschaften bleibt jedoch die Tatsache, daß ein immer größerer Teil von älteren Leuten nicht mehr bereit ist, aus dem Berufsleben auszuscheiden, sondern in irgendeiner Form weiterarbeiten möchte. Ein Indikator hierfür ist die ständige Zunahme des »schwarzen Arbeitsmarktes« sowie des »moonlighting«, das heißt der Unterschlagung von Haupt- oder Nebeneinkünften gegenüber dem Fiskus.

Im Frühjahr 1979 schätzte der Leiter der britischen Staatskasse, daß 7,5 Prozent des Volkseinkommens wegen Schwarzarbeit dem Fiskus unterschlagen und deshalb auch nie im Volkseinkommen erfaßt wurden. Für Schweden wird diese Zahl sogar bis auf zwanzig Prozent angenommen, während der amerikanische Bundesrechnungshof kürzlich das nicht deklarierte Einkommen auf zehn Prozent des Privateinkommens veranschlagte.

Natürlich spielt hier sicher auch der Widerstand gegen exorbitante Steuern eine Rolle – dies ist insbesondere in Ländern wie Schweden der Fall, in dem Einkünfte über einer bestimmten Grenze zu mehr als hundert Prozent versteuert werden. Denoch sind die berufstätigen Rentner ganz wesentlich an den Steuerhinterziehungen beteiligt. In den meisten Ländern wird einfach keinerlei Berufstätigkeit bei ihnen unterstellt (wie in Großbritannien oder Schweden), oder dies wird ihnen von der Gewerkschaft nahegelegt, oder aber (wie in den USA) sie bekommen keine oder nur eine wesentlich geringere Rente.

Der Widerstand gegen die obligatorische Altersgrenze wird

überdies noch durch die Verschiebung in der Bildungssituation verstärkt. Während von den heutigen Fünfundsechzigjährigen acht von zehn nur mehr einen der mittleren Reife entsprechenden Schulabschluß haben, besitzen von den derzeitigen Berufsanfängern immerhin sechs von zehn das Abitur oder sogar ein Studium. Die heutigen Rentner haben meistens manuelle Tätigkeiten ausgeführt, wohingegen die derzeitigen Schulabsolventen vorwiegend geistige Arbeit leisten wollen. Im großen und ganzen gehen die meisten manuellen Arbeiter mit fünfundfünfzig oder sechzig durchaus gern in den Ruhestand, auch wenn sie nach einer gewissen Mußezeit häufig wieder anfangen zu arbeiten – zum Teil, weil ihnen das Angeln oder das Herumsitzen vor dem Haus einfach zu langweilig wird, und zum Teil, weil sie Geld benötigen.

Demgegenüber ist es für den Geistesarbeiter geradezu ein psychisches Bedürfnis, noch weiterhin produktiv tätig zu sein.

Die Notwendigkeit einer zweiten Berufslaufbahn

Da der Geistesarbeiter kein Interesse daran hat, in einem bestimmten Alter aus dem Berufsleben ausscheiden zu müssen, wird er sich in Zukunft zwischen vierzig und fünfzig um eine zweite Berufslaufbahn bemühen müssen; denn mit fünfundsechzig ist es dazu in der Regel zu spät. Außerdem wird dieselbe geistige Arbeit nach langjähriger Tätigkeit einfach stumpfsinnig. Beispiele von Vierzigjährigen, die ihre Arbeit überaus gelangweilt machen, finden sich in sämtlichen Organisationen.

Vielleicht sind die Universitäten in dieser Beziehung am schlimmsten, weil sie praktisch die restriktivsten Arbeitsbedingungen bieten. Am Anfang seiner Universitätslaufbahn trägt der junge Dozent seine Thesen über die Französische Revolution sicher noch voller Begeisterung vor, fünfzehn Jahre später dagegen wird ihn dieses Thema eher langweilen.

Das einzige ihm überhaupt mögliche Buch hat er schon längst geschrieben, so daß ihm nur noch zwei Buchrezensionen jährlich verbleiben. Seine Vorlesungen wiederholen sich genau wie seine Scherze, über die die Studenten nur noch aus Höflichkeit lachen. Dennoch ist es ihm weder erlaubt, andere Geschichtsepochen zu lehren noch die Geschichtsfakultät ganz zu verlassen. Im Krankenhaus herrschen ähnliche restriktive Bedingungen, denn der Röntgenspezialist ist ein für allemal an seinen Aufgabenbereich gebunden und kann nicht einfach in die physische Therapie oder ins medizinische Labor überwechseln. Und selbst in der freien Wirtschaft, die ja an sich die größte Flexibilität und Mobilität bietet und verlangt, werden Manager oder Fachleute dennoch häufig an einen bestimmten, irgendwann langweiligen Aufgabenbereich gekettet. Dabei sind sie keineswegs »verbraucht« oder »ausgebrannt« – sondern sie benötigen nur eine neue Umgebung mit neuen Aufgaben und Herausforderungen – kurzum: eine zweite Karriere.

Aufgrund der zunehmenden Notwendigkeit eines Zweitberufes wird die Aus- und Fortbildung hochqualifizierter Erwachsener in den kommenden Jahren eine wichtige Wachstumssparte sein. Genauso wichtig wird jedoch die systematische Versetzung erfahrener Führungskräfte in den Vierzigern in neue Aufgabenbereiche. Dies gilt vor allem für die mittleren Positionen.

Trotz ihres Systems der »Lebenszeitbeschäftigung« und der ausgeprägten »Loyalität« gegenüber der eigenen Firma – vielleicht aber auch gerade deswegen – sind uns die Japaner bezüglich der Bereitstellung von Zweitkarrieren eindeutig voraus. Die japanische Firma versetzt leitende Angestellte unabhängig von ihrer bisherigen Erfahrung oder formalen Ausbildung hemmungslos von einem Funktionsbereich in einen anderen. So ist es keineswegs ungewöhnlich, daß ein Verkaufsmanager in die Buchhaltung kommt oder ein Ingenieur in die Personalabteilung. Entscheidend ist jedoch, daß die langjährigen Mitarbeiter einer japanischen Gesellschaft auf diese Weise gewöhnlich sehr viel mehr stimuliert werden und ein wesentlich vielfältigeres Arbeitsleben haben als der typische amerikanische oder europäische Manager.

Abschließend: Der Arbeitgeber von morgen – im Konzern, im Hospital, in der Hochschule – wird lernen müssen, wie man Leute voll-beschäftigt oder halb-beschäftigt, wie man Männer und Frauen beschäftigt, wo man ältere Leute beschäftigt, die schon pensionsfähig sind, und wie man Leute beschäftigt, die, wie der Computer spricht, wie wandernde Gesellen Arbeitsplätze wechseln. Der Arbeitgeber von morgen wird lernen müssen, statt »Personal« zu leiten, Menschen zu führen.

Die Januskopf-Organisation

Nach einem alten Spruch kann man »ein Krankenhaus zwar nicht mit den Ärzten führen, aber auch nicht ohne sie«. Und dieses Bild ließe sich ohne weiteres auf alle modernen Organisationen, einschließlich des Wirtschaftsunternehmens, übertragen. Denn ihre Leistung hängt in Zukunft ganz wesentlich von der Leistung ihrer Experten ab, deren Interesse jedoch in erster Linie ihrem Fach und weniger der arbeitgebenden Institution gilt und die um so produktiver sind, je mehr Interesse sie an ihrem Fachgebiet haben – die andererseits aber dennoch die Erfüllung der jeweiligen Organisationsziele anstreben müssen.

Jede Organisation, die irgendwelche Experten oder Fachkräfte beschäftigt – egal ob es sich um Ärzte, Juristen, Ingenieure oder Priester handelt –, muß sich zunächst mit den Zielen, Normen und Beiträgen der jeweiligen Fachgruppe auseinandersetzen. Ein wesentliches Charakteristikum dieser Gruppe war schon immer, daß sie als Experten jede Form von Rechenschaft gegenüber Laien mit der Begründung abgelehnt haben, das Einstellungskriterium sei allein ihre Qualifikation und nicht eine meßbare Leistung gewesen. Dieses Argument war akzeptabel, solange es sich um eine Randgruppe handelte, ohne die die übrige Gesellschaft ja ganz gut hätte leben können. Inzwischen sind Experten – im Sinne von Leuten mit einem bestimmten, genau abgegrenzten Wissen, für das sie auch verantwortlich zeichnen – jedoch mehr und mehr in den Mittelpunkt unserer heutigen Gesellschaft geraten, und diese hat ein Recht darauf, von ihnen Leistungen und Verantwortungsbewußtsein für ihren Beitrag zu verlangen.

Das übliche Argument, daß ihre Leistung nicht »meßbar« sei, ist heute einfach nicht mehr akzeptabel. Denn man kann durchaus davon ausgehen, daß ihre geistige Arbeit sich zumindest in gewisser Form beurteilen läßt. Messen und Beurteilen unterscheiden sich ja dadurch, daß beim ersteren das Meßergebnis von jeder beliebigen Person reproduziert werden kann, solange diese denselben Maßstab verwendet, während ein Urteil jeweils von einer gleich qualifizierten Person reproduziert werden kann. Das heißt, es setzt Information und Erfahrung voraus, ist aber sonst genauso »objektiv«. Insofern sollten wir imstande sein – und sind es effektiv –, die Leistung von Fachleuten hinreichend zu beurteilen.

Die amerikanischen Krankenhäuser sind beispielsweise schon dabei, anhand der Aussagen und Einschätzungen ihrer Ärzte für bestimmte Krankheiten und Beschwerden die Normen guter medizinischer Behandlung zu definieren, um dann bei ihren Kranken die Erfüllung dieser Normen durch die behandelnden Ärzte zu untersuchen. Bislang hofft man noch, daß sich die Ärzteschaft selbst zu dieser Disziplin zwingt, die zum Beispiel implizieren kann, daß ein Arzt, der sich für eine andere Behandlungsmethode entscheidet, dies vor einem zuständigen Kollegen zu rechtfertigen hätte. Aber selbst wenn die Ärzte dies nicht freiwillig tun, wird die amerikanische Gesellschaft sie bald dazu zwingen – wobei dann »Laien« wie die Krankenhausverwalter die Rolle des »Chefs« spielen würden. Genau derselbe Trend zeichnet sich bei den Juristen und bei den Lehrern ab. Bei den letzteren ist der Druck insofern besonders groß, weil hier zugleich die Gesellschaft, der Steuerzahler und nicht zuletzt die Eltern ein starkes Interesse an einer Formulierung der angestrebten Leistungsziele haben, um die Lehrer gegebenenfalls anhand dieser Ziele zur Rechenschaft zu ziehen.

Es geht also nicht mehr darum, *ob* Experten überhaupt verantwortlich gemacht werden sollen oder nicht – sondern es geht nur darum, ob sie ihre eigenen Leistungsnormen entwikkeln oder sich diese oktroyieren lassen.

Um eine friedliche Koexistenz zwischen der Leitung einer Organisation und ihren jeweiligen Experten zu gewährleisten, müssen wir uns unbedingt neue und relativ radikale Organisationskonzepte einfallen lassen. Das bedeutet, daß die bisherige pyramidenförmige Unternehmenshierarchie, an deren Spitze ursprünglich eine Befehlszentrale stand, die später durch Stäbe mit Beraterfunktion ergänzt wurde, dem Modell des Krankenhauses oder der Universität mit ihren pluralistischen und aufeinander abgestimmten parallel organisierten Entscheidungsgremien weichen wird. Natürlich muß nach wie vor ein Topmanagement als letzte »Befehlsinstanz« dasein, um speziell in Gefahren- oder Notsituationen eindeutige Entscheidungen fällen zu können. Aber gleichzeitig müssen die Fachleute in ihren Bereichen die Normen setzen und ihren jeweiligen Beitrag im Rahmen des Ganzen bestimmen.

Das Management kann z. B. einen Lehrer entlassen und einen anderen einstellen. Die Gestaltung des Unterrichts liegt aber allein in der Kompetenz des jeweiligen Lehrers. Ebenso kann die Schulverwaltung festlegen, welche Fremdsprachen gelehrt werden, doch der Lehrkörper entscheidet dann über den Ablauf der einzelnen Stunden.

Für den Krankenhausbereich sieht das ähnlich aus, auch hier kann die Verwaltung z. B. über die Bitten um zusätzliche Apparate entscheiden, nicht aber, wie diese letztlich in der

Praxis eingesetzt werden. Das obliegt dem jeweils behandelnden Arzt. Doch kann und muß das Management verlangen, daß Fachleute, Lehrkörper sowie Ärzte Normen setzen und für diese die volle Verantwortung übernehmen.

Ein bekannter Universitätspräsident hat einmal sehr treffend gesagt: »In dieser Universität gibt es kein »Topmanagement«. Jeder Professor – und zumindest jeder Ordinarius – gehört genauso dazu wie ich – und keiner von uns kann Entscheidungen fällen.« Dies ist eine Variante der heutigen Institutionsstruktur. Eine andere mögliche Form wird durch einen bedeutenden Buchverleger beschrieben, nach dessen Aussagen »seine Firma nur aus Topmanagern bestehe – »mit Ausnahme der Laufjungen vielleicht«. Dies ist eine mindestens ebenso zulässige Form der Organisationsstruktur – und für einen Verlag geradezu unerläßlich, da sonst kein Autor bereit wäre, mit ihm zusammenzuarbeiten. Aus beiden Beispielen folgt, daß die interne Organisation aller Institutionen in Zukunft genauso pluralistisch sein wird wie ihre durch die demographischen Veränderungen bedingte externe Umwelt.

Der Arbeitsplatzbedarf in Entwicklungsländern

Die Bevölkerungsentwicklung wird überall – in den Industriestaaten wie auch in den Entwicklungsländern – die Prioritäten und die Grundzüge der Sozialpolitik verändern und speziell die Manager zwingen, althergebrachte Vorstellungen zugunsten neuer Maßnahmen zur Arbeitsplatz- und Einkommenssicherheit aufzugeben.

In den Entwicklungsländern hat die Schaffung von Arbeitsplätzen für die große Zahl junger Menschen absoluten Vorrang, da die Bewältigung dieses Problems eine Existenzfrage ist, der gegebenenfalls Nationalstolz und Tradition geopfert werden müssen. Deswegen sollte ein westlicher Unternehmer jene Länder, die die Vordringlichkeit dieses

Ziels nicht einsehen, unbedingt meiden; die Gefahr eines Mißerfolges ist einfach zu groß. Dementsprechend werden auch internationale Einrichtungen wie die Weltbank, die Interamerikanische Entwicklungsbank und der Internationale Währungsfond lernen müssen, ihren Kunden in der Dritten Welt die Erfüllung dieses Ziels als unabdingbare Voraussetzung ihrer Unterstützung abzuverlangen.

Die nichtkommunistischen chinesischen Länder haben dies offensichtlich als erste erkannt. Denn die Tatsache, daß sie heute bereits zu den »teilindustrialisierten Entwicklungsländern« gehören und Südkorea (vgl. Kapitel 4) sogar als nächste »große Wirtschaftsmacht« bezeichnet wird, verdanken sie vor allem ihrer gezielten Beschäftigungspolitik, deren Schwerpunkt in der Schaffung von Arbeitsplätzen in der Exportgüterindustrie lag und deren Zielsetzungen absolute Priorität eingeräumt wurde. Ein extremes Beispiel ist der freie Markt und die pro-multinationale Politik der offiziell »sozialistischen« Regierung von Singapur.

Auch der Erfolg Brasiliens in den letzten fünfzehn Jahren beruht vorwiegend darauf, daß der Beschäftigungspolitik besondere Bedeutung zugemessen wurde.

Das brasilianische Beispiel zeigt allerdings gleichzeitig die Risiken einer solchen Politik. Denn die vorrangige Schaffung von Arbeitsplätzen führt zwangsläufig zu Ungleichheit und damit zu sozialen Spannungen. Deshalb sollte den Managergruppen dort auch möglichst der gleiche Lebensstandard gewährleistet werden, den ihre Kollegen in den Industriestaaten haben. Gegebenenfalls muß ihnen sogar etwas mehr geboten werden, um wirklich hochqualifizierte Leute bekommen und halten zu können. Da das Land gleichzeitig bezüglich seiner Arbeitskosten und Produktivität konkurrenzfähig sein muß, ist der »Preis« für die schnelle Zunahme der Arbeitsplätze zwangsläufig ein Hinterherhinken des Lohnes hinter der Produktivitätsentwicklung. Dadurch wird natürlich die Ungleichheit zwischen der relativ kleinen Ober- und Mittelschicht und den schnell zunehmenden Arbeitermassen noch verstärkt und gegebenenfalls gefährlich.

Dies ist aber dennoch erheblich weniger beängstigend als die entgegengesetzte Politik Indiens; hier wurde nämlich das Problem der Arbeitsplatzbeschaffung sträflich vernachlässigt.

Die indische Regierung steht vor einem echten Dilemma: Einerseits versucht sie, die Einkommen von Akademikern nach oben zu begrenzen – so dürfen Ärzte, Ingenieure, Manager und Universitätsprofessoren jährlich maximal zwölftausend bis vierzehntausend DM (nach Steuern und einschließlich Sozialleistungen und Nebeneinkünften) verdienen. Dabei ist dies immer noch das Fünfzig- bis Hundertfache dessen, was eine Bauernfamilie in einem Jahr erwirtschaften kann, und stellt insofern in einem Land, in dem acht von zehn Familien in Dörfern leben, eine extreme Ungerechtigkeit dar. Andererseits liegt dieses offiziell erlaubte Höchsteinkommen weit unter dem, was ein entsprechend qualifizierter Inder außerhalb seines Landes verdienen kann, und wäre überdies völlig unzureichend, um in diesem Land einen gewissen Mindestlebensstandard nach westlichen Vorstellungen führen zu können. Aus diesem Grunde findet ein kontinuierlicher Exodus von qualifizierten und gebildeten Indern ins Ausland statt, während diejenigen, die im Land bleiben, sich mit Korruption und Zynismus zu helfen versuchen.

Es genügt allerdings nicht, eine bestimmte Anzahl von Arbeitsplätzen zu schaffen, sondern entscheidend ist, daß es sich um *produktive* Tätigkeiten handelt. Dies scheinen die oben erwähnten nichtkommunistischen chinesischen Staaten – und speziell Hongkong – ebenfalls eher erkannt zu haben. Denn bis zum Beginn der vietnamesischen Flüchtlingsinvasion im Jahre 1979 hatte so ziemlich jeder chinesische Einwanderer innerhalb weniger Monate in Hongkong eine produktive Beschäftigung gefunden – und zwar weitgehend durch Eigeninitiative, da sich die britische Kolonialregierung überwiegend passiv verhielt. Entsprechend ihrer Tradition sorgt die chinesische Gemeinschaft indirekt und mittels sozialen Drucks für eine genaue Kontrolle der Löhne. Ausbeutung ist im allgemeinen genauso verpönt wie ein zu hoher Lohn, der Hongkongs Wettbewerbsfähigkeit gefährden könnte. Nach Aussagen einer einflußreichen Persönlichkeit der chinesischen Gemeinschaft ist »Produktivität der einzig gültige Maßstab«. Die Arbeiter haben ein Recht auf eine maximale Beteiligung am Produktionsgewinn, und die Arbeitgeber sind verpflichtet, solche Anlagen und Arbeitsmethoden zu verwenden, die ihren Beschäftigten ein produktiveres Arbeiten erlauben. Dabei sind niedrige Löhne bei hoher Produktivität genauso schädlich und nachteilig für die Wirtschaft und Gemeinschaft wie hohe Löhne bei geringer Produktivität. Natürlich ist dies idealisiert – aber das Prinzip ist grundsätzlich richtig. Daneben hat Hongkong insgesamt die »sozialen Gemeinkosten« und speziell die der staatlichen Stellen aufgrund ihrer niedrigen Produktivität drastisch gesenkt.

Demgegenüber gibt Indien wieder ein Negativbeispiel ab. In den vergangenen Jahren hat sich im Zuge der Abkehr von Nehrus Prinzip des »So-groß-wie-möglich« die Hinwendung zum »Klein-ist-fein« vollzogen. Dieses wird aber mindestens genauso unüberlegt gehandhabt und ist genauso nachteilig wie Nehrus unkritische Bewunderung von »Größe« – egal ob es sich dabei um einen Atomreaktor oder ein Stahlwerk handelte. Im Rahmen dieser Politik hat die indische Regierung beispielsweise versucht, die mechanische Spindel und sogar das Spinnrad zu verbieten, obwohl das letztere, das aufgrund eines einfallsreichen Inders mit Fahrradpedalen betrieben wird, die Garnproduktion immerhin verdreifacht hat. Das einzige Ergebnis dieses unsinnigen Verbots war die Entstehung eines lebhaften Schwarzhandels für mechanische Spindeln und Fahrradpedale, die von Kleinbetrieben mit den richtigen Regierungsbeziehungen aufgekauft wurden. Dabei wurden die Pedale offiziell als »Ersatzteile« deklariert. Dennoch ändert die Regierung ihren Kurs nicht; wie mir einer ihrer einflußreichsten Ökonomen anvertraute, hält sie das von Gandhi propagierte mechanische Spinnrad im Grunde für viel zu produktiv: »Eigentlich müßten wir wieder zum alten Spinnrocken zurückkehren, weil wir damit mehr Arbeitsplätze schaffen können.«

Dies ist allerdings insofern nicht richtig, da arme Länder sich weder Arbeitslose noch eine unproduktive Beschäftigung ihrer Menschenmassen leisten können. Statt dessen müssen diese Länder versuchen, Arbeitsplätze zu schaffen, in denen ihre eigenen Ressourcen so produktiv wie möglich eingesetzt werden – da sie sonst nicht auf dem Weltmarkt konkurrieren können.

Somit bestimmt sich die jeweils »angemessene Technologie« eines Landes nicht nach der besten Größe, dem meisten Kapital oder der meisten Arbeit – dies wär nur Verschwendung. Entscheidend ist die möglichst produktive Verwendung der jeweiligen Ressourcen. Diese sorgt dann zugleich auch für die erforderlichen Arbeitsplätze.

Entwicklungsländer brauchen Industrien, die den größten »Multiplikatoreffekt« haben, d. h. solche, die zuerst die größte Investition des Kapitals anderer Leute pro Investitionsdollar von Fremdkapital oder Staatskapital anregen, wie z. B. eine Automobilfabrik, die letzten Endes in Straßenbau, in Hotels und in Reparatur- und Tankstellen investiert und die dann zweitens die größte Anzahl von produktiven Arbeitsplätzen für die vorhandenen Arbeitskräfte schafft. Für die nächsten zwanzig Jahre werden Investitionen mit dem größten »Multiplikatoreffekt« in der Dritten Welt vor allem in der Produktionsteilung liegen, d. h. in arbeitsintensiven Produktionsphasen, deren Erzeugnisse durch transnationale Konföderationen in den Industriestaaten vermarktet werden.

Der Arbeitsplatzbedarf in den Industriestaaten

Wie bereits erwähnt ist die Situation in den Industrienationen vor allem durch zwei Entwicklungen gekennzeichnet: einerseits den Arbeitskräftemangel in den herkömmlichen Produktions- und Dienstleistungsberufen und andererseits durch ein kurzfristiges Überangebot an sowohl jüngeren als auch älteren qualifizierten Fachkräften, da in den kommenden Jahren die letzte Generation des Baby-Booms ihre Ausbildung beendet und auf den Arbeitsmarkt drängt. Und in allen Unternehmen und öffentlichen Anstalten werden wir daher in den nächsten paar Jahren mit einer zunehmenden Diskrepanz zwischen den Erwartungen dieser hochgeschulten jungen Leute und der Realität, die sie am Arbeitsplatz finden, rechnen müssen.

In allen westlichen Ländern waren aufgrund der niedrigen Geburtenraten in den zwanziger bis vierziger Jahren Manager und Fachkräfte aller Art in der Nachkriegszeit bzw. zu Beginn des Baby-Booms bis Anfang der siebziger Jahre ausgesprochen dünn gesät.

In Amerika läßt sich dies recht gut an den Einstellungszahlen von Lehrern und Professoren ablesen, die in den zwanziger Jahren extrem hoch waren, allerdings kurz danach aufgrund der Großen Depression und der ständig sinkenden Geburtenrate einen drastischen Rückgang erlebten. Mitte der fünfziger Jahre war das Lehrpersonal der Schulen dementsprechend überaltert, so daß bei Schulbeginn der ersten Baby-Boom-Jahrgänge für jeden pensionierten Lehrer drei neue Kräfte eingestellt werden mußten.

In Deutschland verlief die Entwicklung ganz ähnlich und wurde überdies durch die hohen Verluste an jungen Männern im Zweiten Weltkrieg noch verstärkt, so daß in den fünfziger und sechziger Jahren ein eklatanter Mangel an qualifizierten Leuten vorherrschte. In Japan war ebenfalls der 1934 einsetzende kriegsbedingte hohe Ausfall an jungen Kräften bis in die Mitte der siebziger Jahre spürbar.

Der Arbeitsmarkt war somit zwischen 1960 und 1970 überall durch einen starken Wettbewerb um junge Leute und speziell um Ober- und Hochschulabsolventen gekennzeichnet, die dann eine entsprechend steile Karriere machten. Ein New Yorker Bankier hat mir gegenüber einmal geäußert, daß die jungen Führungskräfte in den höheren Ebenen ihre Karriere seines Erachtens zu fünfzig Prozent ihren Fähigkeiten sowie ihrer harten Arbeit und zu fünfzig Prozent der demographischen Entwicklung zu verdanken haben.

Das Ergebnis ist heute, daß die Führungspositionen in der Wirtschaft, in der Universität oder im Krankenhaus überwiegend von jungen Leuten besetzt sind. Typisch ist die amerikanische – oder die deutsche oder die französische – Großbank. »Assistant Vice President« – was etwa zwei Stufen unter dem deutschen »Stellvertretenden Vorstandsmitglied« liegt – wurde man in früherer Zeit so etwa nach fünfundzwanzig oder dreißig Berufsjahren, d. h. mit etwa fünfundfünfzig Jahren. Heute ist der »Assistant Vice President« achtundzwanzig Jahre alt und hat also kaum mehr Lebensjahre, als man dereinst Dienstjahre hatte. Sein Vorgesetzter, der Vice President, ist dann zweiunddreißig Jahre alt, der »Senior Vice President« fünfunddreißig und der »Executive Vice President« – auf deutsch das Vorstandsmitglied – zweiundvierzig. Und in der Universität, im Staatsdienst und in der Industrie sieht es im allgemeinen nicht viel anders aus.

Die Karrierewege sind daher besetzt. Aber ein paar Jahre noch – in Deutschland sogar vielleicht noch ein Jahrzehnt – werden viele hochgebildete junge Leute die Hochschulen verlassen und ihre erste Stellung suchen. Diese jungen Leute sind natürlich die jüngeren Brüder (und in Amerika zunehmend die jüngeren Schwestern) dieses jungen Assistant Vice Presidents bei der Großbank. Sie wissen, daß sie genauso intelligent, ebenso gut ausgebildet und engagiert sind wie der Bruder, der die große Karriere gemacht – und trotzdem bleibt ihnen der Weg nach oben versperrt. Für die nächsten fünf oder zehn Jahre können wir daher mit Sicherheit große Unruhe unter den begabtesten, leistungsfähigsten und ehrgeizigsten der jungen Leute voraussagen. Um die Frustrationen dieser qualifizierten und ehrgeizigen jungen Leute angesichts ihrer geringen Aufstiegsmöglichkeiten nicht überhandnehmen zu lassen, müssen sich die Manager in den kommenden zehn Jahren äußerst intensiv mit deren Aufgabenbereichen befassen und versuchen, diese so anregend, interessant und befriedigend wie möglich zu gestalten.

Somit werden die Manager ebenso wie die Politiker der Industriestaaten lernen müssen, daß es bei der Befriedigung des Stellenbedarfs in zunehmendem Maße um die produktive Beschäftigung von Geistesarbeitern mit hohem Bildungsniveau geht. Und zwar gilt dies sowohl im Hinblick auf die Quantität an verfügbaren Stellen – und wie wir gesehen haben, wird das Angebot an Geistesarbeitern ausgesprochen reichlich sein – als auch im Hinblick auf deren Qualität, um die Stelleninhaber zu größtmöglichen Leistungen zu befähigen. Da die Industriestaaten den Ländern der Dritten Welt in traditioneller Arbeit sowohl hinsichtlich der Menge an verfügbaren Arbeitskräften als auch hinsichtlich deren Produktivität hoffnungslos unterlegen sind, sollten sie sich voll und ganz auf den Bereich konzentrieren, in dem sie einen komparativen Vorteil haben: das heißt die lange und hochwertige Ausbildung und Vorbereitung junger Kräfte auf Geistesarbeiten und Führungsaufgaben.

Daß dadurch in den kommenden Jahren die Bildungsanforderungen höchstwahrscheinlich steigen werden, soll hier nur am Rande erwähnt werden. Es ist auch damit zu rechnen, daß die demographische Entwicklung das Interesse der Jugendlichen zwangsläufig von den »allgemeineren« Fächern, wie den Sozialwissenschaften, hinzu den »praxisnäheren« Kenntnissen wie Maschinenbau, Buchhaltung oder Fächern der Heilkunde verlagern wird.

Wichtig ist auch, daß die geistigen Tätigkeiten in Zukunft so produktiv sein müssen, daß sie echte ökonomische Werte erzeugen. Dies gilt um so mehr, als die Industrieländer mit ihren hohen sozialen Gemein- und Kapitalkosten – die nicht zuletzt durch das extrem kapitalintensive Bildungswesen bedingt sind – nur durch hohe Produktivität das gewohnte oder gar ein verbessertes Konsum-, Bildungs- und medizinisches Versorgungsniveau aufrechterhalten können. Dies heißt zunächst, daß der Schwerpunkt der zu schaffenden Arbeitsplätze wieder in der Wirtschaft liegt – egal ob es sich um eine freie Marktwirtschaft, eine Zentral- oder eine Mischwirtschaft handelt. Ferner bedeutet es, daß sich die Industriestaaten wieder stärker den mikroökonomischen Problemen der Produktivität und des Angebots zuwenden und ihr gegenwärtiges makroökonomisches Interesse der Nachfrageseite hintenanstellen (vgl. Kapitel 1 und 2).

Vor allem aber sagt es, daß die Industrienationen die Wichtigkeit und Bedeutung der internationalen Produktionsteilung erkennen müssen, um ihren zahlreichen hochqualifizierten Geistesarbeitern angemessene Positionen zu verschaffen.

Dies scheint Japan bisher noch am ehesten begriffen zu haben; denn in seiner Wirtschafts- und Sozialpolitik zeigt sich eine zunehmende Bereitschaft, manuelle Arbeiten gegen Geistesarbeiten im Verhältnis von mindestens 1:1 »einzutauschen«, was – trotz aller politischen Widerstände – angesichts der japanischen Bevölkerungsentwicklung das einzig Richtige ist. Demgegenüber tun die Briten meines Erachtens genau das Falsche, indem sie den manuellen Fähigkeiten in alten und absterbenden Industrien Priorität zu verleihen scheinen.

Die Bewältigung des Problems der strukturellen Arbeitslosigkeit

Die neuen Prioritäten der Sozialpolitik verlangen von uns völlig neuartige organisatorische Maßnahmen der Antizipation, Beschleunigung und Vorausplanung eines strukturellen Überangebots manueller Arbeitskräfte.

Alle Industrienationen werden in Zukunft weit über die bisherigen Formen der Arbeitslosenversicherung und der Lebenszeitbeschäftigung hinausgehen müssen, da sich beide immer mehr als unzureichend erweisen werden. Statt dessen werden sie eine Form der Lebenszeitbeschäftigung finden müssen, die den Arbeitnehmer einerseits vor einer möglichen strukturellen – ökonomisch oder technisch bedingten – Arbeitslosigkeit schützt, andererseits aber die Wirtschaft nicht am Strukturwandel hindert und sie in ihrer Anpassungs- und Innovationsfähigkeit beeinträchtigt, sondern diese sogar fördert.

Den Industriestaaten bleibt nur die Wahl zwischen möglichst schneller Innovation mit möglichst weitgehender Automation oder aber der Aufgabe bzw. Auslagerung von zu arbeitsintensiven Produktionsphasen und Industrien. Sie müssen sich vor allem auf die Entwicklung »wissensintensiver« Bereiche und Branchen sowie auf die Ausnutzung neuer Energiequellen konzentrieren. Das heißt mit anderen Worten: sie dürfen sich nicht mit der bloßen Anpassung an den Strukturwandel begnügen, sondern müssen diesen bewußt initiieren und herbeiführen, um ihren Wohlstand und sozialen Zusammenhalt zu gewährleisten.

Dabei ist jeder Versuch, sich diesen Zwängen mit herkömmlichen Mitteln und insbesondere durch die Flucht in den Protektionismus zu entziehen, von vornherein aussichtslos. Denn der Protektionismus verlagert nur die Kaufkraft von Konsumenten auf den Produzenten, was angesichts der neuen demographischen Situation der Industriestaaten völlig wirkungslos ist. Die wesentliche Voraussetzung des Protektionismus – nämlich die Verfügbarkeit hinreichend vieler manueller Kräfte – ist in der westlichen Welt nicht erfüllt.

Die amerikanische Gerbindustrie hat – wie bereits erwähnt – einerseits die Beschränkung des Exports amerikanischer Häute ins Ausland gefordert. Andererseits haben einige ihrer Repräsentanten »den Mangel an verfügbaren amerikanischen Arbeitskräften, die zu dieser schmutzigen Arbeit bereit sind«, als größtes Dilemma ihrer Branche beklagt. Natürlich ließe sich die Kapazität der US-Gerbindustrie sicher noch etwas erweitern – allerdings nur zu erheblich höheren Kosten – aber sie würde auf keinen Fall ausreichen, um den Gesamtbedarf an gegerbtem Leder für die Schuhproduktion zu decken. Dazu fehlen ihr einfach die Arbeitskräfte. Das gilt genauso für traditionell gebaute Frachtdampfer wie für die Hosenfabrikanten.

Und sobald eine Industrie nicht über genügend Arbeitskräfte verfügt, wird jede Form von Protektionismus zwangsläufig den gesamten Lebensstandard einer Gesellschaft senken, da sie unterhalb ihres Optimums produziert und sowohl Konsumenten als auch Produzenten dadurch benachteiligt werden.

Doch ist gerade in Zeiten schnellen Wandels eine gewisse soziale Kontinuität ganz besonders wichtig. Das bedeutet, daß die Industriestaaten versuchen müssen, die durch die Veränderung des Arbeitsangebots bedingten sozialen Probleme zu antizipieren und möglichst befriedigend zu lösen.

Da die Dynamik der Bevölkerungsentwicklung der zentrale Unruhe- und Störfaktor der Industriestaaten ist, sollte ihre Bewältigung nicht den Regierungen oder Politikern, sondern in erster Linie den Managern überlassen bleiben. Für diese ist das auf gesamtwirtschaftlicher Ebene »unlösbar« erscheinende Problem auf der lokalen Ebene des Einzelbetriebs, der Universität, der Stadt oder des Bezirks durchaus lösbar.

Nehmen wir beispielsweise die Arbeiter der amerikanischen Schuhindustrie, deren Arbeitsplätze durch die Produktionsteilung bedroht sind. Insgesamt handelt es sich vielleicht um eine Gruppe von sechzigtausend Leuten – also um einen Bruchteil der mehr als einhundert Millionen amerikanischen Erwerbstätigen. Überdies ist diese Situation nur für einen Teil davon problematisch. Viele sind pensionsberechtigt, da in der amerikanischen verarbeitenden Industrie der Arbeitnehmer über fünfundfünfzig bereits aufgrund der Sozialversicherung die Möglichkeit der vorzeitigen Pensionierung mit einer nicht gerade übertrieben hohen, aber zumindest annehmbaren Altersversorgung hat. Eine andere relativ große Gruppe sind die jüngeren Arbeiter mit weniger als zehn Jahren Berufstätigkeit, die in der Regel mit etwas Unterstützung, Rat und finanzieller Hilfe ohne allzu große Schwierigkeiten eine andere Stelle finden können. Das eigentliche Problem sind die Arbeiter zwischen dreißig und fünfundfünfzig – die zahlenmäßig etwa die Hälfte ausmachen –, die eine Familie zu ernähren und gewöhnlich nur Berufserfahrungen in der Schuhbranche haben. Bei diesen handelt es sich überdies meistens um die weniger leistungsstarken, weniger mobilen und unternehmungsfreudigen Kräfte, da diese schrumpfende oder aussterbende Industriezweige eher meiden. Häufig haben sie sich auf einige wenige Standorte konzentriert und bilden trotz ihrer vergleichsweise geringen Anzahl eine äußerst »sichtbare« und auffällige Problemgruppe mit starkem politischen Gewicht. Schließlich besteht in jedem Wahlbezirk grundsätzlich die Möglichkeit, daß eine kleine Gruppe von Wählern das Ergebnis einer Wahl durch ihr Veto ganz entscheidend beeinflussen kann.

Urteilt man nur nach der Statistik, dann erscheinen alle diesbezüglichen Sorgen als völlig unbegründet; denn danach findet die überwältigende Mehrheit aller Erwerbspersonen und selbst die über Fünfundfünfzigjährigen innerhalb von einem oder zwei Jahren – in denen sie ja durch die Arbeitslosenunterstützung abgesichert sind – wieder eine neue Anstellung. Doch diese statistische Aussage trifft nicht den Kern der Sache, weil es sich hier nicht nur um ein ökonomisches, sondern zugleich um ein psychologisches Problem handelt. Der Widerstand gegenüber dem technologischen Wandel begründet sich vor allem auf der Angst vor dem Unbekannten, vor der Hilflosigkeit, dem Alleinsein und vor einer Außenseiterstellung. Um aber den Arbeitern diese Angst zu nehmen und zugleich die ökonomischen Probleme des Strukturwandels zu lösen – die im Grunde nur dann großen Umfang annehmen, wenn eine ganze Region davon betroffen ist, wie Anfang der zwanziger Jahre die walisischen Kohlegruben oder einige Jahre später der pennsylvanische Anthrazitbergbau –, ist eben eine gezielte Arbeitsplatzplanung notwendig.

Allerdings müssen wir uns klarmachen, daß sowohl die herkömmlichen Mittel der westlichen Arbeitslosenversicherung oder der japanischen Lebenszeitbeschäftigung als auch die erst seit kurzem angewendeten Formen der strukturhemmenden Maßnahmen völlig unzulänglich sind und das Problem eher verschlimmern als verbessern.

Die Arbeitslosenunterstützung bietet zwar einen hohen wirtschaftlichen Schutz, aber sie hat hinsichtlich der – von ihren britischen Begründern vor siebzig Jahren – beabsichtigten psychologischen Sicherheit auf ganzer Linie versagt. Demgegenüber bietet die in Japan übliche Form der Lebenszeitstellung, die allerdings nur für staatliche Bedienstete sowie für Angehörige großer Unternehmen gilt und Frauen sowie ältere Mitarbeiter über fünfundfünfzig systematisch ausschließt, zwar einem Großteil der Erwerbstätigen die psychologische Sicherheit, aber sie hat zugleich den Nachteil einer hohen strukturellen Rigidität. (Diese wird noch durch die spezifische japanische Lohnstruktur verstärkt, bei der ein Arbeitnehmer praktisch zur Arbeitslosigkeit verdammt ist, wenn er fünf oder sieben Jahre nach dem Berufseintritt seine Stelle verliert.)

In den vergangenen Jahren hat sich in Westeuropa und in den USA immer stärker eine dritte Methode durchgesetzt: Diese besteht darin, den Strukturwandel extrem zu verteuern und dadurch zu verzögern.

Belgien hat sich in dieser Beziehung wohl am weitesten vorgewagt; denn dort ist die Entlassung eines Arbeitnehmers nur mittels eines »Trennungsgeldes« möglich, so daß beispielsweise ein Angestellter nach zehnjähriger Berufsdauer für den Rest seines Lebens sein volles Gehalt bezieht. Daher werden allerdings praktisch überhaupt keine Mitarbeiter entlassen, aber es wird auch niemand neu engagiert. Niemand in Belgien gründet eine neue Firma, und niemand expandiert. Ein Großbaubetrieb ermittelt z. B., daß er in seinen Filialen eigentlich fünfundzwanzig Prozent mehr Mitarbeiter braucht. Trotzdem wird niemand neu eingestellt – und das ist die Regel und keineswegs die Ausnahme. Belgische Ökonomen, die selbst Sozialisten sind und durchaus auf der Seite der Gewerkschaften stehen, sind der Auffassung, daß die überaus hohe belgische Arbeitslosigkeit – die höchste in Westeuropa – allein durch die Scheu vor den hohen Kosten entlassener Arbeitskräfte bedingt ist.

Diese Form der Abschlagzahlung für redundante Arbeitskräfte hat ihren Ursprung in Südamerika. Dort umgeht man dieses Problem, indem man dem Betreffenden zwei Tage vor Ablauf der offiziell erforderlichen Beschäftigungsfrist kündigt und ihn zwei Wochen später wieder einstellt, oder aber, indem man wie in Argentinien einfach keine neuen Arbeitskräfte beschäftigt.

Im Grunde ist das belgische System vom Konzept her nicht schlecht; schlecht ist nur seine Handhabung. Denn prinzipiell braucht jeder Arbeitnehmer – und speziell der manuelle Arbeiter mittleren Alters, der relativ immobil und beschränkt verwendungsfähig ist – unbedingt die Sicherheit einer Dauerbeschäftigung. Aber entscheidend ist, daß diese nicht den

Strukturwandel und die Mobilität behindern, sondern beides fördern und erleichtern sollte.

In der Praxis ist dieses Problem bereits zweimal auf ganz einfache und wirksame Weise gelöst worden. Dies war zunächst 1906 nach dem russisch-japanischen Krieg, als die aufkeimende japanische Industrie ihre erste Depression erlebte. Damals verlangte der Vorstandsvorsitzende der Mitsui-Gruppe von allen Tochtergesellschaften eine möglichst schnelle und vollständige Information sowohl über bevorstehende Entlassungen als auch über zusätzlich benötigte Arbeitskräfte. Anschließend wurden dann die offenen Stellen einer Gesellschaft mit den redundanten Arbeitnehmern einer anderen Tochterfirma besetzt. Dabei zahlte der neue Arbeitgeber nur das jeweilige Gehalt eines Berufsanfängers, und der alte Arbeitgeber hatte für die Differenz zwischen dem Eintrittsgehalt und dem der bisherigen Dienstzeit und Qualifikation angemessenen Gehalt aufzukommen. Darüber hinaus teilten sich beide Arbeitgeber die Kosten der Umschulung und Versetzung.

Eine andere, erheblich anspruchsvollere und sogar erfolgreichere Methode der Bewältigung struktureller Arbeitslosigkeit wurde vor dreißig Jahren von dem schwedischen Gewerkschaftsführer Gosta Rehn praktiziert. Dieser erkannte schon frühzeitig, daß sich Schweden zwangsläufig von einer präindustriellen rohstoffproduzierenden Volkswirtschaft in einen hochtechnisierten Industriestaat verwandeln müßte und daß dadurch zahlreiche schwedische Arbeitnehmer redundant würden und umgeschult werden müßten. Deshalb organisierte Rehn 1950 regional überall »konzentrierte Aktionsgruppen«, die sich aus Arbeitgeber-, Gewerkschafts- und Regierungsvertretern zusammensetzten. Deren Aufgabe bestand in der Antizipation strukturell bedingter Arbeitslosigkeit und in der Umschulung der betroffenen Arbeitskräfte. Nötigenfalls übernahmen sie sogar die Finanzierung der mit der Versetzung des Arbeitnehmers und seiner Familie verbundenen Kosten.

Die Politik war außerordentlich erfolgreich, und während

der Durchführung des Rehn-Plans – also etwa bis 1970 – kannte Schweden praktisch keine Arbeitslosigkeit – und dies, obwohl fast die Hälfte der schwedischen Erwerbsfähigen in der Zwischenzeit redundant wurden und ihre Stelle wechselten. Die Kosten dieses Plans waren minimal im Vergleich zu den Kosten der Arbeitslosenunterstützung in den übrigen westlichen Ländern.

In den kommenden Jahren wird die Bewältigung struktureller Arbeitslosigkeit sowie die Umschulung der betroffenen Beschäftigten in allen Industriestaaten mit zu den wichtigsten Aufgaben des Managements gehören. Dabei ist die Grundvoraussetzung eine eindeutige und offene Verpflichtung des Arbeitgebers zur Garantie des Lebensunterhalts, der produktiven Beschäftigung und der Einstellung. Diese Verpflichtung muß keineswegs unbegrenzt gültig sein. So können beispielsweise junge Arbeitnehmer, die weniger als zehn Jahre berufstätig sind, ebenso wie alte, kurz vor der frühzeitigen Pensionierung stehende Leute durchaus davon ausgenommen werden. Demgegenüber ist ein derartiges Gebot des Arbeitgebers für manuelle Arbeiter und Büroangestellte zwischen dreißig und fünfundfünfzig oder sechzig absolut notwendig. Und sie ist – wie das schwedische Beispiel gezeigt hat – weniger eine Frage der Finanzierung als vielmehr der Vorausplanung und Leitung. Sie ist für die Industriestaaten jedoch von grundlegender Bedeutung, da ohne Arbeitsplatzplanung die kommenden Veränderungen nicht aufgefangen werden können.

Die Bewältigung der strukturellen Arbeitslosigkeit erfordert natürlich die Kooperation der Arbeitnehmer und höchstwahrscheinlich auch der Gewerkschaften. Doch sie muß zunächst vom Management ausgehen, da nur dieses in der Lage ist, die redundanten Arbeitskräfte im voraus abzuschätzen. Die strukturelle Arbeitslosigkeit stellt die Manager besonders in der heutigen Zeit des schnellen Wandels vor eine wichtige Aufgabe, mit deren Bewältigung sie zugleich ihre Führungsqualitäten unter Beweis stellen können.

KAPITEL 4

Führungsaufgaben in einer Umwelt der Unruhe und des Wandels

In den drei für das Unternehmen entscheidenden Umwelten, Wirtschaft, Gesellschaft und Politik, stehen den Führungskräften neue Realitäten, neue Herausforderungen und neue Unsicherheiten bevor. Wirtschaftlich hat sich die Welt wie noch nie bisher integriert und ist interdependent geworden. Wir haben jetzt eine echte Weltwirtschaft, die dabei ist, sich ihr eigenes, von jeder nationalen Währung unabhängiges Zahlungsmittel zu schaffen. Eine »Leitwährung« gibt es eigentlich schon kaum mehr. Und der traditionelle Begriff der Nationalstaats-Souveränität, der noch kürzlich in der Keynesianischen Theorie seinen endgültigen Sieg zu feiern schien, wird jetzt zu einem leeren Schlagwort. Aber während sich die Weltwirtschaft einerseits fortgesetzt integriert, zersplittert sich andererseits die Weltpolitik immer mehr. Und der Disintegrationsprozeß in der Weltgeographie ist sicher noch nicht am Ende. Dennoch bestehen die Staaten und deren Regierungen um so mehr auf ihrer Kontrollfunktion, je weniger wirkliche Macht sie besitzen.

Die gesellschaftliche Erfindung dieses Jahrhunderts ist die »Mitarbeiter-Gesellschaft«. In allen nichtkommunistischen Industrieländern werden die Wirtschaftsunternehmen, und insbesonders die großen Gesellschaften, immer mehr zum Nutzen der Lohn- und Gehaltsempfänger, d. h. der Mitarbeiter, geführt. Beinahe das gesamte Sozialprodukt wird an sie in Form von Löhnen und Gehältern ausgezahlt. Und in dem führenden »kapitalistischen« Land, in den Vereinigten Staaten, sind die Mitarbeiter durch ihre Pensionskassen eigentlich zu den einzigen noch bestehenden »Kapitalisten« und damit zu den maßgebenden Eigentümern der großen Gesellschaften des Landes geworden. Die Vereinigten Staaten haben so die Wirtschaft sozialisiert, ohne sie dabei zu nationalisieren. Jedoch gibt es heute noch keine Verantwortlichkeit seitens der Mitarbeiter, die ihrer Machtstellung entspräche, und keine gesellschaftliche Einrichtung, durch die die Realität des Mitarbeiter-Besitzes der Industrie ausgedrückt wäre.

Gestern noch hat »Mitarbeiter« den Unterton von »Prolet« gehabt; heute bedeutet es immer mehr hochgeschulte, fachkundige Mittelschichten, Geistesarbeiter anstatt Handarbeiter. Doch trägt der Mitarbeiter noch nicht die Verantwortlichkeit, die seiner sozialen Stellung angemessen ist.

Als Resultat wird die Legitimität der Unternehmensführung wie die ihres Gegenspielers, der Gewerkschaft, immer mehr in Frage gestellt.

Zum Schluß verwandelt sich auch die politische Umwelt innerhalb jedes Industrielandes: sie wird pluralistisch. Jedes dieser Länder ist zu einer Gesellschaft der Institutionen geworden. Und selbst in den totalitären Staaten wird Politik mehr und mehr durch Konfrontation und weniger durch Kompromisse betrieben. Das gibt jeder gesellschaftlichen Einrichtung, einschließlich des Wirtschaftsunternehmens, eine neue politische Dimension. Es zwingt sie dazu, eine möglichst große Anhängerschaft mit verschiedenen Interessen und Aufgaben zufrieden zustellen. Die Führungsspitze muß daher ihrer Aufgabe eine neue politische Dimension zufügen. Sie muß tatsächlich politisch aktiv werden, die Initiative übernehmen und Ziele setzen, anstatt nur mitzuspielen oder zu reagieren.

Diese Anforderungen der neuen Umwelt verlangen neue Grundsätze und sogar ganz radikale Verhaltensänderungen. Sie stellen allen Führungskräften, sogar denen des kleinen und mittleren Unternehmens, neue Aufgaben und schaffen neue Verantwortlichkeiten.

Die integrierte Weltwirtschaft

Zu Beginn der siebziger Jahre verlor der Dollar unter Präsident Nixon endgültig seine Rolle als Leitwährung. Die Vereinigten Staaten beschlossen statt dessen, ihn genau wie alle anderen Währungen frei schwanken zu lassen. Seither sind die flexiblen Wechselkurse überall offen und hemmungslos als Instrument der internen Wirtschaftspolitik verwendet und oft genug zur Erreichung kurzfristiger ökonomischer oder sogar kurzfristiger politischer Vorteile manipuliert worden. Auf diese Weise hat das Geld seine Rolle als Wertmaßstab immer mehr verloren und ist statt dessen im Spiel der politischen, sozialen und ökonomischen Kräfte die »große Unbekannte« geworden.

Seit der endgültigen Durchsetzung des Systems der flexiblen Wechselkurse Anfang der siebziger Jahre gibt es in der Ökonomie zwei divergierende Meinungen: Die Mehrheit der Wirtschaftstheoretiker in den englischsprachigen Ländern vertritt die Auffassung, daß flexible Wechselkurse ein dauerhaftes, wünschenswertes und notwendiges Phänomen unserer heutigen Zeit sind und daß jeder Versuch einer Rückkehr zu festen Wechselkursen nur katastrophale Folgen haben kann.

Die – wenn auch recht ansehnliche – Minderheit behauptet das genaue Gegenteil. Ihrer Meinung nach verleiten flexible Wechselkurse die Regierungen nur zur Verschwendung und begünstigen und exportieren überdies die Inflation. Sie verführen Politiker zu einer Wirtschaftspolitik, die selbst kurzfristig nachteilig und schädlich ist und fördern Disziplinlosigkeit und Verantwortungslosigkeit. Deshalb muß die Welt nach Auffassung dieser Gruppe so schnell wie möglich zu festen Wechselkursen zurückkehren.

Eine transnationale Weltwährung

Obwohl die beiden Auffassungen völlig konträr sind, scheint die Weltwirtschaft dennoch auf dem besten Wege zu sein, beide zu institutionalisieren. Die kommunistischen Länder mit ihrem Außenhandelsmonopol haben schon seit langem ein zweigeteiltes Währungssystem: eine manipulierte Inlandswährung und eine völlig separate Auslandswährung. Und die nichtkommunistische Welt ist derzeit dabei, genau dasselbe gespaltene Währungssystem einzuführen, das aus einer heimischen Währung besteht, die zugunsten kurzfristiger interner politischer Ziele manipuliert wird, und aus einer – weltweit akzeptierten – Rechnungswährung, in der die Auslandsgeschäfte abgewickelt werden. Während die Weltwirtschaft und der Welthandel in zunehmendem Maße auf Währungen basieren, die vor allem Kaufkraft und weniger eine nationale Währung repräsentieren, wird die heimische Währung in den einzelnen Staaten immer mehr der internen Politik oder sogar der jeweilig vorherrschenden Meinung untergeordnet. Auf diese Weise haben sich beide Wechselkurskonzepte in der Realität durchgesetzt. Aufgegeben wurde nur das während der letzten dreihundert Jahre allgemeingültige Axiom, daß jedes Land nur ein einziges Zahlungsmittel einer nationalen Währung besitzt, das durch den jeweiligen Staat gesetzlich gesichert ist.

Seit mindestens einem Jahrzehnt wird der Welthandel vorwiegend mit nichtstaatlichem Bankgeld, dem »Eurodollar«, finanziert, der in den fünfziger Jahren von der sowjetischen Staatsbank erfunden wurde. Aus Angst vor der Einfrierung ihrer amerikanischen Dollarguthaben im Falle einer politischen Konfrontation zwischen den beiden Großmächten hatte diese damals sämtliche Dollarkonten in New York aufgelöst und sie statt dessen bei Londoner Banken deponiert. Als Präsident Johnson dann zehn Jahre später den amerikanischen Unternehmern befahl, die hohen Dollar-Investitionen im Ausland einzustellen – eigentlich nur, um General de Gaulle in seiner geradezu panischen Angst vor der »amerikanischen Herausforderung« zu beschwichtigen –, adoptierte die Geschäftswelt diesen Eurodollar als international gültige Rechnungswährung, die inzwischen noch um die Euromark, den Euroyen und Eurofranken erweitert worden ist. Allerdings ist die nach wie vor in den Lehrbüchern vorherrschende Definition dieser neuen Währungseinheit, wonach es sich um einen amerikanischen Dollar handelt, der sich im Besitz eines Nicht-Amerikaners befindet und außerhalb der USA deponiert ist, inzwischen völlig überholt; denn weder der Besitz noch das Depot unterliegen heute noch irgendwelchen nationalen oder lokalen Beschränkungen. Statt dessen hat sich diese neue Form des Eurogeldes immer mehr zu der eigentlichen Handelswährung des Weltmarktes entwickelt, besonders begünstigt durch das OPEC-Kartell und seine immensen liquiden Mittel, mit denen das internationale Bankensystem seit 1973 geradezu überschwemmt wurde.

Heute belaufen sich die Eurogelder insgesamt auf etwa eine Billion Dollar und bei Abzug der bankinternen Darlehen auf sechshundert oder siebenhundert Milliarden Dollar übersteigen und damit die gesamten liquiden Mittel sämtlicher Währungen der Industriestaaten. Letzten Endes stellen daher diese metaphysischen Einheiten heute das eigentliche Zahlungsmittel der Weltwirtschaft dar.

1965, kurz nach dem Auftauchen des Eurodollars als Welthandelswährung, konnte man noch davon ausgehen, daß der Dollar einigermaßen stabil bleiben und die amerikanische Regierung eine verantwortliche Geldpolitik betreiben würde. Aus diesem Grunde wurde gerade der Dollar als Eurowährung gewählt. Da beide Voraussetzungen heute nicht mehr gültig und vernünftig sind, wird von seiten der Hauptbesitzer von Eurogeldern – die den Weltkreditmarkt ganz entscheidend mit Liquidität versorgen – immer mehr die Forderung laut, ihre Guthaben von den Launen der amerikanischen

Politik und Währungsmanipulationen unabhängig zu machen. Dies kann nur dadurch geschehen, daß ihre Einlagen zunehmend an Kaufkrafteinheiten gebunden werden, um sie vor Entwertung und Inflation zu schützen.

Die Masse der liquiden Mittel befindet sich heute entweder in den Händen von Großexporteuren, vor allem in Ländern mit hohen Außenhandelsüberschüssen (wie Japan und Westdeutschland) oder in den Händen der OPEC-Länder. Obwohl die Ausgangssituationen und Probleme dieser beiden Gruppen völlig unterschiedlich sind, ist es für beide gleichermaßen wichtig, ihre liquiden Mittel in einer unabhängigen transnationalen Währung zu halten.

Die Instabilität der heimischen Währung und besonders die des Dollars kann speziell für die Exporteure der Länder mit hohen Ausfuhrüberschüssen existenzgefährdend sein oder sie zumindest in ihrer Zahlungsfähigkeit erheblich beeinträchtigen; denn ihre Zahlungsverpflichtungen sind in der Regel in der Währung des Landes zu begleichen, aus dem sie exportieren und diese ist meist relativ stark. Demgegenüber beziehen sie ihre Einnahmen häufig in Währungen, die entweder von Haus aus relativ schwach sind oder aber – wie beim Dollar zu Beginn von Carters Amtszeit – aus internen politischen Gründen bewußt geschwächt werden. Sie können sich zwar in gewissem Maße durch Ausnutzung von Kursunterschieden gegen Währungsrisiken absichern – aber dem sind doch relativ enge Grenzen gesetzt. Außerdem werden Kurssicherungsgeschäfte als »Spekulation« betrachtet, obwohl sie alles andere als das sind. Man kann ganz im Gegenteil sagen, daß es überaus unverantwortlich ist, in einer Zeit der Währungsinstabilität keine Kursarbitrage zu betreiben – aber dies ist außerhalb der Finanzkreise noch nie recht verstanden und eingesehen worden.

Somit befinden sich die Exporteure – und speziell die aus Ländern mit starker Währung bzw. positiver Zahlungsbilanz – in einem großen Dilemma: Wenn sie keine Kursarbitrage betreiben, gefährden sie ihre Gesellschaft und damit auch die vorhandenen Arbeitsplätze; und wenn sie Termingeschäfte abschließen, riskieren sie, als »Spekulanten« verschrien und für alle möglichen Währungsschwankungen verantwortlich gemacht zu werden, die sie ja durch die Kurssicherung zu vermeiden suchen. Da heute so ziemlich alle Währungen zu politischen Faktoren geworden sind, bleibt den Exporteuren nur die Wahl, sich für ihre liquiden Mittel, ihre Außenstände und ihre monetären Transaktionen einer transnationalen Währung zu bedienen. Dies wird um so notwendiger, als immer mehr Länder mit starken Währungen durch die Instabilität der schwachen oder manipulierten Währungen zur Schließung ihrer Grenzen gezwungen sind, um sich vor »Fluchtkapital« aus dem Ausland und damit vor importierter Inflation zu schützen.

Die andere große Gruppe mit hohen Devisenüberschüssen – die OPEC-Länder und speziell die mit relativ niedriger Bevölkerung – können aufgrund ihrer geringen Investitionsmöglichkeiten ihr Geld nicht im eigenen Land anlegen. Sie müssen statt dessen Anlagemöglichkeiten im Ausland, und das heißt in fremden Währungen, suchen.

Nach außen hin erscheint das OPEC-Kartell zwar als ungeheurer Erfolg, aber intern muß man wohl eher von einem großen Fehlschlag sprechen; denn die Jahre seit 1973 waren für die OPEC-Länder eine Zeit schlimmer Frustrationen und Enttäuschungen. Seit die OPEC-Mitglieder im Herbst 1973 immerhin die Rohölpreise um das Vierfache erhöhten, ist ihr Realeinkommen ständig gesunken. Im Herbst 1978 vor dem politischen Umsturz im Iran mit der anschließenden Erdölknappheit und der panikartigen Überreaktion lag der Preis für Rohöl in realer Kaufkraft sogar unter dem von 1973. Der US-Dollar, in dem das Erdöl fakturiert wird, hatte etwa die Hälfte seines Wertes verloren: 1973 bekam man für einen Dollar dreihundertsechzig Yen, im Herbst 1978 dagegen nur noch einhundertachtzig oder einhundertneunzig Yen. Und bei den anderen starken Währungen wie der DM und dem Schweizer Franken war der Kursverlust mindestens genauso hoch, wenn nicht höher. Insofern bekamen die OPEC-Länder in DM oder Yen ungefähr nur das Zweifache dessen, was sie 1973 bekommen hatten. Demgegenüber haben sich die Preise der von diesen Ländern gekauften Güter – dies sind besonders Kapitalgüter und hochtechnisierte Fertigerzeugnisse – in Mark oder Yen seit 1973 verdoppelt und in Dollar sogar vervierfacht. Das bedeutet, daß der Preisanstieg des Erdöls durch den Preisanstieg der von den Ölländern gekauften Güter weitgehend kompensiert oder sogar überkompensiert wurde.

Dies war natürlich zu erwarten. Denn bisher ist es nie einem Kartell gelungen, sein Realeinkommen ohne eine echte Knappheitssituation bei der Produktion oder der Produktionskapazität zu erhöhen. Und diese Knappheit ist von seiten des rein physischen oder gar des potentiellen Rohölangebots zumindest in den kommenden zehn oder fünfzehn Jahren einfach nicht gegeben. Dementsprechend sind die derzeit auftretenden Verknappungen alle mehr oder weniger künstlich: Sie beruhen teils auf einer bewußt restriktiven Ölförderung der OPEC-Staaten, teils auf solchen politischen Maßnahmen wie den US-Preiskontrollen, die einerseits dem verschwenderischen Energieverbrauch Vorschub leisten und andererseits die amerikanischen Ölproduzenten zur Zurückhaltung veranlassen, sowie zu guter Letzt auf den politischen Unruhen im Iran. Unter solchen Umständen ist ein Kartell nicht imstande, die Preise seines Produkts real zu erhöhen – dies hat die Theorie der Kartelle schon vor einem Jahrhundert erkannt. Statt dessen muß es entweder seine Preise senken – und genau dies wäre zwischen 1973 und 1978 im Falle fester Wechselkurse eingetreten –, oder aber der Preisanstieg wird durch entsprechende Verteuerungen der von den Kartellmitgliedern gekauften Güter wettgemacht.

Ob die Entscheidung der Amerikaner richtig war, dem

Erdölkartell die Aufrechterhaltung ihrer Lizenzpreise zu gestatten und statt dessen den Wertverfall des Dollars zuzulassen oder gar zu ermutigen, ist weniger eine ökonomische als eine politische Frage. Zweifellos hat die amerikanische Regierung unter Dr. Kissinger ganz bewußt den Dollar geopfert, um das Erdölkartell und damit den unsicheren Frieden im Mittleren Osten aufrechtzuerhalten. Dr. Kissinger soll wiederholt geäußert haben: »Es ist immer noch billiger, einen Mehrpreis für das Erdöl zu zahlen, als einen Tag lang im Mittleren Osten zu kämpfen.« Vielleicht wird sich dieses Vabanquespiel eines Tages auszahlen.

Es ist jedoch keineswegs verwunderlich, daß die ölproduzierenden Länder nicht begreifen, warum die so vertrauensselig erwarteten Einnahmen ausbleiben. Doch selbst wenn sie diese Zusammenhänge verstanden hätten, wäre es ihnen schwergefallen, die Realität zu akzeptieren. Sie interpretieren die Situation so, daß ihnen die Früchte des Sieges irgendwie mittels cleverer Manipulationen weggeschnappt worden sind. Deshalb werden sie auf bestimmten garantierten Einnahmen bestehen, um dem ständigen Kursverfall der empfangenen Devisen und speziell des Dollars zu begegnen. Die Erdölländer werden in Zukunft darauf dringen müssen, daß ihre Guthaben in den internationalen Banken möglichst weitgehend vor dem Währungsrisiko geschützt sind. Dies ließe sich entweder durch die Konvertibilität der Guthaben in verschiedene Währungen erreichen, so daß der Kontoinhaber zuerst die Einlagen mit den geringsten Währungsverlusten entnehmen kann, oder aber durch die Bindung des Nominalwerts der Guthaben an den Güterpreisindex oder an den Großhandelspreisindex der Industrieländer, um auf diese Weise deren Wert vor Inflation zu schützen. Eine weitere Möglichkeit wäre noch die Goldklausel.

Diese drei Möglichkeiten werden heute sowohl von den Exporteuren als auch von den OPEC-Ländern in zunehmendem Maße ausgenützt. Und es bleibt ihnen angesichts des derzeit üblichen Mißbrauchs der Währungen zu internen politischen Zwecken auch gar nichts anderes übrig. Es gibt sogar schon eine Gewerkschaft – natürlich eine amerikanische –, die darauf besteht, daß ihr Tarifvertrag nicht mehr auf Dollar, sondern auf Gold bezogen ist.

Sobald jedoch ein wenn auch geringer Teil der Einlagen des Weltbankensystems in einer transnationalen Rechnungswährung gehalten wird, müssen die Banken ihrerseits die Darlehen in denselben Währungseinheiten vergeben, da sie sonst das Währungsrisiko allein tragen müßten. Aus diesem Grunde werden sie diesem zunehmenden Zwang zur Entwicklung einer echten transnationalen Währung gar nicht ausweichen können.

Gleichzeitig wird der Zwang der nationalen Regierungen, die heimische Währung als ein Mittel kurzfristiger Politik zu benutzen, eher zu- als abnehmen. Denn die Verbindung zwischen heimischer und Weltmarktwährung wird sich immer mehr auflösen, weil wir uns immer stärker auf ein zweigeteiltes Währungssystem zubewegen.

Das Ende der nationalstaatlichen Souveränität

Der moderne Nationalstaat basierte auf dem Theorem – das erstmals im 16. Jahrhundert aufgestellt und damals als überaus ketzerisch empfunden wurde –, daß das politische und ökonomische Territorium kongruent sein müßten, wobei die Einheit der beiden durch die staatliche Kontrolle des Geldes gewährleistet wurde. Das Kennwort für diese neue politisch-ökonomische Einheit war der Begriff der »Souveränität«. Demgegenüber waren in der vorausgehenden Epoche beide Systeme streng getrennt, und das Geld entzog sich praktisch jeder politischen Kontrolle – wenn auch der Fürst aufgrund seines Exklusivrechts der Münzprägung recht beträchtliche Gewinne erzielte. Um 1500 – also bevor die lange Inflation des 16. Jahrhunderts das damalige Wirtschaftssystem erschütterte – wurde der Fernhandel organisiert und durchgeführt von den Handelsstädten, die sozusagen ein Äquivalent der heutigen multinationalen Konzerne bildeten und genauso kontrovers beurteilt, kritisiert und verunglimpft wurden. Demgegenüber konzentrierte sich die weitgehend autarke heimische Wirtschaft mit ihrem ausgeprägt landwirtschaftlichen Charakter jeweils auf die Marktstädte. In ihnen hatte das Geld lediglich die Funktion eines Tauschmittels, so daß die im Umlauf befindliche Menge dementsprechend gering war. Beide Handelsformen – der Fernhandel und der lokale Markthandel – waren zwei völlig separate Bereiche mit gänzlich verschiedenen Preismechanismen: Während der erstere mit freien Marktpreisen operierte, waren die Lokalmärkte strengen Preiskontrollen unterworfen.

Der moderne Nationalstaat ging dagegen von der Vorstellung aus, daß der Geld- und Kreditbereich vom Staatsoberhaupt kontrolliert und daß die Wirtschaft in das politische System integriert werden müsse – und sei es nur, um den Fürsten mit den nötigen Mitteln zum Unterhalt seiner Söldner zu versorgen. Im Zuge der Entstehung des Nationalstaates wurden gleichzeitig nationale Märkte geschaffen, bei denen Fern- und Lokalhandel nicht länger getrennte Bereiche, sondern nunmehr integriert waren. Die nationalstaatliche Souveränität erreichte Ende der zwanziger und Anfang der dreißiger Jahre ihren logischen Höhepunkt mit der Keynesschen Theorie, wonach ein Land – oder zumindest ein größeres Land wie damals etwa Großbritannien – seine Wirtschaft allein mit Hilfe der Manipulation des Geld- und Kreditbereichs kontrollieren und von Weltwirtschaft und Konjunkturschwankungen weitgehend unabhängig machen konnte.

Andererseits war Keynes aber der erste, der dem Keynesianismus untreu wurde und für eine nichtstaatliche transnationale Währung plädierte.

Dies geschah während des Zweiten Weltkrieges, als er zu dem Schluß kam, daß im Grunde keine nationale Währung die Rolle einer Leitwährung erfüllen könnte und daß die Welt deshalb ein echtes transnationales Zahlungsmittel benötigte. Sein 1942 präsentierter Vorschlag hierzu lautete »Bancor«, das von einem internationalen Gremium aus Ökonomen anhand bestimmter statistischer Daten manipuliert werden sollte, um seine Kaufkraft zu erhalten und als stabiles Zahlungsmittel die Stabilität und Expansion der Weltwirtschaft zu garantieren. Dieser Vorschlag wurde jedoch 1944 auf der Bretton-Woods-Konferenz von den dominierenden amerikanischen Keynesianern – die offensichtlich päpstlicher als der Papst waren – abgelehnt. Sie vermuteten nämlich, daß Keynes auf diese Weise die Führungsrolle des britischen Pfundes verewigen wollte und verurteilten seinen Vorschlag als »versteckten britischen Imperialismus«. Einmütige Ablehnung fand auch sein Argument, daß es Anmaßung sei, irgendeine Währung zur Leitwährung zu machen, und daß es sowohl unmöglich sei, die heimische Wirtschaft der Weltwirtschaft unterzuordnen – da sonst die Leitwährung nicht ihrer Rolle gerecht werden kann – als auch die Weltwirtschaft irgendeiner nationalen Wirtschaft zu unterwerfen. In ihrem Übermut waren die Amerikaner sich völlig sicher, daß der Dollar stark genug wäre, um zugleich der Rolle einer Leitwährung und einer heimischen Währung gerecht zu werden, und daß überdies die amerikanischen Ökonomen – und speziell die für den Staat tätigen – ohne weiteres imstande waren, die Doppelrolle des Dollars verantwortlich zu dirigieren.

Fünfundzwanzig Jahre lang sah es so aus, als hätten sie recht gehabt und könnten ihr Versprechen einhalten – aber in den sechziger Jahren änderte sich dies. Unter Präsident Kennedy wurde erstmals ganz offensichtlich, daß Keynes im Recht gewesen war und die amerikanischen Keynesianer im Unrecht, und inzwischen besteht keinerlei Zweifel mehr, daß sich weder eine nationale Währung mit der Rolle einer Leitwährung vereinbaren noch die Weltwirtschaft sich irgendeiner nationalen Währung unterordnen läßt.

Die logische Schlußfolgerung hieraus wurde vor drei Jahren von dem letzten überlebenden großen Ökonomen der dreißiger Jahre, dem entschiedenen Nicht-Keynesianer F. A. Hayek, mit seinem Vorschlag gezogen, daß den Regierungen der gesamte Geldbereich entzogen werden sollte. Statt dessen sollten die großen Banken das Recht zur Ausgabe eigenen Geldes erhalten. Der Markt sollte jeweils für sich entscheiden, welcher Bank er sein Vertrauen schenkte. Dieser Vorschlag war gleichbedeutend mit einer völligen Trennung des Geldes von der politischen Souveränität.

Wir wissen heute, daß es den von Keynes vorausgesetzten »objektiven, apolitischen Experten« nicht gibt, sondern daß seine »Ökonomen-Könige« wohl oder übel politisch kontrolliert und manipuliert worden und sofort selbst in die Rolle der Politiker geschlüpft wären. Andererseits müssen wir aber zugeben, daß die Zeit für Hayeks logischen Vorschlag noch nicht reif ist, nämlich das Geld den wie auch immer definierten »Experten« zu entreißen und denen anzuvertrauen, die damit arbeiten, d. h. den Produzenten und Konsumenten auf einem freien Markt.

Somit wird die heimische Währung für absehbare Zeit noch ein politischer und staatlich manipulierter Faktor bleiben, aber das international zirkulierende Geld wird immer mehr eine Mischung aus Keynes' »Bancor« und Hayeks freiem »Bankgeld« sein, das von den wichtigsten Großbanken verwaltet wird und sich an den relativ schwerfälligen, aber dennoch funktionierenden Kaufkraftmechanismen orientiert.

Die Entstehung einer effektiv transnationalen Währung wird aller Voraussicht nach einen Wendepunkt in der politischen Geschichte und Theorie darstellen und mag zugleich das Ende der nationalstaatlichen Souveränität andeuten. Beide werden möglicherweise eine totale, politische und ökonomische Kehrtwendung nach sich ziehen.

Die gegenwärtige Weltwirtschaft ist so interdependent, daß

heutzutage praktisch kein noch so großes – kommunistisches oder nichtkommunistisches – Land zu einer völlig autonomen wirtschaftlichen Aktivität oder Wirtschaftspolitik imstande wäre. Demgegenüber waren im 19. Jahrhundert Länder wie Großbritannien oder Deutschland unter Bismarck, die heute vergleichsweise klein erscheinen, aufgrund ihrer Größe und ihres Wirtschaftspotentials – und unabhängig von ihrer internationalen Verflechtung – durchaus in der Lage, autonome Wirtschaftszentren zu bilden. Heute ist dies noch nicht einmal einem Giganten wie den USA möglich. Dabei sind die allgemeine Abhängigkeit von Rohstoffen, die in der ganzen Welt verstreut sind, sowie die zunehmende Produktionsteilung nur zwei Symptome für die zunehmende transnationale Interdependenz.

Das sichtbarste Symbol für die Entstehung einer wahrhaft transnationalen Wirtschaft ist vielleicht die Tatsache, daß sich eine relativ kleine Zahl von Großbanken völlig unerwartet zu Banken mit »Weltformat« gemausert hat. Auch die Vorläufer der heutigen Banken, die Finanzmakler der Renaissance wie die Medicis in Florenz und hundert Jahre später die Fugger in Augsburg, operierten bereits im »internationalen« Rahmen. Das galt auch um 1800 für die Bank of New York, die als erste – von Alexander Hamilton konzipierte – Aktienbank von Kontoinhabern finanziert und nach ganz neuen Gesichtspunkten gemanagt wurde. Ihr eiferten sowohl die britischen und schottischen Handelsbanken nach, die ab 1830 das ganze britische Empire bankmäßig erschlossen, als auch die 1870 in Berlin gegründete Deutsche Bank, die sofort Filialen in London und Shanghai sowie in Südeuropa und Südamerika eröffnete.

Dennoch hatten diese Banken, selbst wenn sie wie die Deutsche Bank 1913 sogar ein Drittel ihrer Einkünfte aus internationalen Transaktionen bezogen, noch bis zum Ende des Zweiten Weltkriegs überwiegend »nationalen« Charakter. Denn ihr internationales Geschäft – wie zum Beispiel ein

Export aus Deutschland, eine Investition einer deutschen Gesellschaft im Ausland oder einer ausländischen Firma in Deutschland oder aber ein Import nach Deutschland – wurde letztlich nur zwischen dem eigenen Land und dem Ausland abgewickelt. Das heißt, jede internationale, von der Deutschen Bank finanzierte Transaktion hatte zumindest ein sicheres »Standbein« auf deutschem Boden. Innerhalb der letzten zwanzig Jahre ist jedoch das Geschäft der großen Banken zunehmend transnational in dem Sinne geworden, daß sie untereinander immer mehr Geschäfte zwischen ausländischen Staaten abwickeln, ohne daß ihr eigenes Land beteiligt ist. So wird beispielsweise die Filiale der New Yorker Citibank in Tokio direkt mit der saudiarabischen oder deutschen Citibank-Tochter verhandeln. Bei den betroffenen Kunden wird es aber höchstwahrscheinlich weder um amerikanische Kunden noch um US-Exporte oder -Investitionen gehen.

Um »Weltformat« zu erreichen, muß eine Bank unbedingt über eine breite nationale Basis sowie über die entsprechende Kapazität verfügen, die es ihr ermöglicht, Informationen weltweit zu verarbeiten und zu verwenden. Eine derartige Kapazität ist nicht so ohne weiteres realisierbar und kann nur mittels eines weltweiten und umfangreichen Netzes von Transaktionen finanziert und unterhalten werden, das die Möglichkeiten jeder nationalen Volkswirtschaft bei weitem übersteigt. Diesen hohen Anforderungen genügen heute nur gut ein Dutzend Banken, während sich die zwanzig oder dreißig weiteren »regionalen« Großbanken am Weltgeschäft zwar beteiligen, aber nicht führend sein können. Allein die Tatsache jedoch, daß es diese Kategorie der »Weltbanken« bereits gibt – und ein Dutzend miteinander konkurrierender Banken sind bereits eine ansehnliche Zahl, die sich bisher außer der USA mit ihrem Verbot der bundesweiten Filialbank kein Land hat leisten können –, ist der schlagende Beweis für das Ausmaß an Integration und Autonomie, das die Weltwirtschaft bereits erreicht hat.

Die Entstehung einer transnationalen, von den Banken gemanagten Währung ist letztlich eine - vielleicht sogar unvermeidliche - Folge der weltweiten Integration. Selbst in Zeiten ernsthafter Depressionen oder revolutionärer Unruhen bleibt die Abhängigkeit von der Weltwirtschaft bestehen. Die Industrieländer werden in Zukunft mindestens genauso stark, wenn nicht noch stärker von Rohstoffimporten abhängen, und die Entwicklungsländer sind ihrerseits dringend auf Nahrungsmittelimporte aus den reichen Marktwirtschaften angewiesen, da diese allein über das Kapital, die Technologie und die Vertriebssysteme zur Erzeugung hoher Nahrungsmittelüberschüsse verfügen. Und diese Interdependenz wird durch das weltweite Kommunikationsnetz, das allen Staaten die gegenseitige Abhängigkeit einsichtig macht, nur noch verstärkt.

Der Zerfall der Weltordnung

Der wirtschaftlichen Integration der Weltgemeinschaft steht allerdings ein deutlicher Zerfall und eine zunehmende Zersplitterung der Weltordnung gegenüber. 1901 war das letzte Jahr, in dem der Kartograph nach der Annexion der Buren-Republik durch das britische Königreich ein bestimmtes Territorium auf der Landkarte *vergrößern* mußte. Damit kam eine mehr als hundertjährige Epoche der Integration in größere politische Einheiten zum Abschluß, die 1789 mit dem Zusammenschluß von dreizehn Kolonien zu den Vereinigten Staaten von Amerika angefangen hatte. Seit 1901 jedoch haben alle Veränderungen der Landkarte nurmehr in Gebietszersplitterungen bestanden. Den Anfang machte 1906 Norwegen mit seiner Loslösung von Schweden, es folgten der Zerfall des österreichisch-ungarischen und des türkischen Reiches sowie die anschließende Zerstörung der britischen, französischen, holländischen und portugiesischen Kolonialherrschaften. Den Abschluß dieser Evolution bildete schließlich die Auflösung des Deutschen Reiches Bismarckscher Prägung. Von den Großmächten des 19. Jahrhunderts, die eine Vielfalt von Völkern und Sprachen vereinigt hatten, hat einzig und allein noch Rußland überlebt.

Beim Ausbruch des Ersten Weltkrieges 1914 gab es in der ganzen Welt fünfzig unabhängige Staaten, zwanzig davon in Europa und zwanzig in Amerika. Heute dagegen gibt es nahezu zweihundert, und einige sind zum Teil kleiner als manche europäischen Landkreise. Dennoch bestehen sie auf ihrer »Unabhängigkeit«, auf ihrer eigenen Armee, Bürokratie, Diplomatie sowie einem Sitz in den Vereinten Nationen – und sogar auf der Möglichkeit, eine eigene Atombombe bauen zu können.

Dabei ist dieser weltweite Prozeß der Spaltung noch keineswegs abgeschlossen. Wer wagt heute schon zu behaupten, daß beispielsweise Kanada, Belgien oder aber Spanien mit seinen separatistischen Basken am Ende dieses Jahrhunderts immer noch ein Staatengebilde sein werden. Ebenso ungewiß ist die Lage in Großbritannien angesichts der nationalistischen Ambitionen der Schotten oder aber in Rußland mit seinen bunt zusammengewürfelten völkischen Gruppen und Minderheiten.

Dennoch gibt es bislang noch keine wirkliche Alternative zum Nationalstaat. Alle diesbezüglichen Versuche zur Schaffung supranationaler Einheiten sind eindeutig fehlgeschlagen. Meines Erachtens sind die Aussichten auf Erfolg heute erheblich geringer als vor fünfunddreißig Jahren bei der Gründung des Völkerbundes oder gar der Vereinten Nationen.

Demnach besteht heute ein zunehmender Konflikt zwischen der grundlegenden Tendenz der wirtschaftlichen Integration einerseits und dem Zerfall der Weltordnung andererseits, der zugleich von einem Konflikt der Ansprüche der jeweiligen politischen Autorität bzw. Regierung mit der Realität einer zunehmenden internationalen Abhängigkeit im Wirtschaftsbereich begleitet wird.

Die Nachkriegszeit war zunächst durch eine überaus arrogante Form des Anspruchs auf Wirtschaftskontrolle von seiten des Nationalstaats, nämlich durch den Keynesianismus der dreißiger Jahre geprägt. Dieser galt in den vierziger und fünfziger Jahren praktisch in allen Industriestaaten als der Weisheit letzter Schluß. Im Grunde waren nur die Länder erfolgreich, die in ihrer Politik die Dominanz der Weltwirtschaft mitberücksichtigt hatten. Und dies waren Japan und Deutschland, die sich aufgrund ihrer Orientierung am Weltmarkt als die erfolgreichsten Staatsmanager ihrer Wirtschaft erwiesen. Japan begann beispielsweise sein überaus schnelles Wachstum in den fünfziger Jahren mit einer gründlichen Analyse der industriellen und technologischen Trends der Weltwirtschaft und richtete daraufhin seine heimische Industrie gezielt auf die hochtechnisierten Konsumindustrien wie die Produktion von Kameras, Tonbändern, Autos, Radios, Fernsehern etc. aus. Gleichzeitig versuchte es, die überall stark geschützten Industrien wie die Textilbranche von vornherein so stark wie möglich abzubauen. Und die Deutschen gingen ganz ähnlich vor. Demgegenüber haben speziell England und Amerika, die ganz besonders stark an die Macht der staatlichen Wirtschaftskontrolle glaubten, ausgesprochen schlecht abgeschnitten. Japan und Deutschland haben versucht, mit ihrem Angebot den Anforderungen der Weltwirtschaft gerecht zu werden – und der Erfolg gab ihnen recht. Großbritannien und die USA setzten alles daran, ihre Nachfrage den internen politischen Zielen anzupassen – und sie erlitten Schiffbruch.

Das Schlimme war jedoch, daß die Regierungen sich um so mehr an ihre nationalstaatliche Souveränität geklammert haben, je offensichtlicher die Unvernünftigkeit dieses Anspruchs wurde. Und dementsprechend groß ist dann die Diskrepanz zwischen der wirtschaftlichen und der politischen

Realität geworden. Die dadurch bei den politischen Entscheidungsträgern entstehenden Frustrationen sind um so größer, je mächtiger das betreffende Land ist oder zu sein glaubt. Denn während kleine Länder wie die Schweiz oder Holland sich ihrer Machtlosigkeit in der Regel sehr wohl bewußt sind, fällt Großmächten die Einsicht, daß sie in der Weltwirtschaft nicht mehr tonangebend sind, außerordentlich schwer. Jedoch kann man in der Weltwirtschaft kaum mehr von einer »Großmacht« oder schon gar nicht mehr von einer »Übermacht« reden.

In der Weltwirtschaft gibt es eine Eigendynamik, die Weltrang-Banken haben ihre eigenen Weltmarktinstitutionen, und für die transnationale Währung besteht noch zusätzlich ein Geld- und Kreditsystem. Im Gegensatz dazu fehlen in der Weltordnung aber übergreifende Institutionen sowie Symbole, die – wie beispielsweise der Papst oder der Adel im früheren Europa – als Bindeglied dienen könnten.

Es ist ziemlich sicher, daß eine integrierte Weltwirtschaft und eine zersplitterte Weltordnung und Völkergemeinschaft zwangsläufig zu Spannungen, Konflikten und gegenseitigen Mißverständnissen führen müssen. Dennoch werden die Führungskräfte in Wirtschaft und Verwaltung wohl oder übel mit dieser Tatsache leben und versuchen müssen, das Beste daraus zu machen.

Die Rolle der teilindustrialisierten Länder

Es ist nach wie vor üblich, die Welt in zwei Kategorien von Ländern zu unterscheiden: die »Industrie«- und die »Entwicklungsländer«. Aber dieses ist angesichts der bisherigen und künftigen Entwicklung recht irreführend. Die sowohl für Unternehmer als auch Politiker wichtigste Kategorie sind heute nämlich die »teilindustrialisierten Länder« wie Brasilien oder Mexiko, die nichtkommunistischen chinesischen Staaten Taiwan, Hongkong und Singapur sowie Südkorea, dessen Einwohner zwar eine eigene Rasse sind und eine eigene Sprache haben, aber ihrem Ethos und ihrer Kultur nach chinesisch sind. Hinzu kommen ferner die Länder am nördlichen Rand des Mittelmeeres. Ein halbindustrialisiertes Land kann zwar irgendeine beliebige Aufgabe erfüllen, aber nicht gleich mehrere auf einmal. Es verfügt zwar über eine ausreichende Menge qualifizierter Leute, um seine Managementpositionen und technischen Jobs auszufüllen, aber in der Regel ist es nicht in der Lage, die erforderliche Technologie selbst hervorzubringen. Es zeichnet sich zumeist durch einen relativ bedeutenden und schnell wachsenden heimischen Markt aus, hängt aber dennoch bezüglich seiner Arbeitsplätze weitgehend von der internationalen Produktionsteilung ab. Das heißt, es wird sich vorwiegend auf die arbeitsintensiven Fertigungsphasen konzentrieren, deren Erzeugnisse vor allem auf den Märkten der Industriestaaten abgesetzt werden.

Die weitverbreitete Auffassung, daß das Wachstum der Weltwirtschaft seit 1973 mit dem OPEC-Kartell zum Stillstand gekommen ist, stimmt nicht. In den Industrieländern hat das Wachstum zwar effektiv nachgelassen – obwohl Japan und die USA nach wie vor durchaus ansehnliche Expansionsraten verzeichnen konnten. Für die teilindustrialisierten Länder gilt dies aber nicht – obwohl diese im Grunde von dem Erdölkartell und seinen monopolistischen Preispraktiken am stärksten betroffen waren.

Es ist auf jeden Fall absehbar, daß diese Länder künftig in der Weltwirtschaft eine entscheidende Rolle spielen werden, und nicht zuletzt deshalb, weil sie im Grunde die geeignetsten Partner für die internationale Produktionsteilung mit dem Westen und Japan abgeben. Ein Grund hierfür ist, daß sie für die jungen Fachkräfte aus den Industrieländern noch am ehesten attraktiv sind, da sich ein Schwede oder Deutscher in Madrid, Hongkong oder Athen noch einigermaßen »heimisch« fühlen wird und mit seiner Familie in etwa nach seinen Vorstellungen leben kann. In Afrika und sogar in Malaysia ist dies dagegen erheblich schwerer. Dasselbe gilt für den jungen Amerikaner, der sich in Mexiko City oder Rio de Janeiro mühelos akklimatisieren kann – was ihm auf einer karibischen Insel, in Bolivien oder Indien kaum noch gelingen würde.

Für den jungen Geistesarbeiter aus dem Westen bedeutet eine Versetzung in diese Länder, daß er dort wirklich etwas leisten kann. Demgegenüber empfindet er sein Leben und seine Arbeit in einem noch völlig unterentwickelten Land als große Mühsal. So banal dies zunächst erscheinen mag, so wird diese Möglichkeit einer nahezu »westlichen« Lebensform in Verbindung mit den zumeist mindestens gleichen oder gar deutlich besseren Berufschancen und Einkommen dennoch ganz entscheidend dazu beitragen, daß die teilindustrialisierten Länder kulturell und sozial noch am ehesten in die Weltwirtschaft integriert werden können.

Natürlich implizieren diese Länder auch ein hohes Risiko – das ist angesichts ihrer schnellen Entwicklung auch nicht weiter verwunderlich. Außerdem werden sie mit Ausnahme der chinesischen Gebiete und Südkoreas vor akuten Bevölkerungsproblemen mit den entsprechenden Unruheherden stehen, die sie nur lösen können, indem sie ihren zahllosen jungen Arbeitskräften mit Hilfe der internationalen Produktionsteilung Stellen verschaffen. Darüber hinaus müssen sie sich bis über beide Ohren verschulden, um die Schäden der Ölkrise zu beheben. Abgesehen von den chinesischen Ländern herrschen häufig starke Ressentiments gegen die Integration in die Weltwirtschaft und speziell gegen die Produktionsteilung vor. Aufgrund der dort üblichen nationalistischen Anschauungen wird im allgemeinen gefordert, daß die verarbeitende Industrie Einheimischen zu gehören hat, daß sie voll integriert sein muß und nur für den eigenen Markt produzieren darf. Damit erreicht man jedoch das genaue Gegenteil von dem, was man eigentlich benötigt, um sich in den kommenden fünfundzwanzig Jahren zur gleichwertigen

Wirtschaftsmacht zu entfalten. Trotz all dieser Unwägbarkeiten, die durch unvorhergesehene ökonomische und soziale Turbulenzen entstehen und für ein in der Entwicklung befindliches Land durchaus normal sind – man denke nur an die Zustände in den USA Ende des 19. und Anfang des 20. Jahrhunderts, als diese sich in genau demselben Stadium befanden –, bleibt dennoch als Aktivum, daß diese Periode des Umbruchs auch solch ungeheure Wachstumschancen bieten könnte, wie sie in den USA damals möglich waren.

Wenn wir ehrlich sind, müssen wir wohl oder übel zugeben, daß die Entwicklungsländer im Grunde in der Nachkriegszeit für die Industrieländer nicht sonderlich interessant waren, so daß deren Investitionen – mit Ausnahme der extraktiven Industrien und der Banken – ausgesprochen dürftig waren, weil sie statt dessen die Industrieländer als Handelspartner vorzogen. Meines Erachtens wird sich die Situation für Länder wie Indien oder die afrikanischen Staaten auch nicht wesentlich ändern, während die teilindustrialisierten Nationen mit hoher Wahrscheinlichkeit als Geschäfts- und Handelspartner speziell für die Produktionsteilung erheblich an Bedeutung gewinnen werden. Sie werden möglicherweise die Wirtschaftswelt in den nächsten fünfundzwanzig Jahren genauso stark prägen wie Japan die Welt der Nachkriegszeit durch seinen Aufstieg zur Supermacht.

Der weithin verbreiteten Meinung, daß die »Wirtschaftsentwicklung« ein Fehlschlag gewesen sei, kann ich mich keinesfalls anschließen. Denn nie zuvor in der Geschichte hat es eine derart schnelle und weitreichende Expansion gegeben wie seit 1950, so daß selbst noch so extravagante Entwicklungsziele und sogar die von Präsident Kennedys »Allianz für den Fortschritt« angestrebten Idealwerte realisiert oder teils übertroffen wurden. Und dies trotz des völlig unerwarteten Absinkens der Kindersterblichkeit, die ein explosionsartiges Bevölkerungswachstum nach sich zog. Obwohl dadurch den an sich hohen absoluten Zuwachsraten relativ niedrige

Pro-Kopf-Raten von »nur« zwei bis drei Prozent jährlich gegenüberstanden, sind dies immer noch Rekordsteigerungen, die es weder irgendwo anders in der Welt noch im Europa des 19. Jahrhunderts je gegeben hat.

Was wir jedoch vor dreißig Jahren törichterweise nicht erwarteten, war, daß diese Entwicklung wie jedes Wachstum völlig ungleichmäßig war. Deshalb ist es im Grunde auch sinnlos, heute noch von »Entwicklungsländern« oder der »Dritten Welt« zu sprechen, da sie untereinander kaum noch sehr viele Gemeinsamkeiten haben. Viele Gebiete erlebten überhaupt kein Wachstum. So haben beispielsweise etliche Länder des tropischen Afrika heute ein niedrigeres Bruttosozialprodukt als am Ende der Kolonialherrschaft, obwohl keine Bevölkerungszunahme zu verzeichnen ist. Demgegenüber haben die teilindustrialisierten Staaten eine Phase ausgesprochen heftigen Wachstums hinter sich, so daß sich ihre künftigen, vorwiegend expansionsbedingten Sorgen und Probleme mit Sicherheit grundlegend von denen der anderen Entwicklungsländer unterscheiden. Rein größenmäßig entsprechen sie mit ihren zweihundert bis zweihundertfünfzig Millionen Einwohnern in etwa den Vereinigten Staaten oder Westeuropa, so daß ihr wirtschaftlicher Aufstieg nicht zu unterschätzende Konsequenzen haben wird: Den außerordentlichen Chancen und Möglichkeiten auf der Angebots- und Nachfrageseite steht zugleich die potentielle Gefahr einer starken Konkurrenz gegenüber, die vermutlich für Japan am bedrohlichsten ist, da sich der Wettbewerb vor allem im Bereich der hochtechnisierten Konsumgüter abspielen wird.

Innerhalb einer Generation werden die teilindustrialisierten Länder aller Voraussicht nach voll entwickelt sein (obwohl sie vielfach dennoch arm sein werden; Japan war immerhin bis Mitte der sechziger Jahre auch noch sehr arm). Bis dahin werden sie als Partner und als Konkurrenten gleichermaßen in die Weltwirtschaft integriert sein. Deswegen müssen sich die Unternehmer der Industrieländer schon heute voll auf diese Staaten konzentrieren und sie analysieren, um sie zu verstehen sowie sorgfältig durchdachte Ziele und Strategien zu entwickeln.

Meines Erachtens müssen wir einen Großteil der Schlagzeilen über die Weltwirtschaft mit äußerster Skepsis betrachten. So ist es beispielsweise ausgesprochen unwahrscheinlich, daß China in den nächsten fünfundzwanzig Jahren ein wirklich bedeutender Markt, Industrieproduzent und Exporteur wird – dies könnte höchstenfalls für Erdöl zutreffen. Bisher ist aber überhaupt noch nicht abzusehen, ob China seit der schnellen, aber kurzlebigen Erholung von den Folgen der Bürgerkriege um 1950 herum in der Landwirtschaft, in der Industrieproduktion oder sogar in der Bevölkerungskontrolle tatsächlich ernsthafte Fortschritte gemacht hat. Selbst die politischen Führer des Landes dürften einige Schwierigkeiten haben, um die Tatsachen von der fortwährenden politischen Propaganda ihrer eigenen Kommunistischen Partei zu trennen. China wird höchstwahrscheinlich Nahrungsmittel kaufen müssen, um eine Hungersnot zu vermeiden. Es wird vermutlich aber nur dann kaufen können, wenn der Verkäufer dafür in Form von verlorenen »Krediten« nach japanischem Vorbild zahlt, die diese zur Schaffung von Arbeitsplätzen in ihrer Schwerindustrie vergeben und immer wieder verlängern. Desgleichen wird sich die Sowjetunion ebenfalls sehr schwer tun, um neben Nahrungsmitteln und Energie noch andere Importe aus der eigenen Tasche zu zahlen.

Mit genau derselben Skepsis sollte man auch solchen Behauptungen wie »das Mächtegleichgewicht verlagere sich immer mehr zugunsten der Rohstofflieferanten« oder aber jeglichen Knappheitsprognosen begegnen. Es ist ziemlich sicher, daß sich die terms of trade eher noch stärker zugunsten der Industrienationen verändern werden und damit den Trend seit der Jahrhundertwende eindeutig fortsetzen.

Die voraussichtlich knappsten Güter werden wohl die Nahrungsmittel sein, die vorwiegend von den industrialisierten Marktwirtschaften wie den USA, Kanada und Westeuropa im Überschuß produziert werden. Brasilien wäre zwar potentiell in der Lage, neben Kaffee auch noch andere Lebensmittel in bedeutendem Umfang zu exportieren, aber bislang befindet sich seine Landwirtschaft noch im präindustriellen Stadium. Auch Japan könnte zwar seine Nahrungsmittelproduktion und speziell die von tierischem Eiweiß ohne weiteres noch erheblich steigern, würde aber dennoch nach wie vor ein Netto-Importeur von Lebensmitteln bleiben. Die vorindustriellen Länder besitzen weder das Kapital noch die erforderlichen ausgebildeten landwirtschaftlichen Kräfte oder aber das Vertriebssystem, um ihre Agrarproduktion schneller als ihre Bevölkerung zu steigern. Die ständige Verschlechterung der terms of trade der präindustriellen Entwicklungsländer liegt in der Tatsache begründet, daß die landwirtschaftliche Produktivität seit 1900 in den Industriestaaten – entgegen der im 19. Jahrhundert vorherrschenden Auffassung, die unter anderem auch von Marx geteilt wurde – wider Erwarten stark gestiegen ist. Dieser Trend läßt sich nur mittels der erfolgreichen Industrialisierung dieser Länder umkehren, damit sich bei ihnen die Agrarwirtschaft ebenfalls von einer »Lebensform« in eine »Industrie« verwandelt.

Auch im Energiebereich befinden sich so ziemlich alle künftigen Quellen zur Substitution oder Ergänzung des Erdöls entweder direkt in den Industriestaaten – wie beispielsweise die Kohle in Nordamerika –, oder aber sie erfordern extrem hohe Kapitalinvestitionen und Technologien. Daher ist zu erwarten, daß Amerika zu Beginn des 21. Jahrhunderts sogar zum größten Energieexporteur der Welt aufgerückt ist.

Schließlich müssen wir uns noch klarmachen, daß jedwede Art der Rohstoffknappheit ausgeschlossen ist, da alle wichtigen Grundstoffe wie Fibern, Metalle und Minerale prinzipiell reichhaltig vorhanden sind. Und die effektiv auftretenden Knappheiten werden politische Ursachen haben und weitgehend aus der Verschlechterung der terms of trade der rohstoffproduzierenden vorindustriellen Staaten und den dadurch entstehenden Spannungen herrühren. Die Versuche der Dritten Welt, die terms of trade beispielsweise mit Hilfe von Kartellen zu verändern, werden schwerlich erfolgreich sein. Tatsächlich kann sich die Lage der Länder mit echter Grundstoffproduktion - wie beispielsweise der indischen Landwirtschaft - durch den Aufstieg der teilindustrialisierten Staaten noch verschlimmern, da diese im Rahmen ihrer Entwicklung immer mehr die Rolle produktiver und effizienter Grundstoffproduzenten übernehmen werden.

Zu all diesen Problemen und Unruhen kommt noch erschwerend hinzu, daß die postkeynesianische Weltwirtschaft über keine realistische und generell akzeptierte Theorie verfügt. Wie lange die Regierungsökonomen der Industrienationen und insbesondere die der USA und Großbritanniens noch an ihren keynesianischen Glaubenssätzen festhalten, ist schwer zu sagen, zumal diese viel zu sehr die Ökonomen und Politiker in ihrem Ego bestärken, um freiwillig aufgegeben zu werden. Doch selbst wenn es soweit käme, dann stünden wir immer noch vor dem Dilemma, daß wir keine auch nur einigermaßen adäquate Theorie anstelle der Keynesschen Dogmen setzen könnten. Doch ohne eine vernünftige Theorie ist auch keine vernünftige Politik möglich.

Deswegen ist es um so wichtiger, daß sich die Spitzenkräfte an den zwei Fixpunkten inmitten dieser turbulenten Szenerie orientieren: an der Entstehung einer integrierten Weltwirtschaft und einer transnationalen Bankwährung einerseits und der zentralen Rolle der teilindustrialisierten Länder andererseits; deren Erfolg oder Mißerfolg wird auf dem Wege der Industrialisierung in den nächsten Jahrzehnten weitgehend über den Erfolg oder Mißerfolg der Weltwirtschaft entscheiden.

Eine weltmarktorientierte Unternehmenspolitik

Die Unternehmen der Industriestaaten werden lernen müssen, gleichzeitig in zwei Welten zu leben: in der Weltwirtschaft mit ihrer transnationalen Währung einerseits und in dem Nationalstaat andererseits, in dem Geld immer stärker zum Spielball kurzfristiger politischer Ziele wird.

Aufgrund der zunehmenden Verwendung transnationalen Geldes in der Weltwirtschaft werden sich die Unternehmen aller Länder wohl oder übel auf eine deflationierte Buchhaltung einstellen müssen, da sie sonst an der ökonomischen Realität vorbeileben. Dabei wäre es auch ohne Inflation schon schwer genug, jeweils für die heimische und für die Weltwirtschaft separate Bücher in der nationalen und in der transnationalen Währung zu führen. Die multinationalen Konzerne, die notgedrungen eine separate Buchführung für die verschiedenen Länder, in denen sie operieren, besitzen und diese hinterher konsolidieren müssen, können ein Lied davon singen. Wenn jedoch die Konten in heimischer Währung nicht um die Inflationsrate korrigiert werden, wird die Konsolidierung der verschiedenen Länderkonten mit dem landeseigenen Konto schlichtweg unmöglich.

In Zukunft werden alle Unternehmen, selbst die kleineren, mit ihrer Strategieplanung in verstärktem Maße bei der Weltwirtschaft anfangen müssen. Dafür spricht zunächst, daß die verfügbaren Weltdaten derzeit noch relativ zuverlässig sind, während die heimischen Fakten inzwischen ziemlich verzerrt und irreführend geworden sind – egal ob es sich um Arbeitslosenziffern, Preisindices oder um das Geldangebot handelt. Dies liegt zum Teil an der Inflation, die den Vergleich verschiedener Perioden außerordentlich erschwert, und zum Teil an der Manipulation dieser Größen durch die Regierungen, um sie mit inzwischen weitgehend überholten und realitätsfernen Theorien in Einklang zu bringen. Da die wirtschaftliche Dynamik vorwiegend von der Weltwirtschaft abhängen wird, müssen selbst relativ binnenorientierte Firmen mit der Analyse weltweiter Trends, Entwicklungen und Erwartungen beginnen. In einer ganz ähnlichen Situation befanden sich die Unternehmen der heutigen großen Wirtschaftsmächte während der vergangenen hundert Jahre, als sie ihre lokale Sichtweise auf den erweiterten nationalen Rahmen umstellen mußten, selbst wenn sie in einem lokal oder regional begrenzten Markt operierten. In Deutschland vollzog sich dieser Wandel etwa um 1900, in den USA während des Ersten Weltkriegs und in Japan sogar noch später.

Bis Anfang der fünfziger Jahre zeichneten sich die internationalen Unternehmen meistens dadurch aus, daß sie zusätzlich über eine »Auslandsabteilung« verfügten. Innerhalb der letzten dreißig Jahre haben jedoch sogar mittlere Unternehmen gelernt, sich entweder nach größeren geographischen Gebieten oder aber nach weltweiten Produktabteilungen zu organisieren, die innerhalb bestimmter geographischer Bereiche, wie Nordamerika, Europa etc., koordiniert werden. Doch selbst diese erst relativ neue Form der Organisationsstruktur wird in Zukunft kaum noch ausreichen. Das einzig angemessene Untergliederungskriterium ist das Entwicklungsstadium eines Landes: Demnach benötigen sie ein oder zwei größere Organisationseinheiten für die Geschäfte innerhalb der Industriestaaten, eine Einheit für die teilindustrialisierten Länder (diese ist vielleicht sogar die wichtigste, da hier die schwierigsten Entscheidungen mit den größten Risiken getroffen werden), eine für die Rohstoffproduzenten und vielleicht noch eine für die rückständigen Gebiete, die für bestimmte Unternehmen gegebenenfalls als Exportmärkte von Bedeutung sein können. Darüber hinaus wäre es vielleicht sogar angebracht, noch eine zusätzliche, nichtgeographische Organisationseinheit für die durch Produktionsteilung verbundenen Unternehmensteile einzurichten.

Der Haupteinwand gegen eine derartige Struktur, nämlich daß die mit deren Koordination betrauten Führungskräfte viel zuviel herumreisen müßten, läßt sich dank der zunehmenden Verwendung elektronischer Bildkommunikation (vgl. Kap. 2) weitgehend entkräften. Demgegenüber ist die derzeitige Form der rein geographischen Organisation insofern problematisch, als dabei Gebiete mit völlig unterschiedlichen Managementproblemen, Chancen und Merkmalen in einer Einheit zusammengefaßt sind. Indes muß sich die Struktur der Strategie anpassen, und die für den Weltmarkt gültige Strategie wird sich mit Sicherheit ändern – sei es aufgrund der Produktionsteilung oder sei es aufgrund des schnellen Wandels in den teilindustrialisierten Ländern.

Zu guter Letzt muß noch die Struktur des Topmanagements den neuen Realitäten angepaßt werden. Noch bis vor kurzem hatten selbst in weitgehend international orientierten Unternehmen die Inlandsgeschäfte absoluten Vorrang, während die oberste Führungsspitze das »Ausland« als mehr oder weniger zweitrangig betrachtete und ihm nur dann ihre Aufmerksamkeit schenkte, wenn sie dazu Zeit hatte. Für diese Vernachlässigung müssen die Unternehmen jedoch früher oder später büßen, da sie zwangsläufig von der ungeheuren Expansion der Weltwirtschaft ausgeschlossen bleiben. Ein typisches Beispiel hierfür ist General Motors, dessen Position im Ausland sich in den vergangenen dreißig Jahren trotz anfänglichen großen Vorsprungs ständig verschlechtert hat – und zwar vor allem, weil sich das Topmanagement in Detroit vornehmlich um den US-Markt gekümmert und den Auslandsmarkt sträflich vernachlässigt hat. Symptomatisch ist, daß fähige Manager die Auslandsabteilungen von General Motors so weit wie möglich mieden – da es als berufliches Abstellgleis galt. Demgegenüber hat Ford seinem Detroiter Konkurrenten im Ausland ganz eindeutig den Rang abgelaufen, weil es wirklich »global« orientiert war und seine US-Gesellschaft nur als eine von vielen geographischen Einheiten betrachtete.

In Zukunft werden auch mittlere und sogar recht kleine

Gesellschaften ihre Unternehmensspitze so organisieren müssen, daß das Firmenoberhaupt effektiv in weltweiten Kategorien denkt und handelt, da es die Weltwirtschaft sonst nicht versteht und sich zugleich aller damit verbundenen Chancen beraubt. Gleichzeitig muß das Topmanagement im Zusammenhang mit der Produktionsteilung, die nicht mehr hierarchische, sondern eher konföderative Beziehungen verlangt, imstande sein, seine Verhandlungs- und Vertragspartner als echte Partner und nicht als Untergebene zu behandeln. Sonst werden diese kein Interesse an einer solchen Geschäftsbeziehung haben.

Die Mitarbeiter-Gesellschaft

Im sozialen Bereich bietet sich dem Management in den kommenden Jahren sowohl eine ungeheure Chance als auch eine große Gefahr. Die Tatsache, daß die Industriegesellschaften zu einer Mitarbeiter-Gesellschaft geworden sind, gibt dem Management zwar die Möglichkeit, seine Legitimität auf einer neuen, starken und dauerhaften Basis zu begründen, impliziert aber zugleich die Gefahr, seine Legitimität und Autonomie ein für allemal zu verlieren. Gleichzeitig laufen die Gewerkschaften Gefahr, ihrer Aufgaben beraubt zu werden – sie haben allerdings die Möglichkeit, dank des vom Unternehmer hinterlassenen Machtvakuums ihre Macht zu erhalten, selbst wenn sie nicht mehr ihrer ursprünglichen sozialen Rolle gerecht werden.

In allen Industriestaaten geht der größte Teil des Sozialprodukts – das sind fünfundachtzig bis neunzig Prozent – in in Form von Löhnen und Gehältern an die Arbeitnehmer. Und der größte Teil des Restes ist im Grunde auch eine Art Gehalt; denn das Einkommen der Selbständigen wie der Ärzte oder Ladenbesitzer ist weder ein »Gewinn« noch ein »Kapitalertrag«, sondern die Entlohnung für geleistete Dienste. Darüber hinaus handelt es sich bei der Masse der ausgewiesenen »Erträge« der amerikanischen Wirtschaftsunternehmen tatsächlich um Arbeitnehmereinkommen bzw. einbehaltene Löhne. Entweder werden sie direkt an die Pensionsfonds abgeführt, ober aber sie werden in solche Fonds eingezahlt, die aufgrund von Wertpapieren Dividenden ausgeben. Beide Posten zusammen machen immerhin etwa zwei Drittel der US-Erträge nach Steuern aus.

Nach der alten marxistischen Definition ist ein »Ausbeuter« jemand, der ein Einkommen empfängt, ohne dafür zu arbeiten, und daher auf Kosten der »schuftenden Massen« lebt. In den Industrieländern gibt es nur noch eine Gruppe, auf die diese Definition zutrifft; dies sind die effektiv »Benachteiligten«, die nicht arbeitenden und offiziell »Armen«, die auf Kosten der arbeitenden Bevölkerung unterhalten werden. In den USA – in denen die Transferzahlungen vermutlich immer noch etwas niedriger sind als in Westeuropa – erhalten die benachteiligten Familien heute bereits ein höheres Einkommen als ein normaler Arbeiter. Da die Leistungen aus Wohlfahrtsprogrammen und der Sozialversicherung nicht besteuert werden und da die nicht unerheblichen Sozialleistungen in Form von Lebensmittelmarken, Rentensubventionen oder kostenloser Krankenversorgung offiziell nicht als »Einkommen« bezeichnet werden, belaufen sich die Einnahmen der Transfergeldempfänger pro Haushalt immerhin auf zehntausend bis elftausend Dollar jährlich. Das heißt, sie bekommen mehr als ein durchschnittlicher Arbeiterhaushalt mit einem Verdiener. Nach der herkömmlichen marxistischen Terminologie könnte man demnach die Empfänger von Transferleistungen durchaus als »Ausbeuter« bezeichnen – obwohl sicherlich niemand auf den Gedanken käme, sie »Kapitalisten« zu nennen.

Wenn man sich der marxistischen Definition eines »Kapitalisten« als des Eigentümers von Produktionsmitteln anschließt, dann trifft dies noch am ehesten auf den heutigen amerikanischen Arbeitnehmer zu. Wenn jede Wirtschaft und jedes Unternehmen in den Industriestaaten letztlich in irgendeiner Form zum Wohle der Arbeitnehmer geführt wird, kann man in den USA die Mitarbeiter zu Recht als »Eigentümer« bezeichnen, da sie über die Beteiligung an den Pensionsfonds fast ein Drittel des öffentlich gehandelten Aktienkapitals der US-Kapitalgesellschaften besitzen[1]. Darüber hinaus verfügen die Selbständigen- oder die freiwilligen Arbeitnehmerfonds, die in Firmen ohne offizielle betriebliche Altersversorgung von den Beschäftigten initiiert wurden, mindestens über weitere fünf bis zehn Prozent.

In anderen Ländern, wie zum Beispiel in Japan, hat man eine ganz andere Lösung desselben Problems gefunden.

Die dortige Form der Lebenszeitbeschäftigung bedeutet nichts anderes, als daß das japanische Unternehmen das Interesse des Mitarbeiters, und zwar speziell sein Recht auf eine Beschäftigung, als absolut prioritär betrachtet. Dieser Anspruch, der einer orthodoxen Definition des Eigentumsbegriffs recht nahe kommt, wird nur im Falle des Bankrotts oder der Zahlungsunfähigkeit des Unternehmens hinfällig. Typisch für Japan ist auch die Tatsache, daß der Aktienbesitz eher ein Symbol für eine Lieferanten-Kunden-Beziehung als ein »Eigentum« im wirtschaftlichen Sinne ist. Das Kapital selbst stammt im wesentlichen aus Bankkrediten, obwohl diese rein rechtlich gesehen als »Schulden« gelten. Die überaus enge Verquickung von Lieferanten und Kunden äußert sich nun darin, daß das Stahlwerk, das ein Automobilwerk mit Stahlblech beliefert, vielleicht acht Prozent von dessen Aktien besitzt, während das letztere wiederum mit fünf Prozent an der betreffenden Stahlgesellschaft beteiligt ist. Es gibt aber auch Fälle, in denen ein kleiner Zuliefererbetrieb dem Automobilwerk zwar nicht unmittelbar gehört, dieses sich aber zumindest für die Bankkredite und damit das Arbeitskapital des Zulieferers verbürgt. In großen japanischen Gesell-

[1] Vgl. hierzu mein Buch »Die unsichtbare Revolution«, op. cit.

schaften betragen diese Schachtelbeteiligungen zwischen Kunden und Lieferanten teilweise fast fünfzig Prozent des Aktienkapitals und übersteigen bei kleineren Firmen sogar häufig deren Bankschulden. Es ist offensichtlich, daß den Aktieninhabern in diesem Fall die Dividende völlig gleichgültig ist, sondern daß ihr Interesse vor allem den Stahlaufträgen seitens des Automobilwerkes gilt. Insofern impliziert Eigentum hier im Grunde eher ein Verhältnis gegenseitiger Verpflichtungen als einen Rechtsanspruch.

Das nach westlicher Tradition »unteilbare Eigentumsrecht« verteilt sich in Japan auf zwei, wenn nicht gar drei Gruppen – wobei die Arbeitnehmer der großen Gesellschaften mit Lebenszeitbeschäftigung den Löwenanteil bekommen, solange ihr Unternehmen nicht bankrott geht. Sobald die Gefahr des Konkurses droht, geht das Eigentums- und Kontrollrecht auf die Banken über. Die nominellen Anteilseigner schließlich stehen in einem traditionell japanischen Verhältnis der gegenseitigen Verpflichtung – vergleichbar dem traditionellen japanischen Familienclan und ohne praktische – und theoretische – Beziehung zu »Eigentums-« und »Besitzdenken«.

In den europäischen Industrieländern ist die Situation erheblich verworrener. In Großbritannien besitzen die Finanzinstitutionen – wie Pensionsfonds, Versicherungen auf Gegenseitigkeit und Versicherungsgesellschaften, die einen wesentlichen Teil des Arbeitnehmervermögens verwalten – genau wie in den USA Sperrminoritäten und oft sogar Mehrheitsbeteiligungen in den Großunternehmen. Auf dem europäischen Kontinent dagegen üben vor allem die Geschäftsbanken – die ja einen Großteil der gesamtwirtschaftlichen Ersparnisse und folglich auch die Anteile der Arbeitnehmer repräsentieren – über ihre Mehrheitsbeteiligungen die entscheidende Kontrolle aus. Praktisch gibt es in allen europäischen Staaten Schutzmaßnahmen, um die strukturelle Arbeitslosigkeit in den Griff zu bekommen, das heißt, die

Arbeitnehmer haben quasi einen Anspruch auf »Lebenszeitbeschäftigung«.

In einem Präzedenzfall ist das Hohe Gericht der Europäischen Gemeinschaft im Grunde bereits über den japanischen Beschäftigungsanspruch hinausgegangen. Es sprach den Arbeitnehmern im Falle strukturell bedingter Arbeitslosigkeit das Recht zu, selbst bei Konkurs für den Rest ihres Erwerbslebens Unterstützungsleistungen maximal bis in Höhe des vollen Gehaltes zu beanspruchen, wenn der Arbeitgeber noch über andere Vermögenswerte verfügt.

In der Mitarbeiter-Gesellschaft können im Grunde die Arbeitnehmer die einzigen »Kapitalisten« oder »Eigentümer« großer Unternehmen sein. Natürlich sind sie im einzelnen in der Regel nicht reich, sondern bestenfalls »wohlhabend«, als Gesamtheit sind sie jedoch die einzig verfügbare Quelle für den enormen Kapitalbedarf unserer heutigen Wirtschaft. Der »Kapitalist« hat sich inzwischen allein aufgrund des ungeheuren Fortschritts der »kapitalistischen« Wirtschaften überlebt. Die zu Investitionszwecken benötigten Kapitalsummen haben inzwischen ein derartiges Volumen erreicht, daß sie die Finanzkraft eines reichen Mannes oder einer Gruppe von Reichen bei weitem übersteigen.

Eine der scharfsinnigsten Erkenntnisse von Karl Marx bestand in der Unterscheidung zweier Eigentumsarten: einesteils des persönlichen Eigentums in Form des Eigenheims oder anderer beweglicher Besitztümer, wie das Auto, die keine Kontrolle der Produktionsverhältnisse implizieren, und andernteils des Eigentums, das eine solche Kontrolle bedingt. Dies gilt sogar für die Sowjetunion, wo selbst in der egalitärsten Phase persönliches Eigentum gestattet war. Das heißt, rein theoretisch kann jeder Russe eine eigene Datscha besitzen, sie kaufen und verkaufen und sie seinen Kindern vererben. Demgegenüber zeichnet sich der »Kapitalist« allein durch das Eigentum an den Produktionsmitteln aus, und erst dieses macht ihn zum Ausbeuter. In diesem engen Sinne gibt es heute außer einigen Familienbauern oder Kleinunternehmern mit mehreren Angestellten keinen echten Kapitalisten mehr. Die Großunternehmen sind überall insofern sozialisiert, als sie den Arbeitnehmer – wie in den USA – entweder über den Pensionsfonds oder – wie in Japan – über die Lebenszeitbeschäftigung zum eigentlichen Nutznießer gemacht haben. In Westeuropa ist eine andere Form gebräuchlich, nämlich die Absicherung gegen strukturell bedingte Redundanz, die Sozialversicherung, die im weitesten Sinne dem japanischen Prinzip der »Lebenszeitbeschäftigung« entspricht.

Die Juristen haben sich dieser Marxschen Unterscheidung nie angeschlossen, und aus diesem Grunde ist ihnen offensichtlich entgangen, daß die »Besitz-« und »Eigentumskonzepte« – die vor nahezu zweitausend Jahren erstmals von den römischen Rechtsgelehrten entwickelt und dann im 16. Jahrhundert erneut aufgegriffen wurden – inzwischen überholt sind. Während das marxistische »persönliche Eigentum« nach wie vor durchaus gültig ist, wird das »Eigentum am Produktivvermögen« immer mehr durch etwas völlig anderes ersetzt, das durch den juristischen Begriff des »Nießbrauchrechts« nur unvollkommen definiert wird. Der Rentenanspruch ist für einen über fünfundfünfzigjährigen Arbeitnehmer Amerikas, unabhängig von seiner Stellung, höchstwahrscheinlich der größte Aktivposten überhaupt, läßt sich allerdings weder verkaufen, verpfänden, beleihen oder vererben. Sein exakter Wert läßt sich aber erst nach dem Tode des Betreffenden ermitteln. Individuell gesehen ist es zwar kein »Eigentum«, aber es ist mit Sicherheit ein »Wert«, und aus kollektiver Sicht sind die amerikanischen Arbeitnehmer aufgrund ihres Rentenanspruchs im Pensionsfonds Kollektiveigentümer der Produktionsmittel. Dies zeigt sich überdies auch in der Gesetzgebung, die dem Pensionsberechtigten inzwischen Rechte gegenüber dem Fonds-Management zugesteht, die bewußt analog zum Eigentumsrecht entwickelt wurden.

Somit unterscheidet sich der heutige »Arbeitnehmer« ganz erheblich von dem Marxschen »Proletarier« oder dem »unterdrückten Arbeiter« des Gewerkschaftsjargons: Er ist zwar häufig noch der »Blue-collar-worker« mit vorwiegend manueller Tätigkeit, aber in ökonomischer Hinsicht gehört er zur »Mittelschicht«, da er genau deren Merkmal einer hohen Einkommenssicherheit genießt. In den Industrieländern kann der manuelle Arbeiter in den typischen Beschäftigungsbereichen des früheren Proletariers – in der verarbeitenden Industrie, im Bergbau und in der Bauwirtschaft – heute selbst bei langer Zeit der Arbeitslosigkeit mit seinem vollen – und aufgrund der Steuerfreiheit oft mit einem höheren – Einkommen rechnen. In den Vereinigten Staaten ist sein Einkommen beispielsweise praktisch für mindestens zwei Jahre garantiert. Das wirklich entscheidende Merkmal des heutigen »Proletariers« ist jedoch, daß er aufgrund seiner Ausbildung, seiner Weltkenntnis und seiner Erwartungen durchaus Mittelschichtformat besitzt. Die einzigen Personengruppen, die heute in den Industriestaaten noch die Merkmale der Arbeiterklasse des 19. Jahrhunderts aufweisen, sind die unlängst eingewanderten Minderheiten wie die amerikanischen Schwarzen, die Chicanos aus Mexiko, die Sizilianer in Turin oder die türkischen Gastarbeiter in Deutschland.

Darüber hinaus hat der manuelle Arbeiter – mit Ausnahme von Großbritannien, wo das Schulaustritts- und das Berufseintrittsalter längst nicht so stark gestiegen sind wie in den anderen Industrieländern – seine zentrale Rolle unter den Arbeitnehmern eindeutig an den Geistesarbeiter verloren. Rein zahlenmäßig bildet er zwar noch eine Mehrheit, die aber in den USA und in Nordeuropa nur noch eine knappe Majorität darstellt. Demgegenüber liegt der Schwerpunkt nunmehr auf der ausgebildeten Mittelschicht der Arbeitnehmer, von denen immerhin gut neunzig Prozent ihr Leben lang als Angestellte beschäftigt sind[1].

Vor nicht allzu langer Zeit waren Leute mit guter Bildung in der Regel nicht abhängig beschäftigt, sondern meistens freiberuflich tätig. Ausnahmen waren nur Lehrer oder Geistliche. Aber diese hatten trotz ihrer Rolle als Gehaltsempfänger keinen eigentlichen Vorgesetzten. Heute dagegen sind meistens die Leute mit mittelmäßiger Bildung wie Werkstattbesitzer, Handwerker und Ladeninhaber selbständig tätig. Denn selbst in den bisher typischen Bereichen des unabhängigen Freiberuflers wie Medizin, Jura oder Steuerberatung werden Gruppenpraxen immer mehr zur Regel.

Innerhalb der Organisationen und Institutionen hat diese Veränderung zur Bildung zweier Lager geführt – das der Experten und das der Manager (siehe Kapitel 3). Diese Schicht ist jedoch mindestens genauso wichtig oder sogar noch wichtiger für die Gesellschaft und Sozialstruktur, da Status, Funktion, Macht und Verantwortung dieser Mittelschicht das künftige Bild unserer Gesellschaft ganz entscheidend prägen werden.

Diese Leute betrachten sich zwar als Nachfolger der bisherigen Freiberufler, sind aber dennoch Angestellte; sie sind zwar keine »Chefs«, aber auch keine Untergebenen; denn sie nehmen keine Anweisungen entgegen, sondern erstatten jemandem Bericht. Und sie arbeiten in der Regel für eine Institution und nicht für eine Einzelperson. Aufgrund dieser Merkmale bilden sie heute eine neue soziale Schicht, die weder unseren derzeitigen Theorien und Wahrnehmungen noch ihren eigenen Vorstellungen entspricht. Hieraus erklärt sich großenteils ihre überaus ambivalente Position.

[1] Diese fundamentale gesellschaftliche Veränderung wurde meines Erachtens zum erstenmal in meinem Buch »The New Society« (1949, Harper & Row, New York) – deutsche Ausgabe unter dem Titel »Gesellschaft am Fließband« – diskutiert und ist seither vor allem in Europa eingehender untersucht worden. Wichtige Beiträge stammen insbesondere von dem deutschen Soziologen Ralf Dahrendorf, dem jetzigen Rektor der Londoner School of Economics, sowie von dem französischen Soziologen Michel Crozier.

Neokonservative wie Irving Kristol sprechen gern von einer »neuen Klasse Intellektueller«, die der Schmutzarbeit der Produktion und Distribution enthoben und deswegen vermutlich gegen den Kapitalismus und all das Drum und Dran ist. Diese Erklärung ist jedoch nicht ausreichend; denn die Wirklichkeit ist wesentlich subtiler und komplizierter. Die Manager der mittleren Ebene aller Institutionen haben eine überaus ambivalente Beziehung zu ihrem Arbeitgeber. Einerseits sind sie sowohl mit ihrer Arbeit und ihrer Stellung als auch mit ihrer finanziellen und sozialen Situation zufrieden, die sie im Grunde ja ihrer Organisation verdanken. Andererseits empfinden sie sich jedoch ihrem Berufsethos und ihren Wertvorstellungen nach als »Freiberufliche«, deren sozialer Status von ihrer Unabhängigkeit herrührt und die einzig und allein ihrem Beruf verpflichtet sind. Somit haben sie einerseits das Gefühl, sich mit ihrer Institution identifizieren zu müssen, sich aber andererseits eine möglichst große berufliche Unabhängigkeit zu bewahren. Diese Ambivalenz erklärt, warum sie weder »konservativ« im herkömmlichen Sinne noch »liberal« sind und warum sie sich mit Grundsatzfragen wie dem Umweltschutz und der Verstaatlichung identifizieren, die einen Protest gegen die institutionalisierte Gesellschaft implizieren, ohne aber deswegen auf Wirtschaftswachstum, materiellen Wohlstand oder gar auf ein angenehmes Leben verzichten zu wollen.

Sie sind verwirrt, weil ihre Situation verworren und verwirrend ist: Sie sind heute die einzigen »Kapitalisten« und »Eigentümer« – aber ihr Eigentum verschafft ihnen keine Macht. Sie sind die einzigen »Experten« und verfügen über das entscheidende Wissen – aber ihr Wissen und ihre Funktion geben ihnen weder eine angemessene Verantwortung noch einen entsprechenden Status.

»Dem Eigentum folgt die Macht«

Im Jahre 1700 – also vor nahezu dreihundert Jahren – erklärte der Engländer James Harrington, der mit zu den Begründern des heutigen politischen Gedankenguts gehört, in seiner »Oceana«, daß die »glorreiche Revolution« von 1688 in England insofern unausbleiblich war, da die Wirtschaftsmacht, die inzwischen auf den Landadel übergegangen war, nicht mehr mit der politischen Macht in Einklang stand, die nach wie vor beim König und beim hohen Adel lag. In Anlehnung an Aristoteles schrieb Harrington damals, daß politische Macht immer mit der wirtschaftlichen Macht parallel laufen müsse und vice versa, da »dem Eigentum immer die Macht folge«.

... und dem Wissen folgt die Verantwortung

Ein mindestens ebenso altes Axiom – das auch auf Aristoteles zurückgeht – besagt, daß Wissen unbedingt mit Verantwortung gepaart sein sollte. Sonst kann es leicht zu Verantwortungslosigkeit und Arroganz führen – und schließlich würde genau das Irving Kristols Pessimismus bezüglich der »neuen Intellektuellenklasse« bestätigen.

In den Industrieländern der Gegenwart sind beide Regeln eindeutig verletzt. Denn die Arbeitnehmer besitzen zwar sowohl das Eigentum als auch das Wissen, sind sich aber weder der ihnen damit zustehenden und bislang vorenthaltenen Macht und Verantwortung bewußt. Und die Tatsache, daß die Entlohnung und damit die Einkommenssicherheit der meisten Arbeitnehmer sehr hoch und, gemessen an der geringen Verantwortung, oft sogar zu hoch ist, kann diesen grundlegenden Mangel höchstens verschleiern und erzeugt in vielen Werktätigen ein für sie teils unerklärliches Unbehagen, eine undefinierbare Unzufriedenheit und innere Leere.

Aufgrund der engen Verbindung von Eigentum und Macht werden die Führungsspitzen nur schwer Herr der Lage bleiben, wenn es ihnen nicht gelingt, die Repräsentanten des Eigentums, die Arbeitnehmer, in die Machtstruktur und betrieblichen Kontrollmechanismen miteinzubeziehen. Eine grundlegende Herausforderung des Managements in unserer heutigen Mitarbeiter-Gesellschaft besteht in dem Versuch, einerseits deren Eigentum an den Produktionsmitteln in eine solide Basis für die Legitimität des Managements umzumünzen und andererseits deren Wissen dank einer angemessenen Verantwortung innerhalb des Unternehmens und ihres Tätigkeitsbereichs sinnvoll einzusetzen.

Im Verlauf der zwanziger Jahre verlagerte sich die gesellschaftliche Macht in der Wirtschaft von den traditionellen Kapitalisten, den Eigentümern des 19. Jahrhunderts, immer stärker auf die professionellen Manager, die ihre Stellung und Macht vornehmlich ihrer Funktion und Leistung verdankten. 1940 behauptete James Burnham, der als einer der ersten über Management geschrieben hat, in seinem Buch »The Managerial Revolution«, daß in einer modernen Gesellschaft die Macht von der Funktion abhänge und nicht vom Eigentum oder der Zustimmung des Volkes.

Das Buch hatte zwar eine enorme Wirkung, aber die zweifelnden Stimmen waren von Anfang an unüberhörbar[1].

Das professionelle Management ist zwar durchaus kompetent, verantwortungsbewußt und leistungsstark, macht aber derzeit dennoch eine ernsthafte Legitimitätskrise durch, weil es weder über die gestrige Wirtschaftsmacht des kapitalistischen Eigentums noch über ein angemessenes Äquivalent als Grundlage seines Handelns verfügt.

Eine Reihe von Unternehmern glauben immer noch, daß sie in dem »kleinen Kapitalisten«, dessen Interessen iden-

[1] Ich habe meine Zweifel bereits 1941 in meinem Buch »The Future of Industrial Man« (John Day, New York) geäußert.

tisch sind mit denen des Großkapitals und der über ein gehöriges Maß an lokal begrenzter politischer Macht verfügt, eine hinreichende politische Basis besitzen. Dieser Kleinkapitalist ist jedoch im Schwinden begriffen, und an seine Stelle tritt immer mehr der Arbeitnehmer-Investor, dessen Eigentum besonders auf seiner Beteiligung an den Pensionsfonds und an anderen Finanzsituationen begründet ist. Solange er jedoch nicht deutlich sichtbar in den Entscheidungs- und Machtprozeß integriert ist, wird er weder das Unternehmen noch dessen Management unterstützen, sondern bestenfalls desinteressiert und neutral bleiben – und damit die Unternehmensleitung ihrer Machtbasis berauben.

Eine solche offensichtliche und eindeutige Integration der neuen Eigentümer, die dem Unternehmer wieder zu der nötigen Legitimität verhilft, geschieht natürlich nicht automatisch. Sie ist nur möglich, wenn den Arbeitnehmern in ihrer Rolle als Besitzer sowohl des Gesellschaftskapitals als auch des Gesellschaftswissens die erforderliche Verantwortung verliehen wird.

Das Management hat unter anderem die Aufgabe, das Humankapital produktiv zu machen und einzusetzen. Dabei hat die zunehmende Bedeutung des Geistesarbeiters ebenso wie die ständig gestiegenen Fähigkeiten der Arbeitskräfte das menschliche Kräftepotential in den industrialisierten Ländern in geradezu erstaunlichem Umfang gesteigert. Dennoch haben die meisten Unternehmensleitungen dieser Veränderung nicht in angemessener Form Rechnung getragen, denn sie haben dieses Kräftepotential nur unzureichend ausgeschöpft. In den meisten privaten, jedoch noch mehr in den öffentlichen Unternehmen und Einrichtungen sind die Angestellten grundsätzlich »unterbeschäftigt«, denn ihre Verantwortung entspricht nur selten ihren Fähigkeiten, ihrer Autorität und ihrer wirtschaftlichen Stellung. Sie erhalten Geld anstelle von Status, den im Grunde nur echte Verantwortung vermitteln kann, und dies ist auf die Dauer ein unbefriedigender Ersatz.

Wichtig ist vor allem, daß die Arbeitnehmer sämtlicher Ebenen echte Verantwortung für die Angelegenheiten der Betriebsgemeinschaft übernehmen müssen, die sich zugleich auch auf die Entwicklung und Verwaltung betrieblicher Versorgungspläne bezieht[1]. Sie müssen sowohl für eigenständiges Arbeiten als auch für die persönliche Ziel- und Selbstkontrolle zur Verantwortung gezogen werden und sich letztlich zu einer ständigen Verbesserung des gesamten Betriebsprozesses bzw. zum »ständigen Lernen« nach japanischem Vorbild veranlaßt fühlen. Ferner muß jeder einzelne die Möglichkeit haben, sich verantwortungsbewußt an der Ermittlung und Festsetzung der Unternehmensziele und -entscheidungen zu beteiligen.

Dies ist nicht etwa »Demokratie«, sondern simples Bürgerrecht, es ist auch keine Form des unverantwortlichen »laissez-faire« oder einer falsch verstandenen »Mitbestimmung« von seiten des Managements, sondern eine solche Beteiligung der Belegschaft an der gesamtbetrieblichen Verantwortung stärkt das Management genauso wie die Dezentralisierung, die in sehr komplexen und weitverzweigten Unternehmen eine echte Entlastung der Führungsspitze mit sich gebracht hat. Sie bewirkt bei den Beschäftigten ein deutlich besseres Verständnis für die Managemententscheidungen und -auffassungen. Es ist schließlich naheliegend, daß der Geschäftsführer einer Tochtergesellschaft, der selbst mit teils schwierigen Marketing-Entscheidungen zu kämpfen hat, die Anliegen und Probleme des Topmanagements bei der Entscheidungsfindung sehr viel besser versteht. Dasselbe gilt für den Ingenieur, der seine eigenen Ziele und Leistungen an den zuvor selbst gesteckten Zielen messen muß. Er bleibt zwar nach wie vor ein Fachmann – und dies ist auch gut so –, aber ihm erschließt sich eine neue Dimension und Sichtweise sowie ein Verantwortungsbewußtsein für das Überleben und die Lei-

[1] Vgl. hierzu das Kapitel »Der verantwortliche Arbeiter« in meinem Buch »Neue Management-Praxis«, Düsseldorf 1975

stung der Gesamtheit, das den Manager von den Untergebenen und den Bürger vom Subjekt unterscheidet.

Darüber hinaus müssen wir auch noch das ökonomische Interesse des Arbeitnehmers institutionalisieren – und dies ist erheblich schwieriger. Denn hier geraten die verschiedenen Interessen in erheblichen Widerspruch. Einerseits ist der Eigentumsanteil des Arbeitnehmers – in welcher Form er auch immer besteht – am Wirtschaftsleben sein größter finanzieller Aktivposten, der dementsprechend verantwortungsbewußt verwaltet werden muß. Gleichzeitig muß er aber so organisiert sein, daß er bestimmten wichtigen sozialen Bedürfnissen gerecht wird: dies sind zum Beispiel eine möglichst große Anpassungsfähigkeit der Gesamtwirtschaft sowie das gesellschaftliche und persönliche Interesse an individueller Mobilität und Selbstkontrolle. Zu guter Letzt muß noch gewährleistet sein, daß privatwirtschaftliche wie öffentliche Institutionen unter wirksamer und verantwortlicher Führung stehen.

Die Japaner haben dieses Problem weitgehend dadurch ausgeschaltet, daß das Unternehmensinteresse primär dem Arbeitnehmer und seinem Job gilt. Die Japaner stehen derzeit zwar vor großen sozialen Problemen, die sie meines Erachtens aber durchaus mit Hilfe einer größeren Mobilität und Flexibilität bewältigen könnten, indem sie ihr System der Lebenszeitbeschäftigung durch zusätzliche Vorkehrungen zur Antizipation und Beseitigung struktureller Arbeitslosigkeit ergänzen. Denn dann könnten sie eine echte betriebliche Gemeinschaft erzielen, die auf einer traditionellen japanischen gegenseitigen Verpflichtung aufbaut und dem Land die stabilste Sozialstruktur aller Industriestaaten überhaupt garantieren könnte.

Im Westen dagegen wird eine Lösung nur dann akzeptabel sein, wenn sie die ökonomische Beteiligung der Arbeitnehmer mit den individuellen finanziellen Bedürfnissen und mit dem gesellschaftlichen Bedürfnis nach Flexibilität und individueller Mobilität vereinbaren kann.

Hierzu gibt es derzeit drei Ansätze. Der scheinbar einfachste ist die direkte Aktienbeteiligung an der arbeitgebenden Gesellschaft. Diese als ESOP (Employe Stock Ownership Plan) bezeichnete Methode wird speziell in den USA mit Hilfe von Steuervergünstigungen gefördert und hat den Vorteil, daß sie die Identität der Unternehmens- und Belegschaftsinteressen sichtbar macht. Aber die großen in sie gesetzten Hoffnungen sind doch im Laufe unserer nunmehr immerhin gut hundertjährigen Erfahrung letztlich enttäuscht worden. Der ESOP-Plan macht zwar die Arbeitnehmer zu Eigentümern, berücksichtigt aber andererseits überhaupt nicht die spezifischen Situationen der einzelnen Gesellschaften, so daß er zwangsläufig fehlschlagen und zu Verlusten führen muß. Der Hauptfehler ist, daß ESOP bei allen oder zumindest bei den meisten Unternehmen einen erfolgreichen Geschäftsablauf mit entsprechenden Gewinnen ganz selbstverständlich unterstellt.

Dem steht jedoch entgegen, daß so ziemlich jede Firma im Laufe der langen Zeitspanne eines Berufslebens – das entspricht dreißig Jahren bis zur Pensionierung – zwangsläufig Phasen ernsthafter Schwierigkeiten und hoher Verluste durchmacht und ein Teil sogar völlig von der Bildfläche verschwindet. Demnach ist es unverantwortlich von seiten des Managements, den Arbeitnehmer neben dem ohnehin schon hohen finanziellen Einsatz durch seine Beschäftigung noch zusätzlich durch die Ersparnisse an das Unternehmen zu binden. Es widerspricht auch allen Regeln, wenn alle Ersparnisse in ein und dieselbe Investition gesteckt und darüber hinaus noch so festgelegt werden, daß sie nicht aufgelöst werden können.

Dadurch bekommen die meisten ESOP-Aktienbesitzer im Laufe ihrer dreißigjährigen Investition nicht ein künftiges Ruhestandsgehalt, sondern sie müssen erhebliche Verluste hinnehmen. Und daher wird der ESOP-Plan ihre ursprüngliche positive Einstellung zum Unternehmen schon recht bald ins Gegenteil verkehren; denn es wird nicht lange dauern, bis sie erkennen, daß sie mit ESOP in erster Linie ihrem »Boß« finanziell unter die Arme gegriffen haben. Sobald ein Unternehmen auch nur eine kurze Phase wirtschaftlicher Schwierigkeiten durchmacht - und die Wahrscheinlichkeit, daß diese innerhalb einer beliebigen Fünfjahresperiode eintritt, beträgt immerhin etwa achtzig Prozent -, reagieren die betroffenen Arbeitnehmer - verständlicherweise - sehr unwillig, weil sie sich - zu Recht - »hintergangen« fühlen. Darüber hinaus bindet die direkte Aktienbeteiligung den Arbeitnehmer an sein Unternehmen und beeinträchtigt seine Mobilität. Gerade das ist speziell in einer Zeit schnellen sozialen, technischen und ökonomischen Wandels äußerst nachteilig und geradezu unsozial.

Überdies wird die Wirtschaft durch die direkte Aktienbeteiligung insofern paralysiert, als sie ein großes gemeinsames Interesse an der Aufrechterhaltung des Status quo entstehen läßt. Typisch ist zum Beispiel, daß schrumpfenden Industrien und Unternehmen diese Art der Finanzierung höchstwahrscheinlich äußerst gelegen kommt, da sie ungeheure Schwierigkeiten haben, sich anderweitig Kapital zu beschaffen. Der entscheidende Einwand gegen diese Methode ist jedoch, daß sie in den meisten Fällen Enttäuschung, Feindseligkeit und finanzielle Verluste verursacht, weil sie grundlegende Regeln finanzieller Umsicht und Vorsicht verletzt.

Das andere Extrem einer diesbezüglichen Lösung, die derzeit insbesondere in den skandinavischen Ländern diskutiert wird, ist der Vorschlag eines nationalen Aktienfonds, der aus den Gewinnen sämtlicher inländischer Unternehmen finanziert wird und seine Gelder in diese wieder reinvestiert. In diesem Falle wäre die Gesamtheit der Arbeitnehmer über die Rentenzahlungen Nutznießer des Fondsvermögens. Im Gegensatz zum ESOP-Plan, der vor allem die Unternehmen begünstigt, sind hier eher die Gewerkschaftsfunktionäre im Vorteil, da sie den Fonds - und damit auch indirekt die Wirtschaft ihres Landes – kontrollieren und manipulieren wollen. In jeder anderen Beziehung ist dieser Plan jedoch unbrauchbar. Der Fonds wäre mit Sicherheit nie imstande, irgendeinen Anteil zu verkaufen oder aus einer Investition auszusteigen. Er wäre damit unwiderruflich an die Industrien und Unternehmen von gestern gekettet, während die neuen und zukunftsträchtigen Wirtschaftszweige Schwierigkeiten bei der Kapitalbeschaffung hätten. Ein solcher nationaler Fonds würde die skandinavischen Länder somit zu einem unaufhaltsamen wirtschaftlichen Abstieg verdammen. Rein politisch wäre es speziell im Fall eines gewerkschaftlich kontrollierten Fonds ausgesprochen schwierig für diesen, eine schrumpfende Industrie einfach ihrem Schicksal zu überlassen oder aber einen potentiellen Konkurrenten finanziell zu unterstützen. Desgleichen wäre es sowohl für ihn als auch für die von ihm kontrollierten Firmen aus rein politischen Gründen praktisch unmöglich, im Ausland zu investieren. Eine derartige Restriktion ist aber in unserer Zeit der weltweiten Wirtschaftsintegration weder für den einzelnen Arbeitnehmer noch für die skandinavischen Länder angebracht. Dieser von den skandinavischen Gewerkschaften angestrebte Prototyp entspricht ziemlich weitgehend der staatlichen Investitionsgesellschaft, die Mussolini gegründet hat. Mit ihrer Hilfe sollten die dahinsiechenden italienischen Gesellschaften gerettet werden, und inzwischen kontrolliert sie circa dreißig bis vierzig Prozent der großen italienischen Konzerne. Doch selbst die hartnäckigsten Befürworter des Staatseigentums und selbst die kommunistischen Gewerkschaftsführer geben heute zu, daß diese Einrichtung eine unheilvolle Geschwulst geworden ist.

Die größte Schwäche des skandinavischen Plans ist jedoch, daß er die Eigentümerrolle des Arbeitnehmers verschleiert. Das einzige, was er nach außen hin sichtbar macht, ist, daß die Gewerkschaftsfunktionäre in extrem hochbezahlten Stellen sitzen und über enorm viel Geld verfügen können.

Abschreckend wirkt auch das Beispiel der Italiener: Die Arbeitnehmer der staatlichen Gesellschaften empfinden sich keinesfalls als Eigentümer – sondern ganz im Gegenteil, diese Unternehmen sind oft typisch für extrem schlechte Beziehungen zwischen Arbeitgebern und Arbeitnehmern sowie für eine sehr niedrige Produktivität. Dasselbe gilt auch für Israel, wo den Gewerkschaften zwei Drittel aller Unternehmen gehören.

Zu guter Letzt gibt es noch die dritte, in Amerika praktizierte Form der Pensionsfonds, die von dem jeweiligen Arbeitgeber (oder in manchen Industrien oder Berufen auch von Arbeitgebergruppen) eingerichtet und finanziert werden. Diese Fonds dürfen nur einen kleinen Teil ihres Vermögens in firmeneigene Aktien anlegen und investieren sonst nach den üblichen Regeln einer möglichst rentablen Kapitalanlage in verschiedenartige und liquide Geschäftsbereiche. Diese Methode genügt zwar voll und ganz den Prinzipien eines verantwortlichen Finanzmanagements, da sie weder die Mobilität der Wirtschaft noch des einzelnen beeinträchtigt, aber sie schafft es andererseits nicht, die Eigentümerrolle der Arbeitnehmer hinreichend sichtbar als institutionelle Realität aufzuzeigen.

Hierin liegt eine große Herausforderung für das amerikanische Management: Die Arbeitnehmer müssen so in die Leitung der Pensionsfonds integriert werden, daß die Integrität des professionellen Managements gewahrt bleibt. Andererseits müssen die Fonds, die gegenwärtig einen entscheidenden Teil des Aktienkapitals großer Gesellschaften kontrollieren, ihrerseits wieder in die Leitung dieser Unternehmen integriert werden, indem beispielsweise in den Aufsichtsrat ein eigens dafür ausgewählter erfahrener Vertreter eingesetzt wird. Sonst könnten möglicherweise die Gewerkschaften unter dem Vorwand ihrer Rolle als Arbeitnehmervertreter auf irgendeine Weise versuchen, die Kontrolle der Pensionsfonds an sich zu reißen.

Die Entstehung der Mitarbeiter-Gesellschaft hat die

ursprüngliche Macht- und Legitimationsbasis zerstört, auf der die Wirtschaft im Zeitalter des »Kapitalisten« beruhte. Darüber hinaus hat sie bewirkt, daß die frühere Einheitlichkeit der »Eigentümer« – des kleinen Ladenbesitzers ebenso wie des Großunternehmers, die alle durch ihr gemeinsames Eigentumsinteresse verbunden waren – zerstört und die Wirtschaft einer wichtigen Unterstützung beraubt worden ist. Da die Eigentümer der großen Konzerne heute Institutionen und Vertreter der Arbeitnehmer sind, hat sich zwischen ihnen und den Kleinunternehmern und Ladenbesitzern eine tiefe Kluft gebildet; denn das gemeinsame Interesse ist für die letzteren nicht mehr ersichtlich und effektiv kaum noch vorhanden. Bei ihnen herrscht weitgehend das Gefühl vor, daß sie und ihr »Familienbetrieb« – trotz aller gegensätzlichen Behauptungen – von den professionellen Managern des »Big Business« – nicht gebilligt werden.

Ein entscheidender Punkt ist jedoch, daß die neuen Eigentümer der Großunternehmen sich ihrer Lage gar nicht bewußt sind. Das Management repräsentiert zwar die Produzenten- und Arbeitnehmerinteressen in unserer Gesellschaft, aber es hat im Grunde weder die Autorität oder Legitimität noch die Machtbasis, um dieser Aufgabe gerecht zu werden. Und sein absurdes »Profitdenken« verschleiert diese Realität nur um so mehr.

Somit hat die Mitarbeiter-Gesellschaft ein Machtvakuum entstehen lassen und eine Inkongruenz zwischen Macht und Eigentum sowie zwischen Macht und Wissen geschaffen. Um die neuen Eigentümer und die neuen Geistesarbeiter zu integrieren, sind keine außergewöhnlichen Maßnahmen notwendig. Einige Gesellschaften in der westlichen Welt und, in anderer Weise, in Japan haben im Grunde schon Lösungen gefunden. Doch da die meisten Unternehmensspitzen ihre Chance bisher weitgehend ungenutzt verstreichen ließen, laufen sie Gefahr, ihre Macht zu verlieren. Das sichtbarste Zeichen hierfür ist die Herausforderung sowohl der britischen

Regierung als auch des britischen Managements durch die Gewerkschaften. Doch in dieser turbulenten Zeit bleibt es dem Unternehmertum unbenommen, doch noch seine Chance wahrzunehmen.

Haben die Gewerkschaften eine Überlebenschance?

Die Entstehung der Mitarbeiter-Gesellschaft, in der die Unternehmen vornehmlich dem Interesse der Werktätigen dienen und in der die Arbeitnehmer die einzigen wahren Kapitalisten sind, stellt die Existenzberechtigung der Gewerkschaften ernsthaft in Frage. Da die abhängig Beschäftigten heute immerhin fünfundachtzig Prozent des Volkseinkommens für sich verbuchen können, ist der ursprüngliche Zweck der Gewerkschaften, die Erhöhung der »Lohnquote«, im Grunde hinfällig. Es bleibt praktisch nur noch die Möglichkeit, daß eine Gewerkschaft den Anteil ihrer Mitglieder auf Kosten anderer Arbeitnehmergruppen erhöht. Auf diese Weise vertreten die Gewerkschaften letztlich nur noch ganz bestimmte Spezialinteressen, die gegenüber der restlichen Gesellschaft nur mittels massiver Machtdrohungen durchgesetzt werden können.

Allerdings sind die rein ökonomischen Ziele keineswegs die einzige Rechtfertigung der Gewerkschaften, sondern einen Teil ihres Erfolges verdanken sie auch ihrer politischen Rolle als Gegenmacht des Managements. Dies erklärt auch, warum die Verstaatlichung einer Industrie – entgegen der marxistischen Analyse – immer stärkere und militantere Gewerkschaften zur Folge hat. Da jedoch ein zunehmend großer Teil der Arbeitnehmer Manager- und Expertenfunktionen ausüben wird, verliert das Problem der Managementmacht immer mehr an Gewicht. Ein gutes Beispiel hierfür sind die militanten Gewerkschaften der Universitätslehrer, deren Hauptinteresse immer der Erhaltung ihrer Macht im

Universitätsbereich gegenüber der Administration, dem Gesetzgeber und dem Steuerzahler gilt. Dies ist typisch für die meisten Gewerkschaften von Managern und Fachkräften. Es ist naheliegend, daß sich im Falle einer durchgängigen Gewerkschaftsvertretung alle Gruppen irgendwie organisieren werden. So ist es keineswegs ausgeschlossen, daß eine Gewerkschaft für Topmanager eines Tages lautstark einen »Platz an der Sonne« für seine Mitglieder verlangt. Aber dies entspricht wohl kaum dem ursprünglichen Ziel der Gewerkschaftsbewegung.

Aus diesem Grunde befinden sich die Gewerkschaften der westlichen Welt in einer tiefen Krise. Dabei sind sie in Ländern wie den USA, Frankreich oder Japan, in denen sie eine relativ schwache Position haben, sogar noch stabiler als in Großbritannien, Schweden oder Deutschland, wo sie sehr viel Macht haben. Den amerikanischen Gewerkschaften mag es wohl zugute kommen, daß sie zumindestens im privatwirtschaftlichen Sektor nie eine sonderlich überragende Rolle gespielt haben. So hatten sie 1980 sogar prozentual weniger Mitglieder als vor fünfzig Jahren zu Beginn ihrer Expansion unter dem New Deal. Seit dem Ende des Zweiten Weltkriegs ist die Mitgliederzahl von einem Höhepunkt von dreißig Prozent auf fünfzehn oder sechzehn Prozent aller Beschäftigten des Privatsektors gesunken, während sie davor (1933) achtzehn Prozent betragen hatte. Nur im öffentlichen Sektor, in dem es ja keinen »kapitalistischen« Gegner gibt, haben die Gewerkschaften einen deutlichen Mitgliederzuwachs seit dem Zweiten Weltkrieg erlebt.

Solange eine Gewerkschaft schwach ist, haben Arbeitnehmer ein echtes Interesse daran, sie als eine Form der Rückversicherung aufrechtzuerhalten. Die meisten Werktätigen gehören ihr zwar nicht an, zahlen keine Beiträge und müssen sich nicht ihren Bedingungen unterwerfen – aber die Gewerkschaft bleibt dennoch eine allgegenwärtige Drohung und hält das Unternehmen von allzu willkürlichen Machtakten ab.

Sobald die Gewerkschaft jedoch selbst Macht ausüben kann, wie in Großbritannien, Nordeuropa oder in gewissem Umfang in Italien, artet sie in Zwang aus und ist daher viel stärker gefährdet.

Dies mag zwar paradox klingen, insbesondere wenn man die nahezu allmächtigen britischen Gewerkschaften betrachtet, die fast die Regierungsgewalt innezuhaben scheinen. Aber hinter einer so extremen und übersteigerten Form des Machtverlangens verbirgt sich in der Regel immer Angst. Denn die Gewerkschaften sind sich sehr wohl der Tatsache bewußt, daß sie sich in irgendeiner Form in die Machtstruktur einfügen müssen, da sie sich sonst entweder einer strengen politischen Kontrolle unterwerfen müssen oder aber zum Handlanger der Regierung werden wie in den totalitären Staaten des Ostblocks. Deswegen befinden sich die Gewerkschaften heute in einer Offensive, die vorwiegend auf ihrer Schwäche beruht. Die Gesellschaft hat ihnen ihre Legitimität zwar noch nicht abgesprochen – aber sie wissen, daß diese Frage noch nicht geklärt ist.

Als die Gewerkschaften noch von ihrer Mission, ihrer sozialen Rolle und Legitimität voll überzeugt waren, wiesen sie die Idee einer Beteiligung am Management noch weit von sich. Sie wußten, daß eine solche Partnerschaft und Mitverantwortlichkeit mit den »Bossen« ihre Position nur schwächen konnte. Heute dagegen plädieren gerade die »starken« Gewerkschaften am lautesten für »Mitbestimmung« und damit für eine volle Einbeziehung in die Managementstruktur.

Dies ist im Grunde nichts weiter als ein letzter verzweifelter – und weitgehend sinnloser – Versuch, die Macht der gestrigen Mehrheit, des Blue-collar-workers, gegenüber der »gebildeten Mittelschicht« der Arbeitnehmer zu behaupten. Überdeutlich wird dies an dem britischen Mitbestimmungsvorschlag. Er fordert unter anderem, daß die Gewerkschaft, die die größte Gruppe der manuellen Arbeiter repräsentiert, alle

Sitze im Aufsichtsrat zu erhalten habe. Aber auch die Deutschen zielten in genau dieselbe Richtung mit ihrer Forderung, daß leitende Angestellte vom Aufsichtsrat ausgeschlossen bleiben sollten. Die neue Arbeitnehmer-Mittelschicht versucht sich genauso zu organisieren wie die Arbeiter und ist häufig sogar erheblich militanter. Dabei geht es ihr weniger um die Vertretung einer »unterdrückten« Gruppe, sondern um die Durchsetzung ihrer Spezialinteressen. Sie erscheint vielleicht liberaler als die traditionellen Blue-collar-worker, aber die Bereiche, in denen dies der Fall ist – wie in den Fragen der Rassenbeziehungen, Abtreibung, internationalen Angelegenheiten oder des Umweltschutzes –, haben überhaupt nichts mit den Problemen der Arbeiterklasse zu tun.

Das Hauptmotiv der deutschen und britischen Gewerkschaftsführer für ihr Mitbestimmungskonzept war ihre Angst, von den Geistesarbeitern beherrscht zu werden. Allerdings ist ihr Versuch, dem zu begegnen, fehlgeschlagen und hat auch in Zukunft nur wenig Aussicht auf Erfolg. Ihre Vorschläge konnten aber auch dadurch mitbegründet werden, daß der angelernte Arbeiter heutzutage über mehr Wissen, Information und Bildung verfügt als in vergangenen Zeiten – ohne jedoch auf einer entsprechend erweiterten Verantwortung zu bestehen. Insofern ist die Mitbestimmung eine deutliche Reaktion auf dieses Mißverhältnis und auf das Versagen des Managements, diesen Mißstand möglichst schnell und erfolgreich auszunutzen.

Dennoch ist die Mitbestimmung nicht die richtige Lösung; denn die Masse der Entscheidungen, die die Arbeitnehmer betreffen, werden weniger auf der Aufsichtsratsebene als vielmehr betriebsintern getroffen. Dazu kommt noch, daß die Arbeitnehmervertreter ja keine direkten Belegschaftsmitglieder, sondern Gewerkschaftsfunktionäre sind, die weder ein persönliches Interesse an der betreffenden Firma haben noch sie gut genug kennen. Die Mitbestimmung ist somit eher eine Forderung der Gewerkschaftsführer als der Mitglieder, bei der es in allerersterLinie um handfeste Machtinteressen und weniger um Verantwortung geht. Sie führt letztendlich zu einer Schwächung des Managements, der Unternehmen und der Wirtschaft, die in keinem Verhältnis zu den geringen Vorteilen steht, die sie den Arbeitnehmern oder der Gesellschaft bietet.

Selbst dort, wo die Gewerkschaftsführer – und vor allem aber die in den Gewerkschaften tätigen Akademiker, die in den Industriestaaten immer mehr die Rolle der eigentlichen Drahtzieher übernehmen – die Mitbestimmung realisiert haben, wissen sie sehr wohl, daß sich in den nächsten fünfundzwanzig Jahren das Schicksal der Gewerkschaften entscheidet. Die Unternehmensführung ist ein notwendiges Organ; man kann nur darüber streiten, wer ihr angehören soll, nicht aber, daß ihre Existenz notwendig ist. Die Gewerkschaften sind zwar ein durchaus notwendiges und sinnvolles Derivat und Gegengewicht gegen das Management, aber sie haben keine absolut unerläßliche Funktion. Das wird am Beispiel totalitärer Regime deutlich, die die Gewerkschaften – wie beispielsweise Hitler und Mao – entweder mühelos unterdrückt oder aber – wie Stalin – zu gefügigen Werkzeugen der Unternehmensleitung gemacht haben. Ihre ursprüngliche Funktion – die Erhöhung der Lohnquote – ist praktisch hinfällig geworden, weil es einfach nichts mehr »zu holen« gibt. Und ihre soziale Funktion wird nebensächlich, sobald das Management die Eigentümerrolle des Arbeitnehmers institutionalisiert und ihn mit mehr Verantwortung ausstattet. Dennoch besitzen die Gewerkschaften nach wie vor genügend Macht, um die Gesellschaft zu paralysieren, sowie das Recht, einen organisierten Bürgerkrieg anzuzetteln – denn als etwas anderes kann man den Streik heute ja wohl nicht bezeichnen. Ohne dieses Recht könnten sie höchstwahrscheinlich nicht überleben – und darüber sind sie sich durchaus im klaren. Doch sobald sich der Anteil am großen »Kuchen« nicht mehr zugunsten der Arbeitnehmer erhöhen läßt, weil sie ohnehin alles bekommen, verliert der Streik als Mittel zum Zweck jegliche Berechtigung. Das heißt, die Löhne bzw. Lohnforderungen wären nicht mehr eine Frage der Verhandlungsmacht und ein Symbol der Stärke, sondern würden sich ausschließlich an der Produktivität orientieren.

Bisher hat es eigentlich noch keine Gesellschaft gegeben, die einer bestimmten Interessengruppe die Macht zur Anzettelung eines Bürgerkrieges anvertraut hätte – es sei denn, diese Gruppe war aufgrund ihrer militärischen Stärke eindeutig überlegen.

Die heutigen Gewerkschaften befinden sich daher in einer ganz ähnlichen Lage wie die Feudalritter um 1300. Dreihundert Jahre zuvor hatten die Bauern nur allzu bereitwillig die Leibeigenschaft akzeptiert, weil der Grundherr damals als einziger in der Lage war, sie vor den ständig einfallenden Normannenscharen zu schützen, die das Land erbarmungslos ausplünderten, zerstörten und versklavten. Dreihundert Jahre später hatte sich das Bild grundlegend gewandelt: Die Feudalherren besaßen zwar noch ihre Heere, Pferde und Lehnsgüter und waren praktisch allmächtig, aber ihre Verteidigungsfunktion war entfallen. Es dauerte noch ganze hundertfünfzig Jahre, bis die Bauern erkannten, wie leicht verwundbar der gepanzerte Ritter im Grunde war. Und das geschah letztlich mit Hilfe der Schweizer Bauern, die in der Mitte des 15. Jahrhunderts die Macht der Burgunder Ritterschaft zerstörten, indem sie deren Pferde raubten.

Die Gewerkschaft besitzt weder Pferde noch Truppen oder Lehnsgüter. Ihre Macht steht und fällt mit der Unterstützung der Öffentlichkeit und der Regierung. Aus diesem Grunde war es Hitler auch möglich, die damals größte, stolzeste und scheinbar mächtigste Gewerkschaftsorganisation der Welt mit Hilfe eines einfachen Leutnants und zehn Soldaten zu entmachten, indem er einfach die Besetzung der Gewerkschaftszentrale befahl. Bisher war noch kein Streik erfolgreich, der nicht von der Öffentlichkeit unterstützt worden wäre, das heißt, ohne daß die öffentliche Meinung die Streikursache als gerechtfertigt angesehen hätte. Deshalb versuchen die Gewerkschaften heute verzweifelt – und von ihrer Sicht aus zu Recht –, sich einen Platz innerhalb des Machtgefüges zu erkämpfen, da ihnen sonst nur die Alternative der völligen Macht- und Bedeutungslosigkeit bleibt.

Das heißt also, daß wir uns in den kommenden Jahren auf eine äußerst turbulente Beziehung zwischen den Sozialpartnern gefaßt machen müssen, weil die Gewerkschaften nicht mit rationaler Strategie, sondern mit der Verzweiflung eines verwundeten Tieres kämpfen; denn für sie muß jeder Konflikt ein Kampf um die Existenz werden – egal um welche Frage es geht. Sie haben alles zu verlieren und werden es deshalb bei jeder Fragestellung auf volle Konfrontation ankommen lassen. Es ist müßig, in so einer Situation noch von »verantwortlicher Gewerkschaftsführung oder -politik« zu reden, da sie möglicherweise zur Auslöschung führen kann. Deshalb müssen die Gewerkschaften versuchen, um jeden Preis zu überleben und den alten Geist der Klassensolidarität, des tugendhaften Opfers und des heroischen Kampfes gegen eine überwältigende Übermacht heraufzubeschwören und zu schüren. Das heißt, daß unsere derzeitige Mitarbeiter-Gesellschaft nicht deswegen militant und radikal ist, weil ihre Gewerkschaftsmitglieder so radikal und militant sind, sondern weil sie es eben *nicht* sind.

Das Unternehmen als politische Einrichtung

Der moderne Staat, der aus den Inflationen und Religionskriegen des 16. Jahrhunderts hervorgegangen ist, beruhte auf der Annahme, daß es nur eine einzige politische Institution in Form der Zentralregierung gäbe und daß es daneben keine weiteren legitimen Gesellschaftseinrichtungen geben dürfe. Dementsprechend wurden damals zunächst einmal die vorhandenen Einrichtungen ihrer Macht beraubt: die Adligen wurden Grundbesitzer, das heißt reiche Bürgerliche ohne fürstliche Lokalmacht; die Kirche wurde Verwaltungsbehörde, die vorwiegend Geburten, Hochzeiten und Todesfälle registrierte, und die Freien Städte verloren ihre Selbstverwaltung und wurden in die staatliche Verwaltungsstruktur eingegliedert. Der große englische Sozialwissenschaftler Henry Maine schrieb im 19. Jahrhundert, daß der Geschichtstrend damals vom »Status zum Kontrakt« ging und daß es neben der Zentralregierung keinerlei andere politische oder soziale Macht gab. Die einzig akzeptierte organisierte Einheit war die Familie; sie war eine Art soziales Molekül in dem von der Zentralregierung geschaffenen Kräftefeld.

In der Beziehung stimmten sowohl die Konservativen mit den Liberalen als auch die klassischen Ökonomen mit Karl Marx völlig überein (Differenzen gab es nur hinsichtlich der institutionellen Struktur der Regierung selbst). Sie strebten grundsätzlich dieselbe Gesellschaftsstruktur an, und Marx unterlag letztlich der gleichen Illusion wie die Mehrzahl seiner liberalen Zeitgenossen mit seiner Überzeugung, daß die Zentralregierung sich schnell als Anachronismus erweisen und von allein »verschwinden« würde. Der einzige Unterschied war, daß er die Kontrolle der Zentralgewalt in anderen Händen sehen wollte: nämlich in denen seiner eigenen Leute und nicht der »anderen«.

Die Gesellschaft der Institutionen

Unsere Lehrbücher bekennen sich zwar nach wie vor zu der politischen und sozialen Theorie des »modernen Staates«, aber die Wirklichkeit hat sich inzwischen drastisch verändert: Im Laufe dieses Jahrhunderts und speziell seit dem Ende des Zweiten Weltkrieges ist unsere Gesellschaft zu einer Gesellschaft der Institutionen geworden. Vor hundertfünfzig Jahren oblag eine soziale Aufgabe entweder der Familie oder niemandem. Sie allein war sowohl für die Pflege der Kranken und Alten, für die Erziehung der Kinder und die Verteilung des Einkommens als auch für die Beschaffung eines Arbeitsplatzes zuständig. Da sie mit dieser Vielzahl von Aufgaben natürlich überfordert war und sie deshalb mehr schlecht als recht erfüllte, war mit deren Auslagerung in Institutionen eine deutliche Leistungssteigerung verbunden. Gleichzeitig erhielt unsere Gesellschaft ihre typisch pluralistische Prägung. Heute wird jede einzelne dieser Funktionen in und von einer Institution ausgeführt, die eigens zu diesem Zweck langfristig organisiert wurde und deren Führung und Politik Managern innerhalb einer bestimmten formalen Struktur obliegt.

In den Vereinigten Staaten gilt gewöhnlich das Wirtschaftsunternehmen als Prototyp dieser Einrichtungen – das liegt daran, daß dieses dort am augenfälligsten war, während auf dem europäischen Kontinent der Staatsdienst und die Universität mindestens genauso sichtbar waren. Aus diesem Grunde hat sich die Managementforschung in den USA vor allem auf den Unternehmensbereich konzentriert, während sie sich in Europa vorwiegend mit der öffentlichen Verwaltung und – wie Max Weber – mit der »Bürokratie« befaßte. Dennoch handelt es sich um ein weltweites Phänomen, dessen Institutionalisierung in sämtlichen Industriestaaten nahezu vollendet ist.

Die Institutionen der heutigen Gesellschaft wurden alle für einen bestimmten Zweck geschaffen: die Wirtschaftsunternehmen dienen der Erzeugung von Gütern und Dienstleistungen, die Krankenhäuser dienen der Versorgung von Kranken, die Universitäten dienen der Ausbildung der Führungskräfte und Akademiker von morgen etc. Von jeder dieser Einrichtungen wurde sowohl eine qualitativ hochwertige Leistung als auch die Konzentration auf diese Leistung erwartet. Sie hatte natürlich auch »public relations«, das heißt, sie mußte andere gesellschaftliche Belange als Restriktionen betrachten. Ihre Legitimation erhielt sie jedoch durch den ihr zugedachten Beitrag und die vollbrachte Leistung.

Dies hat sich mit der Entstehung unserer Institutionengesellschaft geändert. Die Zentralregierung ist mit zunehmender Größe immer schwerfälliger und unfähiger geworden. Die einzelnen Spezialinstitutionen sind an ihre Stelle getreten und zu den eigentlichen Entscheidungsträgern avanciert, die die sozialen Zielsetzungen, Werte und die Gesellschaft insgesamt weitgehend bestimmen. Dadurch sind sie natürlich in starkem Maße politisiert worden, so daß sich ihr Beitrag nicht mehr allein im Rahmen ihres bisherigen Aufgabengebiets messen läßt, sondern darüber hinaus nach seinen gesamtgesellschaftlichen Auswirkungen beurteilt wird. Jede einzelne dieser Institutionen hat im Gegensatz zu früher eine bestimmte »Anhängerschaft« zu befriedigen und muß versuchen, dieser gerecht zu werden. Die Universität würde sich zwar nach wie vor gern nach ihren eigenen Werten definieren. Dem stehen jedoch die andersartigen Anforderungen an die Hochschulbildung entgegen, bei denen es weniger auf Vermittlung von Wissen oder auf die Lehre ankommt, sondern vielmehr auf die möglichst weitgehende Befriedigung unterschiedlicher sozialer Bedürfnisse und Werte. Das heißt zum Beispiel, daß die Zusammensetzung der Studentenschaft die Gesellschaft und speziell die als wünschenswert erachtete Gesellschaft von morgen reflektieren soll.

Die Existenz derartiger Erwartungen beweisen die an amerikanischen oder deutschen Universitäten immer häufigeren Eingriffe hinsichtlich der Zulassungen, des Fachs und sogar des Lehrplans. Das Krankenhaus, das seine Aufgabe als »Beseitigung von auftretenden Gesundheitsschäden« definieren könnte, wird in den Industrieländern in zunehmendem Umfang als Zentrum einer völlig anderen Form der »Gesundheitsfürsorge« betrachtet. Gewissermaßen gilt es als soziale Einrichtung, die der Bevölkerung hilft, Krankheiten vorzubeugen, oder – wie im Fall der ambulanten Abteilung der innerstädtischen amerikanischen Krankenhäuser – die sich speziell der Belange der Schwarzen annimmt oder ein gewisses »Gesundheitsklima« erzeugt.

Und beim Wirtschaftsunternehmen liegen die Dinge ganz ähnlich.

In dieser Verlagerung der Ansprüche spiegelt sich zum großen Teil der pluralistische Charakter einer Gesellschaft wider, in der keine Institution die Verantwortung für das Wohlergehen der Gesamtheit zu tragen hat, sondern jeweils nur ihr spezifisches Ziel verfolgt. Wer ist dann aber für das Gemeinwohl zuständig? Dieses Problem, das schon immer ein grundlegendes Manko des Pluralismus war, liegt den neuen Forderungen nach »sozialer Verantwortung« zugrunde. In einer pluralistischen Gesellschaft ist jede Institution zwangsläufig auch politisch und wird durch ihre jeweilige Anhängerschaft definiert. Diese können zwar die Funktionstüchtigkeit der betreffenden Organisation beeinträchtigen und Entscheidungen blockieren, aber sie können sie in der Regel nicht zum Handeln zwingen. Und selbst wenn die Institution nicht völlig auf ihre Unterstützung angewiesen ist, so kann ihre Opposition Leistungs- und Überlebensfähigkeit doch ganz erheblich beeinträchtigen.

Diese Entwicklung von den ursprünglichen, prinzipiell funktionsorientierten Institutionen, die jede weitere Verantwortung ablehnten, hin zu Organisationen, die zumindest bestimmten Erwartungen einer Vielzahl von »Außenseitern« gerecht werden müssen, welche an sich nur wenig Interesse an der spezifischen Funktion der jeweiligen Einrichtung haben, war für sämtliche Führungsspitzen ein unsagbarer Schock. Viele Unternehmen beklagen sich heute zum Beispiel, daß sie Anforderungen erfüllen müssen, die überhaupt nichts mit ihrem Wirtschaftsbeitrag und ihrer Leistung zu tun haben. Dazu gehört die Forderung nach Erhaltung der Umwelt ebenso wie so völlig nichtökonomische Forderungen, daß die US-Wirtschaft für eine egalitäre Gesellschaft zu sorgen habe, in der alle Gruppen nicht nur Chancengleichheit haben, sondern darüber hinaus noch – unabhängig von der Fähigkeit oder Leistung – Ergebnisgleichheit herrscht. Dabei sind die Hochschulen, Universitäten und Gesundheitseinrichtungen vermutlich sogar einem noch größeren Druck ausgesetzt und unterliegen noch größeren Einschränkungen als die Wirtschaft.

Vielleicht ist die derzeit in Europa vorherrschende antiwirtschaftliche Ideologie für die Unternehmen sogar noch günstiger als die Forderungen des amerikanischen Populismus. Er verlangt von der US-Wirtschaft, ihre Leistung nichtökonomischen Aktivitäten und Zielsetzungen zu unterwerfen. In Europa gilt es im großen und ganzen als selbstverständlich, daß das vorrangige Unternehmensziel die ökonomische Leistung ist – strittig sind dort vielmehr die Fragen der Unternehmenskontrolle. Selbst die alte »sozialistische« Feindseligkeit der Europäer gegenüber dem »Privatunternehmen« ist noch vergleichsweise harmlos – im Gegensatz zu den Populisten Amerikas –, da die Sozialisten die Leistung als Unternehmensziel durchaus akzeptieren. Der Widerstand der Europäer richtet sich mehr persönlich gegen die Inhaber der Macht und nicht so sehr gegen das, was sie tun. Da die Populisten dies nicht akzeptieren, werden die Europäer, die ihr Geld im »gesünderen Amerika« investieren, vielleicht noch einige Überraschungen erleben.

In einer pluralistischen Gesellschaft sind alle Institutionen zwangsläufig politisch und müssen versuchen, sich auf die Wünsche und Vorstellungen vieler verschiedener Öffentlichkeitsgruppen einzustellen, um nicht von einzelnen Gruppen behindert oder blockiert zu werden. Deswegen werden alle Manager lernen müssen, in politischen Kategorien zu denken und zu handeln.

In einer einseitig orientierten Organisation gilt die Grundregel der Entscheidungsoptimierung, das heißt, ein möglichst günstiges Verhältnis zwischen Aufwand und Risiko auf der einen Seite und Ergebnissen und Chancen auf der anderen Seite zu finden. Demgegenüber ist die berühmte Abstraktion der Wirtschaftstheoretiker, die Maximierung, völlig sinnlos und findet praktisch nirgendwo Anwendung, da kaum jemand wüßte, wie man die Gewinne maximiert.

In einem politischen Prozeß dagegen geht es nicht mehr um Optimierung, sondern um »Zufriedenstellung«.

Der amerikanische Managementforscher Herbert Simon vom Carnegie-Mellon-Institut in Pittsburgh erhielt 1979 als erster Gelehrter dieses Fachs den Wirtschafts-Nobelpreis für sein (Ende der vierziger Jahre erstmals aufgestelltes) Theorem, nach dem Manager bei ihren Entscheidungen weder zu maximieren noch zu optimieren, sondern ganz einfach »zufriedenzustellen« (satisfice) versuchen. Das heißt, sie versuchen die Lösung zu finden, die ein Minimum an akzeptablen Ergebnissen liefert. Und genau dies ist die in der Politik vorherrschende Regel.

In einem politischen System gibt es viel zu viele Wählerkreise, die sich nur schwer optimieren lassen. Man muß sich deshalb überlegen, in welchem Bereich Optimierung unbedingt erforderlich ist. Für alle anderen Gebiete dagegen versucht man, genau die Lösung zu wählen, der genügend Gruppen zustimmen können, das heißt, die möglichst weitreichende Unterstützung findet und wenig Opposition herausfordert. Genau dies meint der Politiker, wenn er von einem akzeptablen Kompromiß spricht. Denn die Politik ist nicht umsonst die »Kunst des Möglichen« und nicht die des »Wünschenswerten«.

Die Führungsspitzen werden also in unserer pluralistischen Gesellschaft mit ihren zunehmend politisierten Institutionen zunächst einmal lernen müssen, sich über die Bedürfnisse und Erwartungen ihrer verschiedenen Konsumenten klarzuwerden. Solange ein Unternehmen in einem Marktsystem operiert, sind die Kundenerwartungen die zu optimierende Größe, während die meisten Gesellschaften die Aktionäre als eine Gruppe betrachten, die zufriedengestellt werden muß. Denn sie interessiert vor allem die Frage: »Welches ist der Mindestertrag, mit dem wir sowohl die Kapitalkosten decken als auch das erforderliche Fremdkapital für uns gewinnen können?« Demgegenüber ist die in den Lehrbüchern behandelte Frage nach dem »optimalen Kapitalertrag« meistens gegenstandslos. Die Unternehmer und Geschäftsleute gehen in der Regel von der Annahme aus, daß sie mit der Optimierung der Marktergebnisse zugleich auch den Erwartungen des Kapitalmarktes gerecht werden. Diese Denkweise wird das Management in Zukunft auf viele andere mittelbar oder unmittelbar betroffene Kunden wie beispielsweise die Beschäftigten übertragen müssen, zumal der Stellenmarkt dem Kapitalmarkt durchaus ähnlich und ein mindestens genauso »echter« Markt ist.

Daneben gibt es noch eine große und zunehmende Zahl politischer Gruppen, von deren Unterstützung die ökonomische Aufgabe und Leistung eines Unternehmens ganz wesentlich abhängen kann.

Verständlicherweise sind die Manager nicht gerade begeistert davon und sehen darin eine negative Entwicklung. Es wäre natürlich wesentlich einfacher und sicher auch insgesamt produktiver, wenn sich die einzelnen Institutionen auf ihren jeweiligen spezifischen Zweck konzentrieren und alle Forderungen nach Berücksichtigung anderer sozialer Belange als illegitim und außerhalb ihres Aufgabenbereiches liegend von sich weisen könnten. Zumindest sollte man von ihnen nicht Dinge erwarten, die ihre Fähigkeit übersteigen – und gerade die rein zweckorientierten Spezialinstitutionen stoßen sehr schnell an ihre Grenzen.

Ein Negativbeispiel hierfür war der Ende der sechziger und Anfang der siebziger Jahre von der amerikanischen Universität unternommene Versuch, Kommunalaufgaben zu übernehmen – zweifellos brauchten die Innenstädte dringend Hilfe, und es gab genügend Leute an der Universität, die sich als Experten für Kommunalprobleme bezeichneten. Entscheidend ist jedoch letztendlich, daß die Wertsysteme einer politischen Gemeinschaft und die der Fakultäten einfach zu unterschiedlich sind. Deshalb ist die Universität einfach nicht in der Lage, den Charakter, die Bedürfnisse und die Funktionsweise einer Stadt zu verstehen. Dasselbe gilt für den Versuch eines amerikanischen Krankenhauses, dem Mangel an Privatärzten im Schwarzenviertel der Innenstadt durch ihre ambulante Station abzuhelfen: Er erwies sich als völliger Fehlschlag, weil ein Krankenhaus aufgrund seiner Struktur und Zielsetzung einfach kein adäquater Ersatz für eine Privatpraxis ist. Es gibt noch eine Reihe weiterer ähnlicher Versuche amerikanischer Körperschaften, »sozial verantwortlich« zu handeln, die nur in ganz seltenen Fällen wirklich positive Effekte gezeigt haben.

Die Institutionen müssen sich über ihre spezifischen Fähigkeiten im klaren sein, um gegebenenfalls auch »nein« sagen zu können. Denn es ist ausgesprochen verantwortungslos, an sich gute Absichten ohne die entsprechende Befähigung durchführen zu wollen.

Andererseits ist es heute aber auch nicht mehr möglich, sich ausschließlich auf das zu beschränken, was man hundertprozentig kann, und vor allen anderen Forderungen und Bedürfnissen die Augen zu verschließen. Denn in unserer heutigen pluralistischen Gesellschaft muß jede Institution wohl oder übel auch für solche Bereiche Verantwortung übernehmen, die über die eigene Aufgabe hinausgehen.

Folglich müssen sich die Führungsschichten überlegen, was sie effektiv tun können und was nicht. Die Regeln sind an sich einfach – aber ihre Anwendung relativ schwierig. So ist es äußerst unverantwortlich, eine Aufgabe zu übernehmen, die entweder die eigenen Fähigkeiten übersteigt oder aber die Ausübung der primären Funktion beeinträchtigt – zu deren Erfüllung ja letztlich die Ressourcen von der Gesellschaft bereitgestellt wurden. Des weiteren muß der Manager versuchen, sich über die Konsequenzen seines Handelns sowie über die Gruppen Klarheit zu verschaffen, die seine Entscheidungen beeinträchtigen und blockieren können.

Dies kann zu einer gewissen Zwiespältigkeit führen. Denn bei der Erfüllung der Primärfunktion einer Institution – wie zum Beispiel der Erzeugung von Gütern und Diensten im Falle des Unternehmens oder der medizinischen Versorgung im Falle eines Krankenhauses – wird der Manager Optimallösungen anstreben und seine Entscheidungen nicht an dem orientieren, was akzeptabel ist, sondern an dem, was seiner Meinung nach richtig ist. Im Hinblick auf die externen Interessengruppen, die seine eigentliche Aufgabe nicht tangieren, müssen die Manager in politischen Kategorien denken und einen für möglichst viele akzeptablen Kompromiß zu erzielen versuchen. Manager sind zwar keine Politiker, aber sie müssen dennoch beide Lösungsansätze in ihrem Prozeß der Entscheidungsfindung berücksichtigen.

Die Macht der kleinen Minderheit

Diese wird in einer pluralistischen Gesellschaft insofern doppelt wichtig, weil hier kleine, oft nahezu paranoide Gruppen mit Spezialinteressen eine ihrer Größe oft unangemessene Macht ausüben.

Die Theorie des modernen Staates ging von der Existenz einer »Mehrheit« und einer »Minderheit« aus, die gemeinsam eine Art »Allgemeinwillen« bilden und die sich beide mit dem gesamten Spektrum sozialer und politischer Entscheidungen befassen. Alles andere wurde als »Cliquenwirtschaft« und als bösartig und schädlich abgetan. Der politischen Partei fiel schließlich die Rolle zu, die einzelnen Splittergruppen auf den gemeinsamen Nenner des Allgemeinwohls und -willens zu bringen.

Seitdem Edmund Burke in England erstmals die integrierende Kraft der Partei dem eigensüchtigen Partei-Extremismus der Französischen Revolution gegenübergestellt hat, bildete sein Konzept den Mittelpunkt der modernen politischen Theorie und Praxis.

Die Umkehr dieser Tendenz begann Anfang dieses Jahrhunderts, als die Gewerkschaft ihr eigenes, extrem einseitiges Konzept dem des Allgemeinwohls und -willens entgegensetzte, obwohl sie selbst noch weitgehend diesem Parteisystem angehörte. In Europa war sie der ideologischen Struktur einer »sozialistischen«, »kommunistischen« oder Arbeiterpartei zugeordnet, die zu jeder Frage eine ganz bestimmte Position vertrat. Lange Zeit versuchte sie mit bemerkenswertem Erfolg, die besonderen Eigeninteressen der Gewerkschaften in einen breiten ideologischen Rahmen zu integrieren. In den Vereinigten Staaten hat die Gewerkschaft dagegen einer Ideologisierung im großen und ganzen widerstanden und sich statt dessen auf bestimmte ökonomische Ziele beschränkt, die in den Rahmen eines allgemeinen Konsens bezüglich sozialer, politischer und kultureller Fragen paßten. Abgesehen von ihren engen wirtschaftlichen Zielsetzungen ist die US-Gewerkschaft effektiv immer eine äußerst konservative Kraft gewesen, die alle traditionellen Werte gepflegt hat – im Bereich der Familie oder Kirche ebenso wie in der Außenpolitik oder der Verfassung.

Dann aber haben sich eine Reihe neuer und andersartiger Kräfte entwickelt und versucht, das traditionelle Konzept zu untergraben. Einer der ersten diesbezüglichen Versuche kam von der winzigen Minderheit – die nicht mehr als fünf Prozent der wahlberechtigten Bevölkerung ausmachte –, die in den USA dank ihrer hartnäckigen und engstirnigen Verfolgung ihres einzigen Zieles die Prohibition durchsetzte. Die Prohibitionisten von 1920 wußten sehr wohl, daß die Mehrheit der Amerikaner ihrem Anliegen gegenüber bestenfalls indifferent, aber meistens ablehnend eingestellt war. Und ihnen war auch klar, daß es ein für allemal zu spät wäre, sobald die amerikanischen Soldaten aus dem Krieg zurückkehrten. Ihnen blieben also nur drei oder vier Jahre, um der Allgemeinheit ihre besessene Idee aufzuzwingen. Andererseits sahen sie sehr wohl, daß das herkömmliche Parteisystem selbst sehr kleinen Gruppen durch Androhung des Stimmentzugs die Möglichkeit bot, ihre ganz speziellen Interessen zu erreichen. Auf diese Weise gelang es einer kleinen Minderheit von etwa einem Zwanzigstel der stimmberechtigten Bevölkerung, die Prohibition durchzusetzen, indem sie diese zum einzigen und entscheidenden Kriterium für ihre Wahlentscheidung machte. Kurze Zeit danach lieferte Gandhi in Indien den nochmaligen Beweis, daß eine ähnlich kleine Minorität durch passiven Widerstand und Sabotage die größte Macht paralysieren konnte. Natürlich hätten die Briten, wenn sie in den zwanziger Jahren noch genauso von ihrer Weltmachtideologie überzeugt gewesen wären, dieser kleinen Minderheit ihren Willen mit dem entsprechenden Druck aufzwingen können. Gandhis Bewegung wäre dann sehr bald der Atem ausgegangen. Aber als sie es tatsächlich versuchten, wurde das bislang an sich richtige Verhalten eines britischen Generals, nämlich sein Versuch, eine Menschenmasse zwangsweise zu zerstreuen und auseinanderzutreiben, zum »Massaker von Amritsar« hochgespielt. Somit wurde Gandhi nicht etwa durch die Reaktion der Inder auf Amritsar berühmt, sondern vielmehr durch die der Engländer in Großbritannien.

Diese beiden Ereignisse brachten eine entscheidende Wende in der politischen Entwicklung zum Vorschein. Sie zeigten nämlich, daß die Parteien gegenüber kleinen Minderheiten völlig machtlos sind, wenn diese engstirnig und überzeugend genug ein ganz bestimmtes Ziel verfechten und das Unterlassen einer bestimmten Aktivität als für das Schicksal der Welt oder zumindest der Gesellschaft ausschlaggebend hinstellen. Da sie bewußt auf Konfrontation abzielen, können sie die auf möglichst weitgehenden Konsens gerichteten großen Parteien sehr empfindlich treffen und blockieren – und genau darin liegt ihre Macht.

Es ist auffallend, daß die Parteien immer weniger versuchen, die Massen zum Handeln zu bewegen, sondern daß Mobilisierungsversuche nur noch von ganz kleinen Gruppen unternommen werden, die gar kein eigenes Aktionsprogramm besitzen, sondern sich nur an einem gemeinsamen »Feind« orientieren. Typischerweise lautet ihr Slogan nicht etwa »Für Bürgerrechte«, sondern »Atomkraft – nein, danke« (um das deutsche Schlagwort zu verwenden, das dem amerikanischen »no nukes« entspricht, Anm. d. Übers.). Auffällig ist auch, daß in den englischen Gewerkschaften die »Radikalen«, »Militanten« oder »Linken« dominieren, obwohl sie nur zwei bis drei Prozent der Mitglieder ausmachen. Dies wird vor allem durch die Lethargie der großen Mehrheit der »Gemäßigten« erklärt, die an keinen Treffen teilnehmen, nicht wählen und ganz einfach desinteressiert sind. Um so größer ist der Effekt der kleinen Gruppen, die sich voller Eifer auf eine Sache, und zwar vor allem auf die Negierung bestimmter Ziele, konzentrieren, ohne sich um die Konsequenzen ihres Handelns zu kümmern.

Jedes Individuum oder jede Gruppe, das oder die (außer einer erwiesenen übernatürlichen Wahrheit) nur einen einzigen, alles überragenden Wert akzeptieren, sind definitionsgemäß paranoid. Demgegenüber sind wir anderen insofern geistig normal, als wir die Welt als komplex erkennen und wissen, daß es keine endgültige Wahrheit gibt – zumindest nicht im säkularen Bereich des menschlichen Handelns. Ob paranoid oder nicht – fest steht, daß die heutige Politik immer weniger den Konsens und den größten gemeinsamen Nenner, sondern vielmehr die Konfrontation und die extremste und kämpferischste Position sucht. Vielleicht ist dies ganz einfach ein weiterer Aspekt einer pluralistischen Gesellschaft, der aber bisher nirgendwo so extrem zu beobachten gewesen ist wie in den Industrieländern während der letzten dreißig Jahre.

Die kleine Minderheit kann auch noch in einem anderen Sinne als paranoid bezeichnet werden; denn sie weigert sich zuzugeben, daß sie möglicherweise im Unrecht ist oder aber die falschen Mittel verwendet. Und wenn die Ergebnisse nicht den Erwartungen entsprechen, dann ist das nur ein weiterer Beweis für die Macht des Bösen, aber mit Sicherheit nicht ein Indiz dafür, daß der Fehler bei der Gruppe selbst lag. So war ein amerikanischer Prohibitionist beispielsweise nicht imstande einzusehen, daß dieser Zusatzartikel zur Verfassung den Reiz des Alkoholtrinkens nur noch erhöhte.

Politikbewußtes Management

Diese Tendenzwende in der Welt der Politik stellt auch für den Manager eine neue Situation dar, das heißt, die herkömmlichen Formen des »Umgangs« mit Politikern haben keine Gültigkeit mehr. Manager waren schon immer darum bemüht, die Bedürfnisse des Politikers zu verstehen und mit ihm zu kooperieren, indem sie versuchten, im Parlament oder in der Verwaltung soweit wie möglich auf »Tuchfühlung« zu bleiben, um die Politiker zu kennen und selbst gekannt zu werden. Daran hat sich auch nicht viel geändert: Es ist nach wie vor sinnvoll, die Ansichten, Werte, Präferenzen und Probleme anderer Leute – und speziell der Politiker – zu kennen, und sei es nur, weil sie sich ganz erheblich von denen eines jeden Managers unterscheiden. Es ist nach wie vor sinnvoll zu wissen, daß für einen Manager so selbstverständlich erscheinende Dinge, wie beispielsweise die spezifische Funktion seiner Institution, für einen Politiker völlig abwegig sind – falls er sie überhaupt wahrnimmt. Ebenso ist es stets sinnvoll, nicht nur diejenigen zu kennen, die am politischen Geschehen beteiligt sind, sondern auch von ihnen gekannt zu werden, bevor man etwas von ihnen benötigt. Und last not least sollte man sich über die Probleme Klarheit verschaffen, die durch die Aktivität der eigenen Institution verursacht werden, bevor diese zum »Skandal« ausarten und von jedem Politiker zum Zwecke der Wiederwahl oder Beförderung ausgeschlachtet werden.

Aber diese Maßnahmen reichen allein nicht mehr aus. Der Manager kann und darf sich nicht länger damit begnügen, abzuwarten und zu reagieren, sondern er muß selbst handeln und selbst die Initiative ergreifen.

Die Führungsschicht und vor allem die Unternehmensführung wird nur dann erfolgreich sein, wenn sie aufhört, sich selbst als Vertreter eines »Spezialinteresses« zu betrachten – und von anderen als solcher betrachtet zu werden. In einer politischen Arena, in der die Verfechter der »geheiligten Wahrheit« dominieren, müssen sich die Manager aller Institutionen unbedingt zu Vertretern des Allgemeinwohls, zu Fürsprechern des Allgemeinwillens machen. Sie können nicht länger auf die integrierende Kraft des politischen Prozesses vertrauen, sondern müssen selbst die Rolle des Integrierens übernehmen. Der Manager sollte sich in der Gesellschaft als Vertreter der wirtschaftlichen Interessen profilieren und etablieren. Daher muß er die im Allgemeininteresse liegende Politik erkennen, die den sozialen Zusammenhalt fördert. Dies muß allerdings geschehen, ehe ein »Problem« entstanden ist und bevor bereits andere Lösungsvorschläge vorliegen, auf die er nurmehr reagieren kann. Seine Rolle muß die des Vorschlagenden, des Beratenden und des Fürsprechers sein. Der Unternehmer muß mit anderen Worten lernen, selbst die »Anliegen« zu initiieren, deren soziale Rolle und Lösung zu identifizieren und das Produzenteninteresse insgesamt zu vertreten, anstatt sich auf das Spezialinteresse der »Wirtschaft« zu beschränken.

In den Vereinigten Staaten hat sich beispielsweise der Business Round Table – in dem die Vorstandsvorsitzenden einiger großer Gesellschaften vereinigt sind – zu einer eigenen politischen Institution entwickelt, die zu ökonomischen und sozialen Problemen Stellung nimmt und Maßnahmen vorschlägt, *bevor* sie zu politischen Kontroversen ausarten. Er hat dies ohne viel Aufhebens oder Publizität und relativ unbemerkt von der Öffentlichkeit bisher mit recht gutem Erfolg getan. Und in Großbritannien hat das British Institute of Management ganz ähnliche politische Aktivitäten entfaltet, denn es hat das Management ermutigt, sich zum legitimen Fürsprecher des Gemeinwohls und der ökonomischen Interessen der Gesellschaft zu machen. Auch in Japan vollzieht sich eine ganz ähnliche Entwicklung bei den alteingesessenen und mächtigen Topmanagement-Verbänden, die sich nicht mehr darauf beschränken, ihnen schädlich oder unsinnig erscheinende politische Vorschläge rundweg abzulehnen, sondern statt dessen konstruktive und im nationalen Interesse liegende Vorschläge selbst und als erste zu formulieren und zu veröffentlichen.

Um der Rolle als Vertreter des Produzenteninteresses und als Fürsprecher des Allgemeinwillens gerecht zu werden, muß der Unternehmer zunächst die Verantwortung für die im Rahmen dieses Buches diskutierten Maßnahmen übernehmen, die – wie die Bewältigung struktureller Arbeitslosigkeit, die Einbeziehung der Arbeitnehmer in die Unternehmensverantwortung sowie die Abschaffung des irreführenden Gewinndenkens etc. – für die Zukunft des Unternehmens relevant sind. Er muß darüber hinaus aber auch die Verantwortung für seine Führungsrolle im Hinblick auf das Interesse der Allgemeinheit übernehmen, da er sonst in einer zunehmend pluralistischen, politischen Umgebung im Machtfeld der politischen Konfrontation zerrieben wird.

Ein gutes Beispiel dafür, wie er es *nicht* machen sollte, ist das Versagen der Manager des amerikanischen Big Business bei der Bekämpfung der inflationären Wirkungen von Einkommensteuern. Die einzige Gruppe in Amerika, deren Einkommen gegen diese Inflationsauswirkung geschützt ist, ist die kleine Gruppe – überwiegend zählen Großindustrielle dazu –, die ein Gehalt von mehr als hunderttausend Dollar jährlich versteuert. Ihr Steuerhöchstsatz liegt bei fünfzig Prozent ihres Einkommens, so daß sie durch eine nominale –

inflationsbedingte – Erhöhung desselben nicht automatisch in eine höhere Steuerklasse aufrücken. Ihre Untergebenen genießen allerdings keinen entsprechenden Inflationsschutz, sondern ihre Steuern steigen selbst dann, wenn sich ihr Einkommen genau in Höhe der Inflationsrate erhöht. Natürlich ist die Höchststeuer sinnvoll und gesellschaftlich wünschenswert – ja sogar notwendig. Aber ich bezweifle, ob sie sich auch in Zukunft verteidigen läßt, wenn die Spitzenverdiener weiterhin vor der damit verbundenen großen Ungerechtigkeit gegenüber ihren Mitarbeitern, Kollegen und Mitproduzenten die Augen verschließen.

Diese Anforderungen, die das neue politische Klima an das Management stellt, mögen sich anhören, als sei es nur etwas für die »Großen«. Dem ist jedoch nicht so, denn die Politisierung aller Institutionen verlangt von allen Managern, einschließlich der in mittleren und Kleinbetrieben tätigen Führungskräfte, eine entsprechende Umstellung. Genaugenommen müssen gerade die mittleren und kleinen Firmen häufig erheblich mehr Zeit für Fragen aufwenden, die gar nicht unmittelbar mit ihrer wirtschaftlichen Leistung verbunden sind. Oft müssen sie ihre Führungsrolle noch ernsthafter wahrnehmen als große Gesellschaften. Während die letzteren sich – vielleicht im Rahmen des Business Round Table – mit nationalen oder internationalen Problemen beschäftigen, sind für die ersteren eher lokale oder regionale Angelegenheiten relevant. Desgleichen werden sie in der Regel keinen »direkten Draht« zu den Spitzenvertretern der Regierung haben, sondern eher indirekt über den Handels- oder Wirtschaftsverband ihren Einfluß geltend machen. Aber die Anforderungen hinsichtlich der aufzuwendenden Zeit, der erforderlichen Politik oder der benötigten Charaktereigenschaften bleiben in sämtlichen Institutionen, unabhängig von deren Größe, grundsätzlich die gleichen.

Für alle Unternehmen und Organisationen ist entscheidend, daß sie in einer Gesellschaft der Institutionen operieren und existieren, in der die allgemeinen Bedürfnisse der Gemeinschaft in zunehmendem Maße von Einrichtungen befriedigt werden, die ursprünglich für eine bestimmte Leistung konzipiert wurden. Und sämtliche Managements der verschiedensten Körperschaften werden sich darauf einstellen müssen, daß die Gesellschaft ihre Institutionen immer mehr »zweckentfremdet«. Ferner müssen sie lernen, in einer politisierten Umwelt zu operieren, die in zunehmendem Maße durch kleine zielgerichtete und aggressive Minderheiten geprägt ist. Kurzum, sie werden lernen müssen, in unserer turbulenten Zeit ihrer politischen Rolle innerhalb einer pluralistischen Gesellschaft ebenso gerecht zu werden wir ihrer rein wirtschaftlichen und leistungsbezogenen Rolle innerhalb ihrer Organisation.

Die Herausforderung des Managements

»Selten – wenn überhaupt – ist eine neue grundlegende Institution, eine neue Führungsgruppe, eine neue Zentralfunktion so schnell entstanden wie das Management seit der Jahrhundertwende. Selten in der Geschichte der Menschheit hat sich eine neue Institution so schnell als unentbehrlich erwiesen. Und noch seltener wurde eine neue Institution mit so wenig Opposition, so wenig Störungen, so wenig Kontroversen eingeführt.«

Diese Zeilen habe ich vor weniger als zehn Jahren geschrieben[1], und die ersten beiden Sätze sind nach wie vor gültig. Tatsächlich hat sich keine gesellschaftliche Führungsgruppe oder eine neue gesellschaftliche Institution so schnell entwickelt wie das Management, das 1900 praktisch noch nicht existierte und heute weltweit verbreitet und allgemein bekannt ist. Und selten ist eine neue Institution so schnell unersetzlich geworden. Aber es stimmt nicht mehr, daß das Management wenig Opposition auslöst, *keine* Störungen verursacht und nur wenige Kontroversen hervorruft. Im Gegenteil; die Rolle des Managements ist heute durchaus umstritten; denn es wird von vielerlei Leuten heftigst attackiert, und es steht sozusagen selbst im Zentrum der Turbulenz.

Dennoch brauchen wir uns um seine künftige Existenz keine Sorgen zu machen. Wenn die Menschheit nicht gerade

[1] Im ersten Kapitel meines Buches »Neue Management-Praxis«, a.a.O.

eine weltweite Katastrophe auslöst und sich dabei selbst auslöscht, werden auch die von ihr in den vergangenen hundert Jahren geschaffenen Institutionen durchaus überleben: ihre Bedeutung wird eher zu- als abnehmen. Und sie können ja nicht ohne Management funktionieren, denn von ihm hängt letztlich die Gesamtorganisation und Leistung ab.

Allerdings kann sich seine Form – also seine Restriktionen und Kontrollen sowie seine Struktur, Macht und Einstellung – durchaus stark verändern. Man kann sagen, daß das Management gegenwärtig in mancher Hinsicht eine Art »Jugendkrise« durchmacht, in der sich entscheidet, wie das gereifte Management aussehen wird und wie viele seiner Versprechen es in echte Reifeleistungen umsetzen kann.

Die Herausforderungen der kommenden turbulenten Zeit betreffen alle Managementebenen und -gruppen gleichermaßen. Vielleicht stehen den Aufsichtführenden der unteren Ebenen, den Vorarbeitern, Meistern und Büroleitern, die größten Umstellungen bevor, auf die sie am wenigsten gefaßt sind. So muß beispielsweise ja der kontrollierende »Vorgesetzte« in der »Wissens-Organisation« zum »Assistenten«, zur »Wissensquelle«, zum »Lehrer« werden, und die neuen Erwerbstätigengruppen wie Frauen oder Rentner müssen anders geführt werden, als dies bisher der Fall war. Das gesamte Kontrollpersonal hat sich bisher kaum auf die drastischen Veränderungen des Bildungsniveaus und der Erwartungen der heutigen Arbeitskräfte eingestellt – deshalb wird es in dieser Beziehung besonders viel zu lernen haben, um für »morgen« gewappnet zu sein.

Aber auch das mittlere Management hat mit Herausforderungen zu rechnen. Im Zusammenhang mit der zunehmenden internationalen Produktionsteilung werden die heutigen mittleren Manager und Fachkräfte z. B. lernen müssen, mit Leuten zusammenzuarbeiten, über die sie keine direkte Kontrolle haben, sowohl transnational zu arbeiten als auch Systeme zu schaffen, zu erhalten und zu leiten. Und dies sind alles keine traditionellen Aufgaben des mittleren Managements. Es wird in Zukunft auf jeden Fall immer schwieriger werden, den »mittleren Manager« von dem »langjährigen Fachmann« und beide wiederum von Leuten mit Topmanagement-Funktionen zu unterscheiden.

Aber die größte Herausforderung und die weitreichendsten Veränderungen liegen mit Sicherheit im Bereich des Topmanagements. Es ist wohl keineswegs abwegig, zu behaupten, daß ein leitender Angestellter der untersten oder mittleren Betriebsebene oder aber ein Werksleiter von fundamentalen Veränderungen der sozialen oder politischen Kontrolle, wie beispielsweise der Machtergreifung durch ein totalitäres Regime, kaum betroffen würden. Sie müßten nun vielleicht erheblich mehr Formulare ausfüllen – würden aber sonst nicht weiter in ihrer Arbeit tangiert. Demgegenüber würde sich in der Unternehmensspitze eine ganz entscheidende Wandlung vollziehen, und zwar sowohl hinsichtlich der Stelleninhaber als auch hinsichtlich deren Funktionen, Beziehungen und Verantwortlichkeiten.

Aber auch dies würde nichts an der grundsätzlichen Notwendigkeit eines Topmanagements in den einzelnen Institutionen ändern, um nicht deren Funktionsfähigkeit zu beeinträchtigen.

Somit muß das Topmanagement mit der Herausforderung fertig werden, die Zielrichtung des Unternehmens zu bestimmen, das heißt, die Grundprobleme einer Gesellschaft zu lösen und zu managen. Es wird sich weiterhin der Herausforderung stellen müssen, die stark durch die veränderte Bevölkerungsstruktur und -entwicklung bedingt ist. Ferner muß es sich um die Probleme der wirtschaftlichen, gesellschaftlichen und politischen Umwelt kümmern, die mit der Entstehung einer eng verflochtenen Weltwirtschaft und einer Mitarbeiter-Gesellschaft verbunden sind. Als letzte Herausforderung bleibt noch die Aufgabe, den Unternehmen im politischen

Prozeß, bei der Entwicklung politischer und sozialer Konzepte eine Führungsrolle zu verschaffen.

In sämtlichen Industrieländern sind bereits rapide Veränderungen bei den Spitzenmanagern zu beobachten. So verbringen zum Beispiel US-Manager in Spitzenpositionen bei Firmen wie Du Pont, General Electric oder den Großbanken fast vier Fünftel ihrer Zeit mit Außenkontakten, und zwar speziell mit Leuten von den verschiedensten staatlichen Behörden und diversen anderen öffentlichen Einrichtungen. Und genau dasselbe vollzieht sich in Kleinbetrieben und nichtökonomischen öffentlichen Institutionen.

Vor wenigen Monaten schrieb mir der Direktor eines großen Kommunalkrankenhauses mit mehr als achthundert Betten: »Vor fünf Jahren verbrachte ich meine ganze Zeit mit der Leitung des Krankenhauses und überließ die Beziehungen zum Staat dem Krankenhausverband, obwohl ich sehr häufig nach Washington und in die Hauptstadt (des Staates) mußte, um dort als Zeuge zu fungieren. Seither habe ich jedoch gelernt, daß es besser ist, wenn wir uns nicht auf den Krankenhausverband verlassen. Wir haben lernen müssen, Verständnis für die Bedürfnisse des Krankenhauses dem Gesetzgeber und den Beamten in Washington und in der Hauptstadt zu vermitteln. Aber das bedeutet, daß meine zwei ranghöchsten Mitarbeiter und ich mindestens die Hälfte unserer Zeit mit öffentlichen und politischen Kontakten verbringen. Die in Washington und in der Hauptstadt aufgewendete Zeit hat sich zwar bereits vielfach bezahlt gemacht, doch ich frage mich nur, wie lange wir drei es noch durchhalten, sieben Tage in der Woche vierzehn Stunden lang zu arbeiten. Und ich sehe sonst keine andere Möglichkeit, um sowohl die Krankenhausleitung in kritischen Zeiten als auch die Aufnahme und Aufrechterhaltung von staatlichen Kontakten zu bewerkstelligen, ohne die wir auch nicht überleben könnten.«

Vor mehr als fünfundzwanzig Jahren habe ich in meinem

Buch »Die Praxis des Managements«[1] für die Entwicklung eines »Board of Directors« (Aufsichtsrat) mit klar abgegrenzten Pflichten und eigenem Arbeitsprogramm plädiert. Seither ist dann auch der Board allmählich wieder zu einem echten Organ der Rechenschaftslegung und zu einem wichtigen Bestandteil der Institutionenkontrolle geworden. Dies aber bringt wiederum für das Topmanagement neue und zusätzliche Belastungen mit sich.

Es erscheint verlockend, diesen Anforderungen durch die Entwicklung eines Topmanagements nach japanischem Muster zu begegnen. In den großen japanischen Konzernen kümmert sich die oberste Führungsspitze praktisch nur noch um »Beziehungen« – also um die Kontakte zur Regierung, zu den Banken, zu der Industriegruppe etc., während die Leitung des Unternehmens selbst jüngeren Kräften der Abteilungsdirektion überlassen bleibt. Das Topmanagement sorgt zwar dafür, daß die Inhaber dieser Posten qualifiziert sind – und das geht in Japan so weit, daß die Spitzenmanager einen ganz erheblichen Teil ihrer Zeit für den Managementnachwuchs aufwenden –, und es ist natürlich an den wichtigsten Entscheidungen beteiligt. Aber das Unternehmen wird nicht direkt von ihm geführt.

Auch in den westlichen Ländern kann man eine ganz ähnliche Entwicklung beobachten.

In einer der größten US-Banken befassen sich beispielsweise ein Präsident, ein Generaldirektor und zwei Vizepräsidenten größtenteils mit Außenkontakten. Die ersten beiden haben sich bei der Bewältigung der Finanzkrise von New York abgewechselt – und demjenigen, der jeweils ein Jahr lang diesen Geschäftsbereich zu bearbeiten hatte, bleibt dabei kaum noch Zeit für andere Dinge. Währenddessen nimmt der andere regelmäßig an den Sitzungen des Business Round Table teil und verbringt zwei Tage wöchentlich mit der ameri-

[1] Düsseldorf 1956, in Amerika erstmals 1954 veröffentlicht (Anm. d. Übers.)

kanischen Bundes- und Arbeitspolitik. Die beiden Vizepräsidenten kümmern sich um die Beziehungen zu den Washingtoner Behörden, zu ausländischen Regierungen und zu internationalen Finanzinstitutionen. Unterdessen obliegt die tatsächliche Leitung der Bankgeschäfte einer Gruppe von jüngeren Leuten, die eigentlich nur stellvertretende Vorstandsmitglieder sind. Die gesamte Führungsgruppe verbringt mindestens zwei Vormittage pro Woche zusammen und versucht trotz der zahlreichen Reisen der einzelnen Manager so häufig wie möglich mittags gemeinsam zu essen.

Aber dies ist dennoch nicht adäquat; denn in Zukunft wird das Topmanagement eher mehr Zeit für das Unternehmen selbst, seine Ziele, Prioritäten und Strategien verwenden müssen, da seine Kenntnis ihrer Organisation und ihrer Beschäftigten sowie ihrer Probleme und Möglichkeiten für das Unternehmen einen immer größeren Stellenwert erhält. Ferner wird die internationale Produktionsteilung an die Spitzenmanager hinsichtlich ihrer persönlichen Beziehungen und Unternehmensentscheidungen zusätzliche Anforderungen stellen.

Aber die Bürde der Außenbeziehungen sowie die Notwendigkeit seiner politischen Aktivität und Führungsrolle machen zugleich die herkömmliche – und speziell amerikanische – Methode hinfällig, bei der sich das Topmanagement praktisch voll und ganz auf die Leitung des Unternehmens konzentrierte und die Außenkontakte an Untergebene delegierte. Der oben zitierte Brief hat wohl hinreichend verdeutlicht, daß die Unternehmensspitze diese Aufgabe nicht länger delegieren kann, sondern in den kritischen politischen Bereichen selbst und unmittelbar aktiv werden muß.

Daraus folgt, daß die Zukunft des Topmanagements sowie seine Aufgaben und vor allem die Heranziehung von Nachwuchskräften wieder ein wichtiges Feld der geistigen, experimentellen und innovativen Betätigung wird. Wir haben nach dem Zweiten Weltkrieg mit dem Entwurf einer Topmanagement-Struktur angefangen und lebten zehn oder fünfzehn Jahre später in dem Glauben, daß dieses »Werk« nunmehr vollendet und alle Fragen geklärt seien. Das trifft jedoch nicht zu, sondern wir werden uns wohl oder übel nochmals um die Definition der grundlegenden Fragen bemühen müssen.

In den kommenden Jahren wird sich das Interesse wiederum auf die Struktur sowie auf die Zusammensetzung und Qualifikation der Unternehmensspitze verlagern. Das Topmanagement von morgen wird insbesondere in großen Organisationen mehr Leute umfassen als bisher. Wir haben in den vergangenen fünfundzwanzig oder dreißig Jahren gelernt, daß selbst das mittelgroße Unternehmen ein Team von Spitzenmanagern benötigt. Ebenfalls stellte sich heraus, daß ein einziger Firmenchef allein nicht ausreicht, weil dieser Posten zu viele verschiedenartige Temperamente verlangt, zu viele Dimensionen besitzt und für einen »Solisten« einfach zu viel Arbeit bedeutet. Er muß zumindest noch von einem Orchester und einem Dirigenten begleitet werden. Analog zu diesem Bild ist für das Topmanagement in zunehmendem Maße das kleine Kammerensemble angemessen, bei dem jeder Spieler gleichberechtigt ist, obwohl es dennoch einen Leiter gibt.

So ist beispielsweise bei der internationalen Produktionsteilung der Leiter jedes Produktionsbetriebes ein Mitglied des Topmanagements. Des weiteren ist die transnationale Konföderation eine »System-Organisation«, in der es eine Vielzahl von Topmanagements gibt und in der fast jeder, dem die Leitung eines bestimmten Teilstücks obliegt, alle das Gesamtunternehmen betreffenden Entscheidungen kennen und verstehen muß, um selbst konstruktiv zu arbeiten. Ich bin ziemlich sicher, daß wir auch noch mit anderen Strukturen und Modellen experimentieren werden. Eins kann man jedoch mit ziemlicher Gewißheit sagen: Für die Beurteilung einer Organisationsstruktur wird als entscheidender Maßstab gelten, inwieweit sie jüngere Leute mit den Problemen und Herausforderungen der Unternehmensspitze konfrontiert, sie an deren Anforderungen mißt und auf die Gesamtleitung von Unternehmen und Institutionen vorbereitet.

Selten hat sich bisher eine neue soziale Institution oder Funktion so schnell entwickelt wie das Management in diesem Jahrhundert, und selten ist sie gleichzeitig so schnell unerläßlich geworden. Andererseits ist auch eine neue Einrichtung oder Führungsgruppe nur selten einem so anspruchsvollen, herausfordernden und anregenden Härtetest unterzogen worden, wie ihn das Management aller privaten und öffentlichen Institutionen in unserer heutigen turbulenten Zeit durchmachen muß.

NAMEN- UND SACHREGISTER